本成果受到中国人民大学"统筹支持一流大学和一流学科建设"经费的支持

孙柏瑛 等著

安全城市 平安生活

中国特（超）大城市公共安全风险治理报告

Peaceful City Prosperous Life

中国社会科学出版社

图书在版编目（CIP）数据

安全城市　平安生活：中国特（超）大城市公共安全风险治理报告 / 孙柏瑛等著 . —北京：中国社会科学出版社，2018.10
ISBN 978 - 7 - 5203 - 2670 - 4

Ⅰ. ①安… Ⅱ. ①孙… Ⅲ. ①特大城市—城市管理—研究—中国 Ⅳ. ①F299.23

中国版本图书馆 CIP 数据核字（2018）第 124946 号

出 版 人	赵剑英
责任编辑	赵　丽
责任校对	王秀珍
责任印制	王　超

出　　版	中国社会科学出版社
社　　址	北京鼓楼西大街甲 158 号
邮　　编	100720
网　　址	http://www.csspw.cn
发 行 部	010 - 84083685
门 市 部	010 - 84029450
经　　销	新华书店及其他书店
印　　刷	北京明恒达印务有限公司
装　　订	廊坊市广阳区广增装订厂
版　　次	2018 年 10 月第 1 版
印　　次	2018 年 10 月第 1 次印刷
开　　本	710×1000　1/16
印　　张	19
插　　页	2
字　　数	233 千字
定　　价	65.00 元

凡购买中国社会科学出版社图书，如有质量问题请与本社营销中心联系调换
电话：010 - 84083683
版权所有　侵权必究

目 录

序　追求"以人民为中心"的城市公共风险治理秩序 ……… (1)

总报告　中国特（超）大城市公共安全风险
　　　　评估及其治理建议

导　言 …………………………………………………………… (3)
　　一　研究背景 ……………………………………………… (3)
　　二　研究目标 ……………………………………………… (5)
　　三　研究内容 ……………………………………………… (6)
　　四　研究方法 ……………………………………………… (9)

特（超）大城市道路交通安全风险及其治理 ……………… (10)
　　一　研究问题的提出与风险现状描述 ………………… (10)
　　二　关键风险问题识别 ………………………………… (20)
　　三　改进特大城市交通安全治理的对策与建议 ……… (25)

特（超）大城市社会治安风险分析及其治理 ……………… (33)
　　一　社会治安综合状况 ………………………………… (33)
　　二　我国特（超）大城市社会治安需求分析 ………… (38)
　　三　既有治安措施与关键问题识别 …………………… (64)

四　我国特（超）大城市社会治安分类对策建议 …………（72）
特（超）大城市公共卫生和食药安全风险及其治理 …………（76）
　　一　风险现状描述 ……………………………………………（76）
　　二　存在的问题与原因 ………………………………………（85）
　　三　治理的政策建议 …………………………………………（95）
特（超）大城市消防安全风险及其治理 ……………………（104）
　　一　消防安全风险现状描述 …………………………………（104）
　　二　消防安全风险关键问题识别及其发生机理 ……………（124）
　　三　走向整合的特（超）大城市消防安全治理
　　　　体系建设 ……………………………………………………（132）
特（超）大城市电梯安全风险及其治理 ……………………（137）
　　一　电梯安全风险现状描述 …………………………………（137）
　　二　电梯安全风险关键问题识别 ……………………………（162）
　　三　降低电梯安全风险的对策建议 …………………………（166）
结　语 ……………………………………………………………（169）
　　一　特（超）大城市的风险揭示与问题分析 ………………（169）
　　二　特（超）大城市风险治理的政策含义与建议 …………（175）

子报告　中国特（超）大城市公共安全风险治理实践与制度创新

子报告一　围墙与安全：推行街区制的挑战与对策 …………（181）
　　一　空间与安全 ………………………………………………（181）
　　二　推行街区制面临的挑战 …………………………………（195）
　　三　推行街区制的对策 ………………………………………（214）

附录　社区安全感与归属感调查问卷…………………………（232）

子报告二　走向整体治理：中国城市公共安全治理的
　　　　　制度创新…………………………………………（237）
　　一　城市公共安全治理面临的挑战…………………………（238）
　　二　境外城市公共安全治理的新趋势………………………（242）
　　三　整体治理：跨部门协调的理论基础……………………（266）
　　四　中国城市公共安全治理的改革创新……………………（270）
　　五　推进整体治理的政策建议………………………………（287）

后　记……………………………………………………………（290）

序
追求"以人民为中心"的城市
公共风险治理秩序

近30年来,伴随着大规模的工业化进程,我国城市经历了跨越式的发展,城市空间与人口规模均持续、快速增长。根据国家统计局数据,2010年,我国城市化率为47.5%,2011年突破50%大关,达到51.27%。截至2016年末,我国常住人口的城镇化率已经达到57.4%,比2012年末提高了4.8个百分点,全国城市总数也增加至657个。依据联合国《世界城市展望2011》的预测,我国城市化率在2050年预计达到77%到81%之间。[①] 而《中国发展报告2010:促进人的发展的中国新型城市化战略》则称,到2030年,我国的城市化率将升至65%。[②] 这意味着,城市化进程依然是我国社会发展的关键动力之一。在未来10—30年间,城镇常住人口的比重仍将不断提高,城市日益成为人们生产和生活最重要的集聚空间。

在我国快速的城市化进程中,我们常常可以感受到简·雅各布

---

① 《〈世界城市展望〉:未来40年亚非地区城市化势头强劲》(http://news.cntv.cn/20120407/117924.shtml)。

② 中国发展研究基金会编:《中国发展报告2010:促进人的发展的中国新型城市化战略》,人民出版社2010年版。

斯（Jane Jacobs）和刘易斯·芒福德（Lewis Munford）两位城市规划和管理大师笔下的城市带给人类的"两面属性"。这就是，一方面，城市提供了多样性与自由场景，给人们带来了更多的自由选择机会和成长空间；另一方面，城市与生俱来具有的增长与扩张冲动，使得城市权力结构趋向集中、强制。城市流动、多变性质在创造城市活力的同时，也使城市在发展中面对增长极化、贫富悬殊等诸多社会矛盾和困境，这让雅各布斯、芒福德等专家不断地追问大城市"生与死"之兴衰选择问题。① 这其中，来自不同方面、不同类型的城市安全风险，便是威胁城市居民生产、生活的重大问题，是城市秩序建构的关注点。

在过去的40年里，以促进经济增长为中心目标的增长机器模式，驱动了我国城市大规模快速的开发。追求外延式的城市化进程，崇尚"经营城市"理念，展开"造城运动"和城市更新，使我国城市经历了粗放式的扩张和发展。反思我国城市发展的路径及其得失，不难发现，在塑造城市繁荣奇迹的同时，也产生了治理转型的不适应和严峻的城市治理问题，在一定程度上制约了"以人为中心"城市发展目标的实现。2015年12月21日，习近平总书记在中央城市工作会议上发表重要讲话，指出我国城市发展应坚持以人民为中心，坚持人民城市为人民的宗旨。尊重城市发展的规律，顺应城市工作的新形势，把安全放在城市发展的第一位，增强城市科学治理的能力，有效化解各种"城市病"，实现城市的安全。②

当前，公共安全问题已然成为制约城市健康发展的"瓶颈"和"短板"。由道路交通、社会治安、食品药品、火灾消防、电梯等居

---

① ［加］简·雅各布斯：《美国大城市的死与生》（纪念版），金衡山译，译林出版社2006年版；［美］刘易斯·芒福德：《城市发展史》（又译《历史中的城市》），宋俊岭等译，中国建筑工业出版社2005年版。

② 《习近平总书记在中央城市工作会议上的讲话》，2015年12月20—21日（http：//news.xinhuanet.com/politics/2015 - 12/22/c_ 117545528）。

民生活设施、城市地下管线等领域诱发的安全问题和事故频发，使城市居民人身安全和生产运营遭遇诸多风险威胁，让社会经济蒙受巨大损失。对我国城市公共安全风险形势进行事实描述并做出基本而准确判断，增强城市居民对风险的认知和意识，推进城市安全风险防控的整体、科学、精细化治理能力，无疑是我国城市未来成长的关键，是学人研究的重要使命。

中国共产党第十九次全国代表大会高度关注国家安全和人民安全事务，将公共安全风险的预防和治理作为国家重大事务之一，提出了构建"总体国家安全观"的战略思路。党的十九大报告明确指出，治理安全事务要"坚持国家利益至上，以人民安全为宗旨，以政治安全为根本，统筹外部安全和内部安全、国土安全和国民安全、传统安全和非传统安全、自身安全和国家安全制度体系，加强国家安全能力建设"。对于安全风险的发生和处置，要"树立安全发展的理念，弘扬生命至上、安全第一的思想，健全公共安全体系，完善安全生产责任制，坚决遏制重特大安全事故，提升防灾减灾的能力"[①]，赋予了包括国家和社会安全事务在内的公共安全风险治理以重要的使命和责任。这势必要求国家提升安全治理的制度能力与绩效，必须判断当前威胁公共安全的问题及性质，研究安全风险问题产生、变化的机理，回应重大安全关切，创新公共安全风险治理的体制机制。

2018年1月7日，中共中央办公厅、国务院办公厅印发《关于推进城市安全发展的意见》，要求城市紧紧围绕统筹推进"五位一体"总体布局和协调推进"四个全面"战略布局，切实将安全发展作为城市现代文明的重要标志，弘扬生命至上、安全第一的思

---

① 习近平：《中国共产党第十九次全国代表大会报告〈决胜全面建成小康社会 夺取新时代中国特色社会主义伟大胜利〉》，2017年10月（http：//news.xinhua.com/politics/19cpcnc/2017-10/18/c_1121822489.htm）。

想。文件要求，要把握城市安全基本形势，从加强城市安全源头治理、健全城市安全监管效能等方面，提出城市安全治理的关键任务，明确加强科学规划制定，安全法规和标准完善，基础设施安全管理增强，以体制机制创新提高安全风险防控制、隐患排查、应急管理和救援等能力。尤其是要通过整体性、协同性治理以及系统的组织、资源保障，全面统筹地推进城市安全治理工作，构建以人民为中心的城市发展观念。① 这也是本书研究写作的立意与探索城市整体化安全治理目标的实现机制。

依照党的十九大报告精神，在现实城市安全风险问题凸显和国家高度重视安全事务治理为背景下，本书以近年来我国迅猛发展的17座特（超）大城市的安全治理问题为研究对象，考察并揭示了这些城市一些重要安全领域的风险状况，追踪了城市居民重点关注的热点安全问题，对风险发生、演化趋势进行解读。选定17座特（超）大城市的依据来源于2014年11月国务院印发《关于调整城市规模划分标准的通知》，其中增加特大城市一个等级类型，按照城区常住人口规模口径，将全国城市划分为五类七档标准，分别是超大城市、特大城市、ⅠⅡ型大城市、中等城市和ⅠⅡ型小城市。根据通知规定，城区常住人口在1000万以上的为超大城市，城区常住人口在500万以上1000万以下的为特大城市。以本书数据分析的12个年度2003—2014年画线，截至2014年，符合特（超）大城市标准的城市共计18座。其中，超大城市7座，分别是北京、上海、天津、重庆、广州、深圳、武汉；特大城市11座，分别是成都、南京、佛山、东莞、西安、沈阳、杭州、苏州、汕头、哈尔滨和香港。研究未将香港列入，故此，研究范围锁定于大陆17座特（超）大城市。根据2016年数据显示，这些城市共承载的常住

---

① 中共中央办公厅、国务院办公厅：《关于推进城市安全发展的意见》2018年1月7日（http://www.gov.cn/xinwen/2018-01/07/content_5254181.htm.）。

人口规模近2.2亿，占全国人口数量的16%，属于人口密度很高且构成复杂、流动性强的区域。以这些城市的安全风险治理问题作为研究对象，试图凸显特（超）大城市本身风险状况及其治理模式的特征和典型意义，致力于说明大型城市风险问题演化过程的规律，为未来我国更多大城市的发展提供"安全"保障的政策建议。

按照研究的逻辑顺序，本书由三个部分构成，分别对应于三个有一定独立性且又相互联系的研究报告。

总报告"安全城市、平安生活：来自我国特（超）大城市的风险治理报告"，以阐述风险事实、揭示风险问题为基本要义展开，对与城市生活密切相关的道路交通、社会治安、食品药品与公共卫生、火灾消防和电梯事故5个领域的风险治理给予事实描述和问题诊断。以2003年"非典"事件后国家全面建立危机应急和风险防控体系为标志，选取采集了2003—2014年17座城市五个安全风险领域的统计数据和媒体报道案例，运用案例转换数据和数据分析的方法，对12年间交通、治安、食药卫生、火灾和电梯事件发生数量、结构、影响的变动趋势进行了评估，从中推演这些风险领域事件的风险状况及其演化的基本特征。研究获得一些自2003年以来特（超）大城市五个领域风险控制与治理的重要发现。总体上，伴随着政府对城市安全事务及其变化规律的认识不断提高，伴随着政府风险治理制度的建立与日趋完善，五个领域的事件/事故的发生在一定程度上得到了控制，说明日趋精细化的风险治理机制取得了成效。但与此同时，研究还发现了特（超）大城市安全风险的共同特征和差异特征。共同特征表现为各城市面对安全风险量级状况与城市空间和人口规模之间呈现明显的相关性，而且由于城市的汽车和电梯的保有量持续增加、高科技犯罪骤增和互联网平台订餐及食药销售走俏等因素的影响，安全风险的形态有所改变，诱发的渠道和方式也发生一定变化，故此，特（超）大城市安全风险治理形势依然严峻。差异性则表现在不同城市各自公共安全风险问题的构成存在明显差异，远远大于共性特征。一方面，五个领域的风险事件在不同城市间的分布状况差异较大；另一方面，不同城市在某一领域的事件在12年时间里呈现明显不同的波动和变化，说明每个特（超）大城市都面临着自身独特的公共安全风险的挑战。在数据分析的基础上，进一步识别和揭示了我国特（超）大城市公共安全风险预防机制流于形式与缺乏实效、公共安全风险治理体制碎片化与缺乏协调、安全风险治理基层薄弱与专业性匮乏，以及城市公众安全风险知识的交流与教育低下与安全意识缺乏等关键问题。

子报告一"围墙与安全：推行街区制的挑战与对策"，以2016年《中共中央、国务院关于进一步加强城市规划建设管理工作的若干意见》中提出的，且受到公众广泛关注的城市"街区制"为主线，深入研究了打破社区"围墙"的街区制与社区居民安全感之间的关联。研究从城市犯罪行为与空间设计间关系的理论归因入手，在讨论我国城市社区"围墙制度"设计观念及其制度演进的基础上，说明"门禁式"社区的发展由来，对北京地区"全封闭住宅""半开放住宅"和"全开放住宅（即无围墙）"三类典型的居住社区进行了实地问卷调查，考察了这些社区居民实际安全感受和他们对拆除"围墙"后居住安全预期与态度，揭示拆除"围墙"，推行街区制面临的挑战。对居民的安全感受的调查研究发现，居民的安全感知与社区开放或封闭并不存在直接的正相关关系。相反，从三个典型社区的居民反映发现，封闭度越高的社区居民安全感越差，普遍认为近年来社区内部的安全状况在下降，而且他们支持增加围墙或栅栏的居民比例非常高，占到九成以上。无围墙开放街区居民的感受则不同，他们认为近年来社区安全和治安环境有了很大改善，安全感大幅提高，安全满意度也在增长，而且只有4%的居民支持增加围墙和栅栏。有趣的是，询问安全感不高的封闭社区居民是否愿意搬到隔壁小区的时候，封闭小区居民回答是否定的，而且认为隔壁辖区的安全状况更为糟糕。如果加入社区形成历史和人口统计学特征加以分析，我们看到社区形成背景以及社区居民构成状况，例如学历和收入等因素，对于安全认知的形成也具有重要的影响。研究报告认为，面对"街区制"可能带来的治理挑战，首先应采用因地制宜、分类指导的原则，制定分类标准，依照空间规模、功能分区、道路系统、边界围合程度、安全敏感度等综合指标考量，对以单位大院为代表的封闭社区进行分类、分层推进开放。其次，应逐步实现社区安全从物理防控到社会防控的转型，切实提高社会治安的综合治理能力。

子报告二"走向整体治理：中国城市公共安全治理的制度创新"，针对特（超）大城市安全数据与"街区制"空间安全案例的事实描述与问题揭示，进一步分析我国目前特（超）大城市公共安全风险治理体制机制运行的现状及其特征，探讨我国城市公共安全治理制度存在的关键问题，提出建构我国城市"整体性"安全风险治理制度，形成协同、合作治理体制机制的政策创新思路。研究指出，我国城市当下的安全风险治理制度反映出三个主要矛盾，这就是安全风险问题的多发性、跨界性特征与政府治理的"条条"体制运作之间的矛盾；城市安全事务的联动解决需求与部门主义之间的摩擦冲突；城市公共安全风险预警的需求与政府信息碎片化、危机处置系统碎片化之间的矛盾。据此认识，研究报告分享了美国大都市风险防控系统运行的案例和新加坡构筑顶层跨部门信息及安全事务合作，推动基层警力下沉的案例，由此指出，建立在数字化、信息化、网络化基础上的"整合式"风险治理制度，构建跨部门协同联动机制，已然成为大都市保证公共安全、处置危机事件和实现公民参与的趋势。研究认为，建立跨部门协调的大都市公共安全风险的"整体性"治理模式有其重要的理论基础，这就是构建通过跨部门目标共识、组织机构、领导力与协调机制，形成公共安全风险治理的联动合作框架。针对我国特（超）大城市安全风险治理的严峻形势以及存在的问题，基于"整体性"安全治理的思路，报告提出了一系列建设性、操作性的政策建议：在建设智慧城市的进程中，应用信息技术，推进跨部门的管理运作，包括整合政府热线，增进政府与公众互动、应用互联网技术，提供公共安全信息共享能力、运用大数据技术，提高公共安全预警能力；再造行政流程，促进部门间协作，包括建设行政服务中心，提供"一站式"服务、推动属地化管理，提升统筹协调能力、推进实证绩效评估，构建跨部门评价机制；整合行政组织，推进协同治理，包括构建大部门体制，减少职能交叠、组建领导小组，推进高位协调、赋予城市更高的治理自主权；等等。

本书是集体协作研究的结晶。"我国特（超）大安全公共风险治理的报告"是中国人民大学公共管理学院2016年启动的首个跨多个二级学科合作研究项目，其目标在于跨越一个学科单一视角及思维惯性，运用多维的和综合的角度，适应城市治理问题的"跨界"变化，认识我国城市化进程中大都市的安全治理问题，寻求学科集群有效解决问题的路径。作为一项跨学科的探索创新性研究课题，行政管理、公共政策、城市规划与管理三个专业的教师组合成为研究团队，致力于通过合作研究发现我国特（超）大城市公共安全治理领域的变化趋势及其规律。首先要感谢参与项目共同研究、为项目完成做出贡献的10位公共管理学院教师，他们是：负责总报告研究写作的孙柏瑛教授、刘太刚教授、刘鹏教授、马亮副教授、张楠迪扬副教授；负责子报告一研究写作的郑国副教授、李东泉教授；负责子报告二研究写作的杨宏山教授、李文钊教授、董长贵助理教授。正是10位老师的共同努力，团队的研究成果得以与读者分享。感谢吴芸博士、龚志文博士、卢倩倩硕士和姜辰枞硕士，他们在研究过程中，协助老师收集归纳数据，获取研究案例，进行统计分析，编辑整理文稿等，本书如期出版离不开这些学生助理的努力和奉献。

感谢中国社会科学出版社的赵丽编辑。她对本书出版倾注了极大的关心，为本书作者提供了多方面的支持和帮助。

本书写作过程中，研究团队持续追踪我国大都市十几年来安全风险领域的数据和案例，然而，由于数据的不完整和获取上的困难，使得研究不免存在疏漏，也请广大读者批评指正，研究团队将不断改进完善。

孙柏瑛

2017 年 8 月 28 日于中国人民大学求是楼

总报告

中国特(超)大城市公共安全风险评估及其治理建议

导　言*

一　研究背景

2017年3月13日，西安地铁3号线奥凯问题电缆事件"东窗事发"，陕西奥凯公司生产低压电缆被抽检的5个样品全部不合格，直接威胁到3号线地铁34万乘客的生命安全；2015年8月12日，天津滨海新区瑞海公司危险化学品仓库发生特大火灾爆炸事故，造成165人罹难，8人失踪，798人受伤，304幢建筑物、12428辆商品汽车、7533个集装箱受到损毁，直接经济损失68.66亿元；2015年12月20日，深圳市光明新区凤凰社区工业园区发生38万平方米巨大山体滑坡，并造成管道损毁泄漏，引发爆炸，69人遇难，8人失联，33栋建筑物被埋或严重受损；2014年12月31日23时35分，上海市黄浦区外滩陈毅广场观景平台人行通道发生迎接新年人群的拥挤、跌倒、叠压、踩踏事件，导致现场秩序失控，造成36人死亡，49人受伤的重大伤亡；2011年4月25日凌晨1时13分，北京市大兴区旧宫镇南小街三村一农民违章搭建的出租楼房，因电线短路诱发火灾，事故造成出租房内外来务工者17人死亡，24人

---

* 孙柏瑛：中国人民大学公共管理学院党委副书记兼副院长、教授、博士生导师。

受伤，30余人疏散救出。该出租楼房1层为服装加工小作坊，2层为服装加工点老板的办公场所，3、4两层则为加工点员工宿舍；2010年11月15日，上海市静安区余姚路胶州路一幢居民主要为退休教师的高层公寓住宅楼，因装修过程中无证电焊工的违章操作引燃大火，导致58人遇难，70多人受伤；2011年东莞市南城区鸿福广场直梯电梯因制动器制动力矩不足和平衡系数过小，发生急速坠落事件，电梯自19楼下落至7楼稍稍停顿后，继续快速下落至1楼，导致梯内20名乘客不同程度受伤，其中12人伤势较重；2010年12月14日，深圳市地铁国贸站一台自动扶梯上行中因主机固定螺栓问题突发逆转溜车，造成乘客严重挤压、踩踏，25人受伤；2003年3月始，北京市爆发"非典"（SARS）重大疫情，由于极强的传染性，疫情快速扩散，累计发病率不断升高，死亡率较高，形成了巨大疾病传播的风险……这些触目惊心的事件就发生在我国特（超）大城市区域中，就环绕在城市居民的生产、生活周围，给城市安全、百姓平安带来了巨大威胁。

随着20世纪90年代以来城镇化进程不断加速，特（超）大城市经历了快速的、大规模的扩张，基础设施发展、人口数量剧增、各类产业聚集、经济总量攀升，塑造了特（超）大城市的繁荣。伴随城市的发展和转型，城市的流动性、多元性、交互性不断突显，同时，因不确定性与复杂性导致的风险也日益增加，给大都市带来了大量潜在的风险挑战。[1] 这不仅表现为可见的大"城市病"，而且还蓄积了大量潜在的风险压力；不仅存在城市传统的安全问题，而且存在着城市化进程新生的安全问题。这都凸显了特（超）大城市多种风险问题叠加的特征，大幅度增加了城市治理的风险系数。[2] 如何回应特（超）

---

[1] 参见[德]乌尔里希·贝克《风险社会》，何博闻译，译林出版社2004年版。
[2] 潘家华、魏后凯等主编：《中国城市发展报告No.7：聚焦特大城市治理》，社会科学文献出版社2014年版，第1页。

大城市风险防控和治理难题，探索大城市安全风险治理的演化规律和有效模式，提高风险治理的政策输出能力，成为我国大城市治理的重要课题之一。

本报告所揭示的关乎城市安全的几个风险领域，不仅是当前中国特（超）大城市面对的突出问题，同时也是世界各国大都市安全风险治理的难题。海外智库和国际组织倾注了大量精力研究与大都市密切相关的公共安全事务，关注道路交通、社会治安、公共卫生、食品药品、火灾消防和电梯伤害等事故造成的直接和间接的伤害，评估其潜在的风险威胁。联合国《可持续发展目标2030年》一个重要目标就是在2020年之前促使全球道路交通事故伤亡比例降低一半；世界卫生组织高度重视世界范围内的传染病、流行病和公共卫生事件的预防和控制；而《经济学人》则根据健康安全、基础设施安全、个人安全和数字安全四个方面指标评估国际著名城市，发布了年度《安全城市索引》的智库报告。来自海外的研究不仅为我们的研究提供了有价值的评估资源，而且促使我们探求中国特（超）大城市安全风险的现实状况，揭示并回应其中的关键问题，以改善特大城市人民平安、健康生活的质量。

二　研究目标

总报告应对我国特（超）大城市风险问题的基础来自对基本风险状况的事实描述、问题识别和分析评估，而目前政策分析遭遇的最大困境也源自基本事实的不清和缺失，大而化之的研究无法提供有针对性的政策制定和评估依据，亟待通过实证研究，还原特（超）大城市一些重要风险治理领域的事实，奠定循证决策的基础。基于此，课题组致力于以数据和案例采集、分析为着力点，透过对特（超）大城市五个风险领域的安全风险现状描述，对其现有治理的体制机制问题进行归纳，进而做出理论分析，最后提出改进风险治理的政策建议思路。总报告设定了五个主要研究目标：

（1）尝试应用数据分析方法。通过挖掘关键统计数据、分析事件案例和聚类研究，致力为构建相关大型城市风险领域数据库提供基础，适应大数据时代循证研究的要求。

（2）识别和诊断关键治理问题。通过连续性数据的评估和可视性的数据推演，研判我国大型城市相关风险治理领域存在的主要问题及其可能的诱因，深入思考问题发生背后的机理与逻辑。

（3）与国内外相关研究形成比较和对话。进一步深挖数据资源，逐步构建关键的评估维度和分析框架，能够与国内外相关研究进行比较。

（4）形成研究性的学术论文，呈现我国大型城市相关风险治理的趋势和规律。

（5）拓展后续可能的大数据分析空间，努力将大数据资源应用于城市风险治理的公共政策分析、评估。

三 研究内容

总报告以我国17座特（超）大城市的五个风险治理领域，即交通事故、社会治安、公共卫生与食品药品、消防安全和电梯安全等为研究对象，对五个领域中2003—2014年发生的事件数据或重大事件案例给予归总分析，试图形成大数据，据此发现五个领域风险演化的趋势规律及其在不同特（超）大城市的变化状态，发现总体与分市的公共安全风险治理成效,揭示并解析其主要问题及其性质、成因,思考其风险控制与治理的政策优劣。

将我国特(超)大城市中五个风险治理领域作为研究对象,其中核心的价值考量是关注"以人民为中心"的城市安全生活,聚焦城市居民平安、健康的福祉。研究领域选择基于五方面的理由:第一,这五个风险治理领域均是在特(超)大城市发展进程中风险问题不断凸显出来的领域,不仅带有明显的城市独有的治理问题特征,而且伴随着城市化进程及其人口密集和产业扩散,重要性日趋提高,会产生更为广泛、深远的影响,造成"城市病"困局;第二,这五个风险治理领域均是与城市居民日常生产、生活最为密切相关的领域,与百姓安全休戚相关,一旦治理不力,势必造成百姓生命财产的重大损失;第三,学术界对城市风险控制和治理的相关具体、微观领域关怀不够,例如消防安全和电梯安全管理长期以来都是在专业技术领域关注的问题,从未将其提升到城市公共治理高度给予治理系统的考量,使得研究局限在狭隘的"就事论事"层面;第四,涉及数据的相对可及性。即便存在数据不完整和不统一问题,但在采集过程中具有一定来源和基础;第五,如前所述,相关研究领域的风险治理事实缺乏,数据支持薄弱,运行机理不明,目前研究均为相关专业技术人员的技术分析,少有公共管理视角的研究论证,难以为城市治理政策提供有效循证支持,而这正是本研究报告的着力点。

之所以将本研究聚焦于2003年以来的五个风险治理领域的数据分析,主要是因为,2003年是中国风险治理制度建构的里程碑年度。经历了"非典"的重大公共卫生疫情之后,我国开始建立应对公共危机的信息披露、应急管理、风险预防和控制的体系,城市各个领域的应急管理系统建设开始启动,也带来了积极的治理成效。以2003年为起点的考察,有助于研究呈现特(超)大城市各个领域的风险治理机制运转的状况，研判系统运行的缺陷和盲点，针对风险治理体制机制提出政策建议。

本报告研究样本的地域范围是我国17座特（超）大城市，它们分别是：北京、上海、天津、重庆、广州、深圳为超大型城市；南京、杭州、武汉、成都、西安、沈阳、哈尔滨、苏州、东莞、佛山、汕头为特大型城市。17座特（超）大城市的界定源自于2014年3月16日，中共中央、国务院正式印发的《国家新型城镇化规划（2014—2020年）》[①]和2014年11月国务院《关于调整城市规模划分标准的通知》的规定。[②]文件指出，将城区常住人口和非农业人口数量作为划分城市规模大小的依据，将我国城市规模划分为七个等级，并分别给予了不同的落户放开或限制政策。其中，城区常住人口达到500万以上、1000万以下的城市成为"特大城市"，城区常住人口超过1000万的成为"超大城市"，简称"特（超）大城市"。由此，上述17座城市属于目前我国的特（超）大型城市，研究报告的数据采集针对其相关的风险治理领域。

17座特（超）大城市在2003—2014年期间都经历了快速扩张的历程，而且城市禀赋、经济增长、人口规模、基础设施建设、居民社区发展等因素对研究涉及风险领域在基本数量和结构上都存在着显著的影响。研究发现，在不同城市的不同风险治理领域，各个城市所表现的动态变化趋势及其治理绩效存在不小的差异，不同阶段、不同类型的事件分布状况也有所区别。基于总体变动趋势、类型化和分城市的风险治理研究，为风险治理的问题与机理分析乃至制度改进的政策建议提供了比较丰富的素材。

---

① 中共中央、国务院印发：《国家新型城镇化规划（2014—2020年）》（GZSGH - 2014 - 0000658），2014年3月16日（http://politics.rmlt.com.cn/2014/0317/244361.shtml）。

② 国务院：《关于调整城市规模划分标准的通知》（国发〔2014〕51号），2014年11月20日（http://www.gov.cn/zhengce/content/2014 - 11/20/content_ 9225.htm）。

四 研究方法

本报告形成采用的研究方法主要包括数据采集与分析、基于案例的数据提取分析和类型化分析。

数据分析是本研究使用的基本研究方法。在研究过程中，课题组广泛收集了与风险治理领域密切相关的各类统计年鉴的数据，包括：《国家统计年鉴》、各城市统计年鉴、《中国城市统计年鉴、国民经济和社会发展统计公告》、各风险治理领域的专业统计年鉴及报告，同时参考了国外知名评估指数提供的影响因子，如《经济学人》所做的《安全城市索引》和《全球最宜居城市排名》等统计资源。一方面，对我国17座特（超）大城市的相关领域的风险事件数量、结构分布、变化趋势特征、致发原因等基础信息进行梳理和评估，呈现风险事件的基本事实；另一方面，通过统计数据，考察和分析不同城市的禀赋特征及其对风险治理产生的可能的影响，识别主要问题，把握风险产生的机理以及提高相关风险治理能力的关键点。

在对我国17座特（超）大城市的电梯安全和社会治安犯罪情况两个领域进行研究分析时，遭遇到统计数据不开放，信息极度匮乏的状况。为了使研究得以进行，描述和呈现其风险发生的趋势和规律，采取了两种间接方法进行了数据转换和测算。在电梯安全领域，课题组基于各地媒体报道的电梯事故事件，采集了大量案例，对案例进行分析、编码，提取了其中反映事件特征的分析因子，使其数据化、可视化，可以进行比对分析；在社会治安领域，则使用了在将城市类型化基础上，对其社会治安治理需求状况和治理关键点特征进行剥离的方法，建立了比较不同特（超）大城市治安治理模式的分析框架。

特（超）大城市道路交通安全风险及其治理

马 亮*

一 研究问题的提出与风险现状描述

道路交通安全是世界性课题，世界卫生组织将其定性为"公共卫生危机"。在 2015 年发布的《全球道路安全状况报告》显示，全球 180 个国家每年有 125 万人死于道路交通事故，其中低收入国家深受其害。联合国《可持续发展议程 2030 目标》提出，要在 2020 年前将全球道路交通事故伤亡人数减少一半。尽管越来越多的国家立法并采取多项举措加强道路交通安全，但是要想实现这个雄伟目标仍然举步维艰[①]。

伴随着中国的经济增长和城镇化进程，中国城市的交通模式也在发生深刻变化，从过去的"自行车王国"一跃成为"车轮上的

---

* 马亮：中国人民大学公共管理学院行政管理学系副教授。
① WHO, *Global status report on road safety* 2015, Geneva, Switzerland: World Health Organization, 2015.

国家"。越来越多的家庭拥有了私家车，中国的机动车保有量逐年快速递增，并使城市道路交通安全状况日趋严重和复杂。特别是对于车多人多的特大城市来说，道路交通安全事故频发，交通安全风险令人担忧，风险治理的模式和手段都有待完善。因此，对中国特（超）大城市道路交通安全风险治理进行针对性研究，具有重要的现实意义和政策意涵。

本报告对中国17个特（超）大城市的交通安全风险治理进行了实证分析，发现总体来说交通安全事故死亡人数已越过倒U形的拐点，开始稳步下降。在宏观风险水平稳步降低的同时，结构性和微观层面的交通安全风险隐患仍然不容忽视。结合国内外交通安全风险治理的经验依据和最佳实践，提出从目标管理、跨部门协同、大数据技术和循证决策等四个方面着力，提升中国特大城市道路交通安全风险治理能力。

本报告将首先梳理道路交通安全风险治理的已有文献，并利用中国特大城市的相关统计数据，对道路交通安全状况及其走势进行研判。其次，结合已有文献和实地调研，对道路交通安全状况进行风险评估和问题识别，总结目前风险治理面临的主要难题和挑战。最后，针对特（超）大城市道路交通安全风险治理的关键问题，提出针对性的解决方案和政策建议。

（一）特（超）大城市交通安全风险总体状况

首先，我们对中国全国道路交通安全状况进行评价，然后对特大城市进行分析。如图1所示，中国的汽车保有量快速递增，民用汽车保有量在2015年已超过1.6亿辆，私人汽车保有量也超过1.4亿辆。换句话说，一成以上的中国人都拥有了汽车。与此同时，中国的驾驶员人数也在飙升，在2015年机动车和汽车的驾驶员人数分别达到3.2亿人和2.8亿人。如此多的汽车涌入道路，必然使交通事故隐患陡升，并导致交通安全风险的增加。

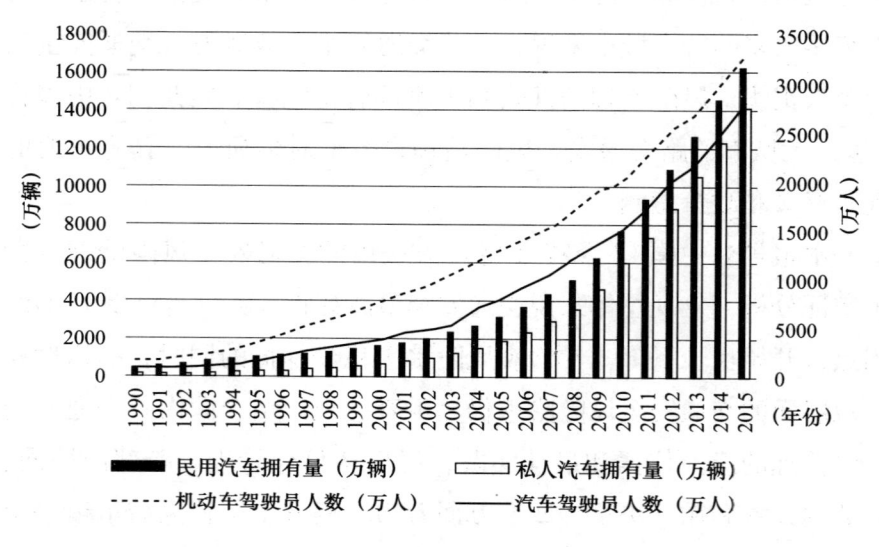

图1　中国1990—2015年汽车保有量和驾驶员人数

数据来源：国家统计局。

如果观察中国交通事故数据，就可以看到中国道路交通安全状况发生了有意思的变化，即呈现出倒U形的变化特征。虽然机动车保有量在不断递增，但是在2002—2003年，中国道路交通事故发生数、死亡人数、受伤人数和直接财产损失等四项指标都出现了逐年递减的趋势。如图2所示，伴随着机动车保有量的稳步递增，在2000年以前道路交通事故的各项指标都快速递增。但是在2000年以后，道路交通事故的各项指标却都有明显下降。但是进入2010年以后，各项道路交通事故指标的下降幅度收窄，表明进入了较为稳定的"高原期"。

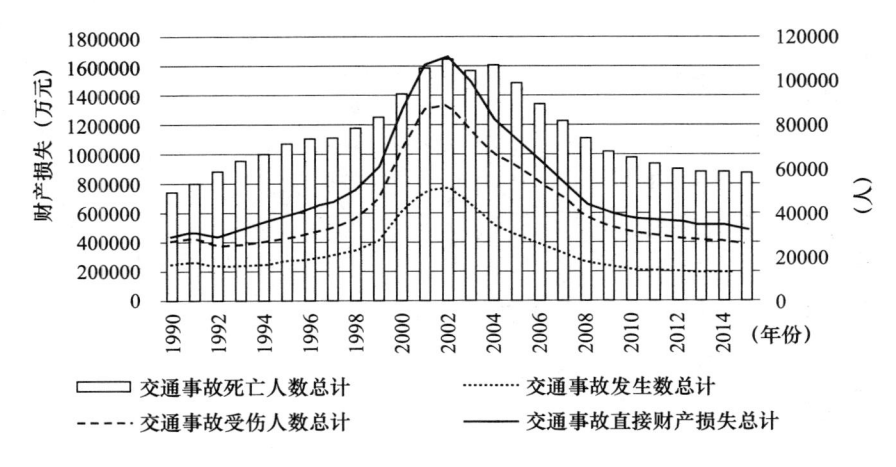

图 2 中国 1990—2015 年交通事故相关指标
数据来源：国家统计局。

（二）特（超）大城市交通安全事故变动走势

从特（超）大城市交通情况来看，道路交通安全状况需要特别关注。不同于全国和省级统计数据的完整性，部分特大城市的道路交通安全数据并不完善，这使我们在比较时遇到了难题。因此，我们分城市对道路交通事故发生情况的走势进行分析。为了对各个城市的具体情况进行比较，我们使用各个城市可以获取的最新数据加以分析。通常来说，基于绝对死亡人数的比较是不合理的，因为不同城市的人口基数和机动车保有量都差异很大。在交通事故领域，通常使用万车死亡率或每10万人死亡率来衡量交通事故状况。为此，我们使用该指标来比较不同城市在最近20年特别是近15年的情况。

从特大城市道路交通安全事故发生频次来看（如图3所示），虽然某些年份城市之间的差异较为明显，但总体来说城市之间的差别不大。值得注意的是，发生频次呈现先升后降的趋势，特别是从2002年的最高点后就开始稳步下降。

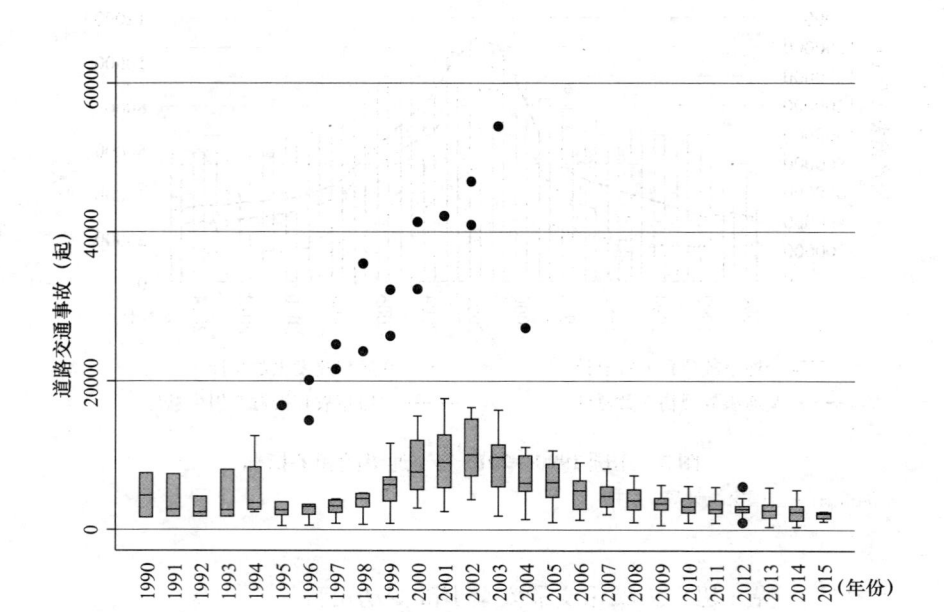

图3 中国特（超）大城市道路交通安全事故发生起数的历年情况

从交通事故死亡人数的绝对值来看，同全国发展趋势一样，特大城市也出现了倒U形曲线特征（如图4所示）。2001年，特大城市交通事故死亡人数的中位数达到最高值，此后逐年降低，并稳定在600人左右。

如图5所示的箱体图，箱体中的线代表中位数，即当年所有城市的万车死亡率从高到低排列，居于中间的城市数值；箱体的上下界分别为上下四分位数，即75%和25%的分位数。一个整体的变化趋势是，万车死亡率是逐年走低的，特别是在2002年以来特别明显。由于2000年以前可获得数据的城市数量较少，城市之间在万车死亡率的差距较大。但是在最近10年，中国特大城市之间的差距越来越小，进入2010年以来的万车死亡人数都为10人。

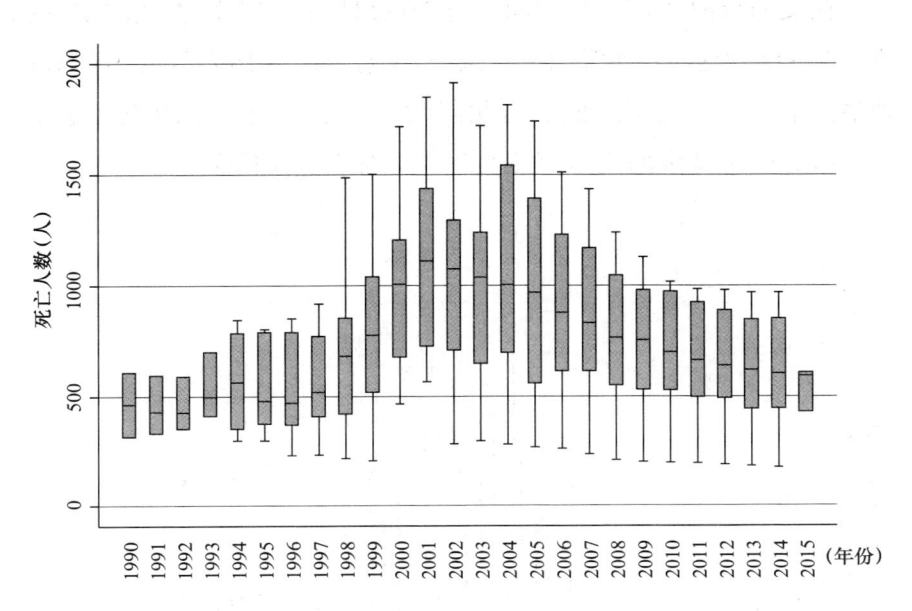

图 4　中国特大城市道路交通安全事故死亡人数的历年情况

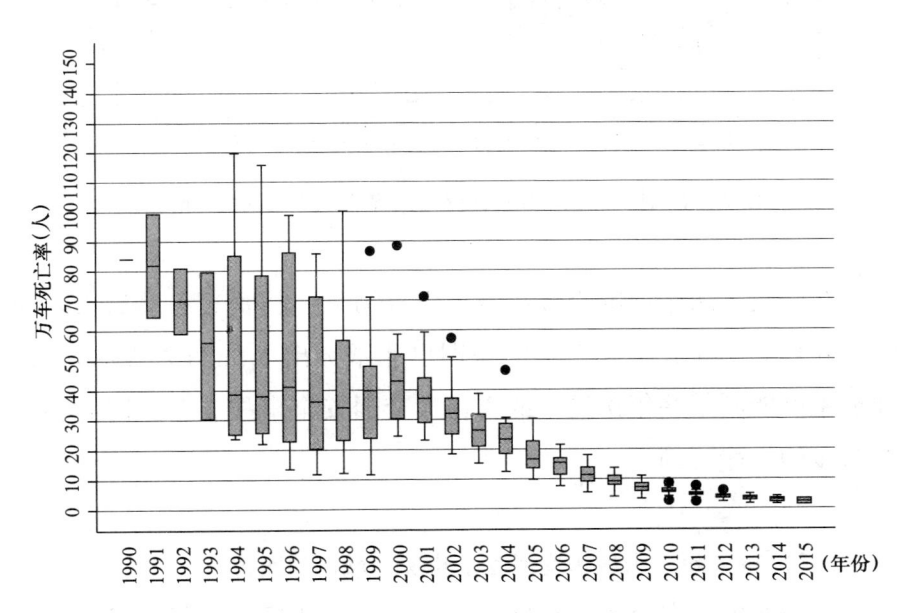

图 5　中国特大城市道路交通安全事故万车死亡率的历年情况

在交通事故受伤人数方面，也表现出同死亡人数类似的演变趋势（如图6所示）。2002年特大城市交通事故受伤人数的中位数达到最高值，此后逐年降低。与此同时，城市之间的差距也在缩小，表明所有样本城市的交通事故受伤人数都在逐步降低。

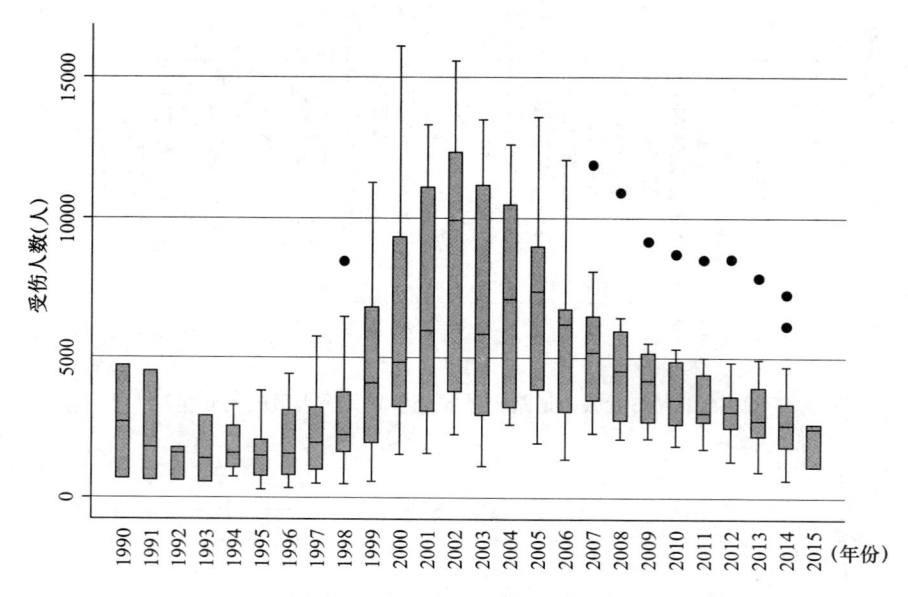

图6 中国特大城市道路交通安全事故受伤人数的历年情况

在交通事故造成的直接经济损失（万元）方面，各个城市之间的差异较为明显，不同年份的差别也非常突出（如图7所示）。这种现象可能同某些年份发生的重特大交通安全事故有关，因此并没有明显的规律可循。

（三）特（超）大城市交通安全状况的城市间比较

在交通事故安全风险领域，哪些城市最严重？如图8所示的是2013年16个特大城市的民用汽车保有量和万车死亡率的二维散点图和线性拟合线。以万车交通事故死亡率来衡量，重庆市是所有城

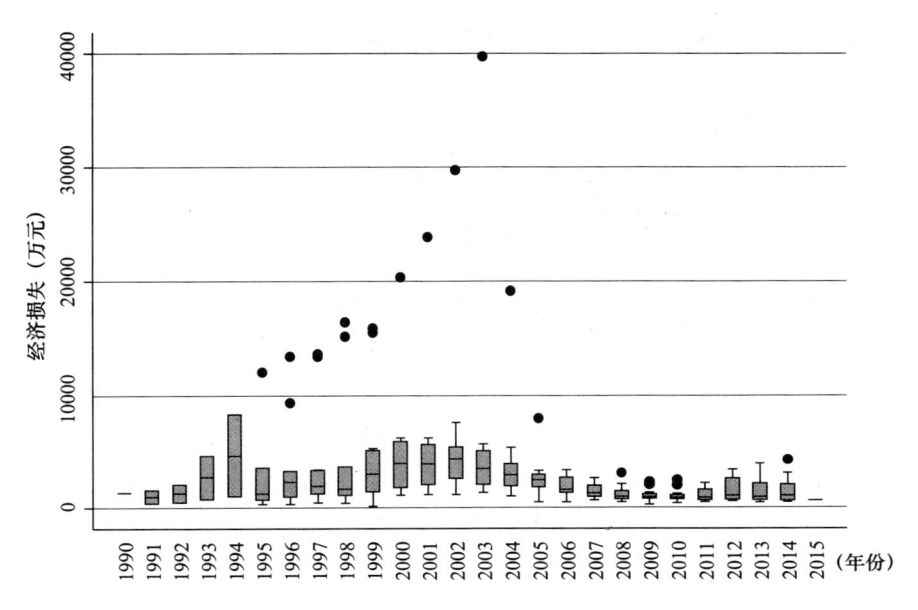

图7　中国特大城市道路交通安全事故造成的直接经济损失历年情况

市中唯一超过5人的,高居榜首。其次是佛山、汕头、广州和上海等城市,在4—5人。多数城市集中在3人左右,北京接近2人,而深圳则低于2人。从线性拟合线来看,交通事故死亡率同民用汽车保有量存在显著负相关关系,即机动车保有量越多的城市,万车死亡率反而越低。这意味着车多并非交通事故死亡的原因,随着机动车保有量的增长,许多城市都跨过了交通事故死亡人数高峰的"拐点",开始进入下行期。

在交通事故安全风险领域,哪些城市在递减?如图9所示,如果将20世纪90年代的数据考虑在内,许多城市都经历了交通事故死亡率先升后降的发展轨迹。但是,总体来说城市交通事故死亡率稳步下降的趋势是非常明显的。

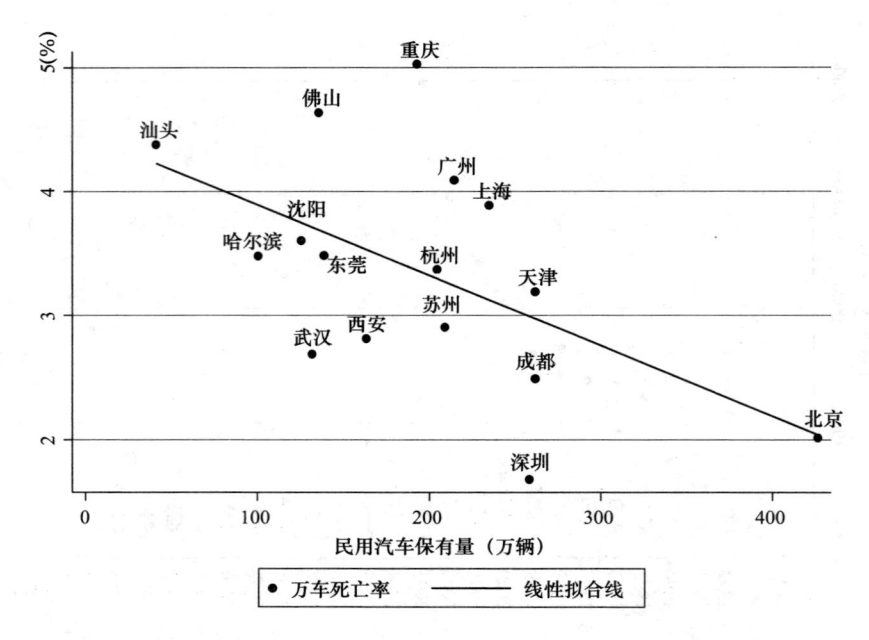

图 8　中国特大城市的民用汽车保有量和万车死亡率（2013 年）

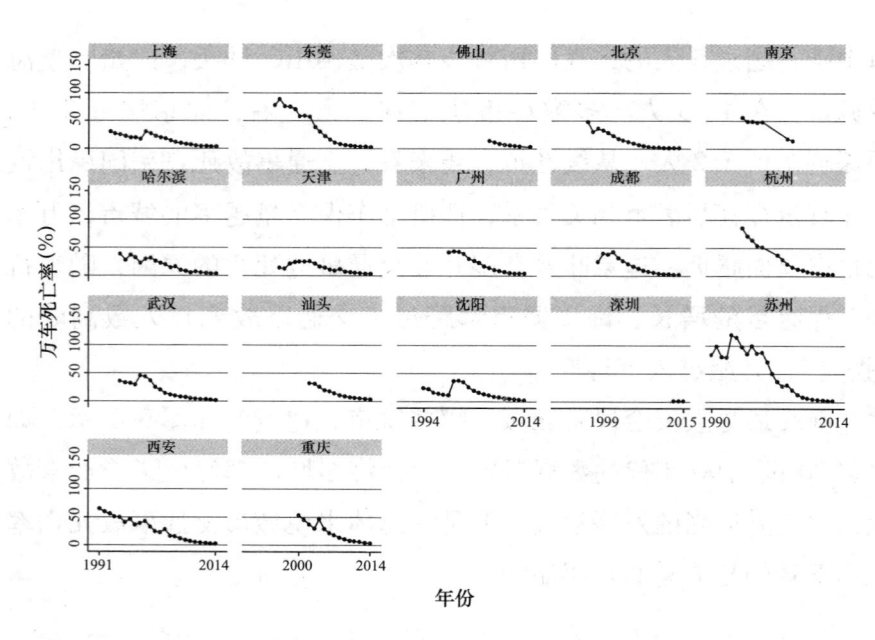

图 9　中国特大城市交通事故万车死亡率的变化趋势（20 世纪 90 年代至今）

如果仅考虑2000年以来的情况（可获得数据的城市数量较全且稳定），那么图10则显示除个别城市在个别年份起伏以外，所有城市的交通事故万车死亡率都在稳步下降。这意味着在过去10年，中国特大城市的交通事故死亡率都已进入下行区。

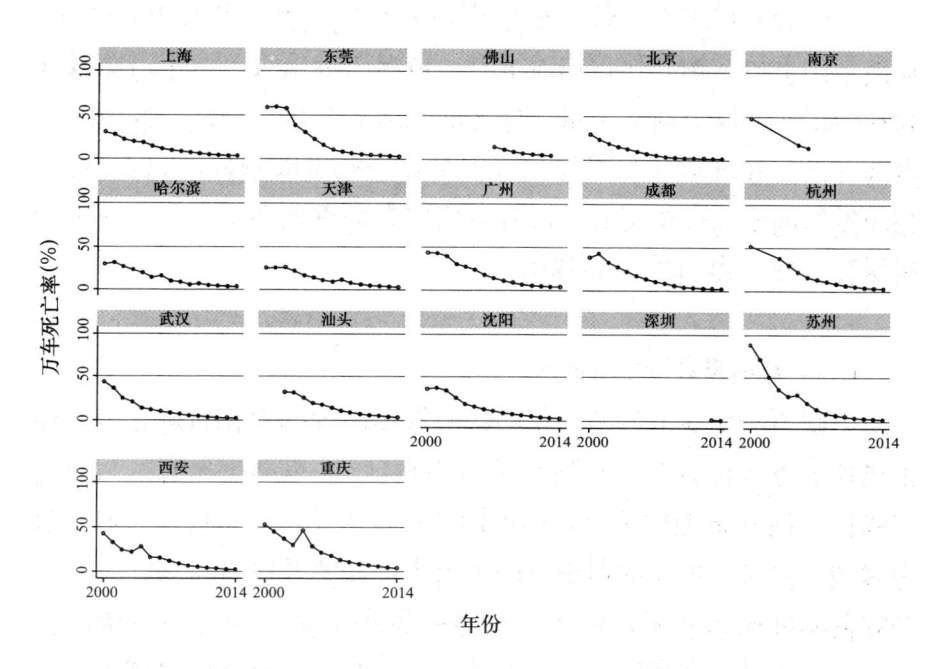

图10 中国特大城市交通事故万车死亡率的变化趋势（2000—2014年）

通过上述数据分析来看，中国特大城市交通事故安全风险在逐步缓解，无论是交通事故发生起数、受伤人数、死亡人数还是直接经济损失，都出现稳步的下行趋势。虽然在2000年前这些城市的交通安全事故风险都还在持续恶化，但是此后却都不约而同地进入了稳定走低区间。那么，上述数据反映的乐观图景是否是可靠的？特大城市的交通安全风险隐患在哪里？下文分析显示，虽然总体向好，特大城市的交通安全风险仍然值得特别关注。

二 关键风险问题识别

从宏观数据来看，特大城市交通安全风险在稳步降低。但是，从微观的事故结构和伤亡构成来看，情况不容乐观。由于道路设计和交通信号调度方面的不足，导致的交通安全事故频发，并造成严重的人员、经济和社会损失。特别是在一些事故频发的热点路段，频频发生的交通安全事故并没有得到应有的重视和关注，致使人们屡屡在这些"鬼门关"折戟伤亡。

（一）数据失真与风险难判

中国道路交通事故的变化趋势同发达国家的变化轨迹相似，即都出现了先增长后下降的倒 U 形分布特征[1]。机动车保有量与交通事故存在倒 U 形曲线关系，而中国已跨过拐点，开始进入交通事故递减期。但是，道路交通事故的历史走低趋势并没有持续，近年来的降低幅度明显收窄，说明仍然需要警惕道路交通安全风险的涌动。与此同时，在道路交通数据领域，存在明显的"数据打架"现象，无论是死亡还是受伤人数，公安部门与卫生部门的统计数据并不一致。比如，对 2002—2007 年的统计数据分析显示，公安部门数据显示交通事故死亡人数显著减少 27% 左右，而卫生部门披露的数据则没有明显改变（减少 8% 且不显著）。2007 年卫生部的死亡登记数据显示有 8.16 万人死于交通事故，而公安部的则为 2.21 万人，公安部门的数据只有卫生部门的三成到六成[2]。因此，尽管目

---

[1] 任英、彭红星：《中国交通事故伤亡人数影响因素的实证分析》，《预测》2013 年第 3 期。

[2] Hu G. Baker T. Baker S. P., "Comparing road traffic mortality rates from police-reported data and death registration data in China", *Bulletin of the World Health Organization*, 2011, 89: 41–45.

前公安部门报告的数据让我们得到一个值得乐观的道路交通安全状况,但是来自卫生部门的数据却说明道路交通事故仍然值得警惕。

在道路交通安全领域,不同部门的数据"打架"问题值得特别关注。中国公安部门和卫生部门统计的交通事故死亡人数存在巨大差距。按照公安部门的统计数据,中国道路交通事故死亡率逐年下降,但这同发达国家的经验恰恰相反。考虑到中国机动车保有量快速增加,经济发展水平与交通事故死亡率之间的库兹涅茨倒 U 形曲线的拐点还没有出现,因此交通事故死亡率不会出现如此大幅度的降低。因此,世界卫生组织根据其他国家的同类数据推断,中国 2013 年的交通事故死亡人数为 26.14 万人(每 10 万人死亡率为 18.8 人)[1],而这大大超过中国公安部门报告的数据(即 5.85 万人)。对此的解释主要有两种,即统计口径不同和数据造假激励。

公安部门和卫生部门对交通事故死亡的判断依据不同,这使公安部门报告的数据可能是低估的。卫生部门主管的医院以死亡记录为依据,即全国疾病监测系统死因监测数据集,这包括因为交通事故而在住院治疗七天以后死亡的人群,他们不被公安部门计入交通事故死亡人数。一些人因为害怕公安部门的处罚,隐瞒交通事故,但在医院治疗时却被记录在案。此外,在农村和偏远地区,信息采集和数据统计等方面的基础设施和管理信息系统都不完备,相关数据漏报、错报和误报的情况时有发生,使数据的真实性大打折扣。即便考虑到这些因素,特别是卫生部和疾病预防控制中心的监测系统都存在低报问题,两个部门的交通事故死亡人数仍然是公安部数据的 3 倍[2]。这说明,数据采集过程的不足可能不是主因。

另一个可能的原因是,中国自上而下的安全生产监管体制设定

---

[1] WHO, *Global status report on road safety* 2015, Geneva, Switzerland: World Health Organization, 2015.

[2] Ma S., Li Q., Zhou M., et al. "Road Traffic Injury in China: A Review of National Data Sources", *Traffic Injury Prevention*, 2011, 13 (sup1): 57 – 63.

了严苛的"死亡指标",塑造了公安部门"低报"交通事故死亡人数的激励结构,使统计数据被人为操控,并导致统计数据的漏报、误报、瞒报、谎报和低报等问题。以万车死亡率为核心考核指标,各地政府都要将其辖区内的交通事故死亡人数同机动车保有量的比值控制在一定范围内。因其是"一票否决"的硬指标,并同政府绩效评价和地方官员业绩考核挂钩,所以各地政府都对此极为重视。欧盟成员国和许多其他国家都将目标设置作为管理道路交通安全的重要工具,而且许多研究都发现设定了目标的国家和地区,更有可能降低道路交通事故死亡率。如果中国公安部门的数据是可信的话,那么中国的发展轨迹似乎验证了目标设置理论。但是,如果中国的数据不足信,那么为什么中国是一个"孤例"?

一个值得注意的问题是,当国际组织和国内学界都在质疑公安部门的数据时,为什么该部门并没有人站出来反驳或解释?上述分析都使公安部门的数据真实性和公信力受到挑战,对于期望维护部门声誉的组织而言,保持沉默是一个难以解释的现象。对此可能有待更进一步地解释。如果数据本身的质量和可靠性问题得不到很好的解决,那么任何有关风险评估和政策效应的讨论都无法令人信服,并可能得出谬误的结论。因此,规范相关部门的数据报送和披露机制,使真实可靠的数据得到记录和公开,可能是道路交通安全风险治理的第一步。此外,加强跨部门协同,推动公安、卫生、规划、市政等部门在道路交通安全领域的协同风险治理,也是值得尝试的方向。

(二)道路交通风险治理的跨部门协调难

在道路交通安全领域,跨部门协同是降低风险的关键所在,而跨部门协调难也是造成目前道路交通安全风险居高不下的主要原因之一。比如,推动汽车产业发展的经济管理部门,就无法同交通部门取得共识，从而导致上述一些问题得不到根治。在这方面，加强跨部门整合和联动，推动联合执法和协同作业，是降低交通安全风险的关键所在。

行人和骑行人员作为"弱势群体"，其人身安全得不到保障，面临与机动车的"路权"之争。尽管法律规定"车让人"，但鲜有城市可以切实执行，使行人被撞伤亡的比例居高不下。目前，机动车管理较为严格完善，但是无牌照电动汽车、电动三轮车、老人代步车、摩托车、电动车、自行车等，往往成为威胁交通安全的隐患。这些无照驾驶和运营的车辆，挤占人行道和自行车道，并成为交通事故频发的元凶之一。由于法律缺位和政府监管不力，这些方面的问题业已成为道路交通安全领域最值得关注的痼疾。

此外，不同部门之间的"数据打架"问题也需要特别关注。跨部门协同的基本条件是数据交换和信息共享，其次才是决策对接与行动协同。能否获得有关道路交通事故的各类指标的准确、及时和细致数据，是决定能否有效实施风险治理的关键前提条件。如果"数据打架"的问题得不到合理解决，如果有关各个城市的细致数据无法得到公开披露和广泛使用，就很难推动道路交通安全风险治理的大幅提升。因此，在道路交通安全风险治理中至关重要的问题是如何确保数据质量，并尽可能降低乃至杜绝数据造假，使决策和管理部门都能依据全面、准确、及时和可靠的数据进行决策和管理。

（三）决策与管理的科学程度不够

目前在道路交通安全领域仍然属于简单粗放和手工作坊式的管理模式，同科学决策和精准管理还有很大距离。尽管相关部门都配备了最先进的设备和技术，但是它们能否得到真正使用却不得而知。实际上，在道路交通安全领域开展的大量国内外科学研究，从不同学科探究道路交通安全风险的成因、特征与对策，都为实现科学决策和精准管理积累了大量科学证据。但是，这些证据并没有得到充分的重视和应用，存在严重的认知—实践鸿沟和科学—政策差距。如何推动科学证据在道路交通安全政策的应用，使道路交通安全政策科学化，可以说是降低道路交通安全风险的关键所在。

此外，各级政府部门能否足够重视道路交通安全，也是相关举措可否得以推动的关键所在。自上而下的安全生产责任考核体系，使各级政府都对安全生产非常重视。在所有安全生产事故中，交通安全事故的致死率最高，也是确保安全生产责任考核能否达标的"重中之重"。因此，目标责任考核和绩效管理在这方面需要发挥更大的作用，但与此同时也应避免压力型体制所诱使的欺上瞒下、操控和博弈等负面影响。

更为重要的是，来自道路交通管理部门的数据能否同其他数据相关联，并进而推动大数据治理和智慧交通，也是道路交通安全风险管理的关键课题。大数据治理依赖于关联型的海量数据，而目前交通管理部门的数据还很难支撑大数据技术的广泛应用，使其"无用武之地"。比如，交通事故主要发生在哪些路段、时间段、交通工具，造成了哪种类型的创伤和损失，哪种措施和干预最有可能奏效。诸如此类的问题都需要强大的数据基础设施加以支撑，以将这些细颗粒的海量数据导入政府决策与管理之中，并为科学决策提供辅助。

（四）对道路交通行为改变的重视不够

道路交通事故的发生同人、交通工具、路况和交通指挥等密不可分。就人的角度而言，驾驶员的驾驶技能不过关、疲劳驾驶，行人闯红灯和横穿马路，电动车和自行车逆行，这些都是造成道路交通事故的主要诱因。从交通工具而言，越来越多的机动车挤占道路，非常容易发生道路交通事故。从路况而言，早晚高峰期、恶劣天气和夜晚等都可能使道路交通事故攀升。路网规划、交通信号灯、警示标志、交通警察执法巡逻等，也会对道路交通事故的治理产生至关重要的影响。这些方面的因素都是微观层面的，但同宏观政策不无关系。

道路交通安全管理制度和法律法规对人的行为约束，是影响道路交通事故发生及其严重程度的关键因素。如果人们将相关法律法规和制度视为儿戏，或者可以通过各种办法绕开其惩罚，那么就无法形成规则至上的社会氛围。当人人都不遵守交通规则，那么就可能使道路交通安全风险治理的制度基础受到侵蚀，并影响道路交通安全的可持续治理。在这方面，仍然需要加强法治，使道路交通安全法规得到切实履行，保障道路"弱势群体"的生命安全。

聚焦于人的行为改变，除了法治以外，可能还需要考虑行为科学和循证管理领域的最新进展，使最新的科学证据能够在道路交通安全风险治理领域得到应用和推广，并为降低道路交通事故发生提供科学依据。目前许多城市的交通安全风险治理仍然存在自我封闭和简单粗放的倾向，无法基于准确和关联的数据进行科学研究，并基于这些科学证据进行决策和优化。对于人的行为进行改变殊非易事，依靠简单线性和漫灌式的单向宣传，很难发挥应有的作用。在这方面特别需要加强行为科学和循证管理的引入，通过科学研究积累证据并掌握人的行为规律，据此拟定有效的干预手段，从而达到改变人的行为的目的。

三 改进特大城市交通安全治理的对策与建议

针对特大城市道路交通安全风险治理的挑战，我们提出"四位一体"和多管齐下的政策建议，为城市决策者的政策决策和执行提供经验依据。在道路交通安全风险治理中，至关重要的四大因素是目标管理、跨部门协同、大数据技术和循证政策。在这四个方面着力，将可以极大地提升中国特大城市道路交通安全风险治理能力。

（一）目标设定与绩效管理

从中国和其他国家的经验来看，目标管理具有很强的穿透力，能够对交通安全风险治理发挥引领作用。在道路交通安全领域，已有实践和研究都显示，为国家和地方政府设立目标，有助于降低道路交通事故。目标具有引领、施压和激励作用，会使政府部门更加有压力和动力去推动目标的实现。因此，无论是经济合作与发展组织（OECD）成员国还是其他国家和地区，都在道路交通安全领域推动目标管理。研究显示，设定了量化目标的国家，都比没有设立的显著降低了交通事故死亡人数，而且目标管理的降低效应具有很强的持久性[1]。

一些国家和城市甚至设置了"零死亡"的目标，典型代表有瑞典，其宣布在2050年实现交通事故零死亡的愿景。尽管零死亡是遥不可及的目标，但这种愿景和信念的驱动，却有助于在凝聚力量、获得共识、赢得支持等方面取得长足进步，并推动交通安全风险降低。例如，美国纽约市效仿瑞典等国家设定了"零愿景"的宏伟目标，致力于消除交通事故死亡人数。这项动议看似不可思议，但却同样产生了不可思议的影响。自2013年以来，纽约市的交通事故死亡人数显著降低了23%。这在很大程度上得益于纽约市利用数据去发现交通事故的原因，并对症下药去治理这些问题。正如纽约市长 Bill de Blasio 所言，"我们的目标比零死亡还要野心勃勃，

---

[1] Wong S. C., Sze N. N., " Is the effect of quantified road safety targets sustainable?" *Safety Science*, 2010, 48 (9): 1182–1188.

除此以外再没有其他目标可以接受。我们在提出'零愿景'的前三年取得了显著的成绩，但是我们将不达目的不罢休"。①

目标管理是绩效管理的重要方式，即通过自上而下设定目标，去推动政府部门执行政策和实现目标。中国各级政府推行安全生产目标责任考核，强化目标设置与治理，可能有助于绩效管理的作用发挥。目标管理具有至关重要的意义，但是应避免问责压力导致的弄虚作假、欺上瞒下等目标偏差现象的出现。

在行人道路安全方面，杭州和深圳的车让人案例值得关注。杭州市基本实现了人行横道前汽车让人，这极大地保障了道路弱势群体的安全。"中国式过马路"广为诟病，但是几乎没有一座城市可以做到像杭州市一样。北京、深圳和许多城市都出台政策，对闯红灯和乱穿马路的非机动车与行人罚款，以维护交通秩序。但是，对机动车的制裁却没有跟上，加之缺少足够的执法人员，使这项政策近乎废弃。杭州市政府绩效管理的一个重要环节就是倾听和吸纳民意，而民众对斑马线上的交通安全非常担忧。这起因于一件轰动全城的交通安全事故，经当地媒体报道和民众广泛热议后，它被作为公众意见而纳入政府议程。

与此同时，杭州市政府在推动"车让人"政策时也别出心裁，首先在公共部门率先垂范，然后在社会普遍推广。负责推动汽车让人的政府部门首先在公交车试点，要求所有公交车司机必须在人行横道前为行人让路，否则就要面对罚款乃至下岗的处罚。随后，所有机动车都被要求在斑马线前让人，并出动交警严格检查和处罚。很快，这项动议就得到了广大市民的交口称赞，并得以顺利执行。更为重要的是，这项政策并没有朝令夕改，而是令行禁止，并产生了持久的政策效应。

---

① New York City Mayor's Office of Operation, *Vision Zero Year Three Report*, 2016 (http://www1.nyc.gov/assets/visionzero/downloads/pdf/vision-zero-year-3-report.pdf).

杭州"车让人"的案例值得关注，而一个值得提出的问题是，为什么其他城市没有像许多发达国家的城市一样，做到汽车让人？另一个有待解释的问题是，为什么杭州可以做到汽车让人？与之相关的问题是，中国是否会出现第二个汽车让人的城市？其他城市是否能够效仿杭州？这些方面的研究可能有助于揭示政策创新与成功的背后成因，并为"最佳实践"在更广泛的地区推广提供经验依据。

（二）跨部门协同治理道路交通安全风险

在道路交通安全领域，跨部门协同至关重要。道路交通安全不只是交通部门的职责，而是有赖于所有相关部门的参与。以纽约市为例，不仅交通部门、医疗部门、公安部门参与其中，非营利组织也通力合作。城市规划、道路设计、市政建设、法律执行、医疗卫生、公安等部门都同道路交通安全密不可分，而这些部门之间的通力合作对于道路交通安全风险治理尤为重要[①]。2003年10月，国务院同意公安部的请示，建立由公安部牵头的全国道路交通安全工作部际联席会议制度，联席会议成员单位包括公安部、中宣部、发展改革委、监察部、建设部、交通部、农业部、卫生部、工商总局、质检总局、安全监管局、法制办、保监会、总后勤部、武警部队共15个部门和单位。联席会议每年召开一次例会，由公安部分管副部长召集。2009年2月，国务院办公厅同意公安部关于调整部际联席会议成员单位及成员的建议，新增教育部、商务部、工业和信息化部、司法部，使联席会议的成员单位增为19家。由此可见，跨部门协同是道路交通安全风险治理的关键维度。

在道路交通安全风险治理过程中，应秉持依法治理的原则，推

---

① Alcorn T., "Uncertainty clouds China's road-traffic fatality data", *The Lancet*, 2011, 378 (9788): 305-306.

动跨部门联动。对于危害道路交通安全的"马路杀手",需要严惩不贷。法律的威慑力和严惩不贷,会让心存侥幸的人有所忌惮,并更有可能遵章守法。2004年5月,《道路交通安全法》开始施行。我们固然不应过分夸大严刑酷法的作用,但酒驾入刑的治理效果不容忽视。与此同时,驾驶员考试制度改革,在提高驾驶员技能的同时也有助于降低交通事故率。目前法律手段方面关注的焦点是"酒驾入刑",2011年5月执行以来取得了非常明显的政策效应。与之相关的是,它还催生了"酒后代驾"产业,并在网络约租车产业蓬勃发展之际,得到进一步发展。此外,对驾校市场的清理整顿,对驾驶许可证考取标准的提高,特别是号称"史上最严交规"的公安部第"123号令"的出台,使"马路杀手"无法上路,也在一定程度上保障了道路交通安全。

法律上的调整引发了社会文化的缓慢变化,特别明显的是人们对酒后驾驶的观念发生改变。许多人不会向驾车人士劝酒,酒后代驾或驾车不饮酒渐成风气。2012年以来的反腐风暴,使大吃大喝问题得到遏制,也对推动"酒驾入刑"的执行提供了额外的支持。就法律手段而言,人们担忧的是执法问题,即有法不依和执法不严,以及可能存在的"钓鱼执法"问题。这在其他领域较为普遍,但"酒驾入刑"的高规格执行说明,只要得到政府重视并赢得社会认同,道路交通风险治理完全有可能实现质的飞跃。

(三)大数据技术与智慧交通

在道路交通安全事故的数据质量得到保障时,才有可能对道路交通安全风险进行精准评估和应对。与此同时,建立在海量数据基础上的大数据技术才有用武之地。大数据技术指利用海量、实时、多维和细颗粒度的行为数据,在高级复杂算法的支持下,对某个现象得出规律性的认识,并辅助管理和决策。因为涉及普遍存在和实时采集的地理位置信息，道路交通是大数据技术应用最为广泛的领域之一，利用大数据也是推动智慧交通和降低道路交通事故的发展方向之一。无论是交通管理部门，还是高德地图、百度地图、滴滴网约车等交通领域的数据提供商，都在每时每刻产生和存储海量数据。这些有关道路交通的大数据，完全可以用于智慧交通决策，并优化路网、交通信号灯、警示标志设计等。

在道路规划、红绿灯设置、提示标识设计、交通警察巡逻与摄像头监控等方面，都可以基于大数据技术推动道路交通安全风险治理创新。至关重要的是，要将道路交通事故数据同其他来源的数据相关联，由此形成更有利用价值的信息。比如，哪些路段最容易发生哪种形式的道路交通事故？哪些街区是"死亡街区"？哪些时段是最应该加强警力的？哪些人群是最可能发生道路交通事故的？是否可以对某个路段或街区的道路交通事故进行预测？这些问题都值得深入探究，并在大数据领域加以使用，推动道路交通安全风险治理的智能化。如果能够把有关道路交通事故的各类数据汇聚，并开发最有解释力和预测力的算法，将为道路交通安全风险治理提供智慧平台，并极大程度地降低道路交通事故发生率和致死率。

仍以纽约市为例，该市采集的道路交通安全数据包括发生事故最多的街区，驾驶员的驾驶行为，医院报告的交通事故伤亡记录，以及交通事故发生较多的季节和时段。将这些数据关联起来，发现交通事故的风险点、隐患地带和根本原因，就为缓解交通事故提供了决策依据。在这方面，目前杭州、北京等一些特大城市在探索和试点，但仍然有必要进一步推动。特别是在跨部门协同的层面，有效推进跨部门的数据共享和信息互通，发挥大数据技术的潜力，为道路交通安全风险治理保驾护航。

（四）"轻推"和循证政策

道路交通事故的发生离不开人的行为诱因，因此改变人的行为至关重要。除了强制性的法律和行政手段，是否还有其他非强制性的政策工具可以用于降低道路交通安全风险？道路交通安全取决于各类交通工具的安全性，更根本地取决于使用道路的各类人群，包括机动车驾驶人、电动车和自行车骑行者以及行人。这些人群的行为是否遵守道路交通安全规定，是影响道路交通安全风险的关键因素。如果可以改变和优化城市人的交通行为，就能够在很大程度上降低道路交通安全风险。

已有研究显示，人的习惯性行为往往很难改变，即便是强制力也很难持续奏效，而且其成本和可能的反作用力更加不容忽视。越来越多的心理和行为学者提出"轻推"（nudge）的概念，即把人视为"顺毛驴"，找到影响人的行为的关键因素，并使用"顺其自然"的方式对其行为予以干预，达到改变行为并优化公共政策的效果[1]。比如，道路指示牌、路灯、斑马线、缓冲带、超速提醒等方面的信号设计，就应能够引起人的注意并产生影响人的行为的作用。这方面的投入微不足道，影响机制深藏不露，但政策效果却妙不可言[2]。

与之相关的一般性建议是，需要在交通安全治理中引入循证思想，即只有得到证据支持的政策才予以推行；而在推行政策之前都应开展大量的政策实验和相关研究，并基于证据去设计和执行政策。与此同时，业已被证明无效或低效的政策，则应坚决予以否定和停止。证据的来源不唯城市本身，而是可以借鉴和学习其他城市的同类经验。如果可以开发一套交通安全风险治理的证据中心，系统搜集降低交通安全风险的证据，并为决策者提供易于理解和操作的指南，则有助于循证政策的执行。道路交通安全

---

[1] Thaler R. H., Sunstein C. R., *Nudge: Improving Decisions about Health, Wealth, and Happiness*, New Haven, CT: Yale University Press, 2008.

[2] Halpern D, *Inside the Nudge Unit: How small changes can make a big difference*, London: W. H. Allen, 2015.

风险是"城市病"之一，对症下药的前提是科学诊疗。因此，应加强循证决策思想和工具在道路交通安全风险治理领域的应用，使科学决策成为该领域的主导思想，并为最新最佳的证据应用提供机会。

特（超）大城市社会治安风险分析及其治理[*]

张楠迪扬[**] 姜辰枞[***]

一 社会治安综合状况

（一）全国社会治安基本情况

总体上，我国综合治安状况仍是未来治理的重点领域，并带有新时期的新特点。2011—2015年，公安机关立案的刑事案件总数呈上升趋势（图1），但其中杀人刑事案件数量逐年下降（图2），诈骗案件总量则呈显著增长（图3）。新时期网络犯罪、电话诈骗等

---

[*] 本文数据来源于各城市统计年鉴，政府报告、城市数据公报、官方媒体信息，以及各城市公安部门、检察院网站或面向公众汇报所披露的治安信息。其中，各城市常住人口、人均生产总值、人口增幅为2011年至2015年各城市统计年鉴数据。城乡收入差距为人均城市可支配收入与人均乡村可支配收入差值。青壮年人口比重选取14—64岁人口占常住人口比重，在数据的可及性上，16个城市的数据来源均为各城市《2010年第六次人口普查主要数据公报》。未受过高等教育人口比重数据为受教育程度在大学（指大专及以上）以下的人口比重，16个城市数据来源同为各城市《2010年第六次人口普查主要数据公报》。

[**] 张楠迪扬：中国人民大学公共管理学院行政管理学系副教授。

[***] 姜辰枞：贵州省贵阳市人民政府办公厅秘书处。

新型犯罪方式正在兴起并成为突出问题，我国总体形式犯罪正在发生结构性改变。具体趋势如下。

1. 刑事案件稳中略升

根据国家统计数据显示，2011年我国共立案调查刑事案件6004951起，2013年调查6598247起，2014年调查6539692起，到2015年年末，共立案调查7174037起，综合来看，刑事案件发生调查量总体趋于平稳。

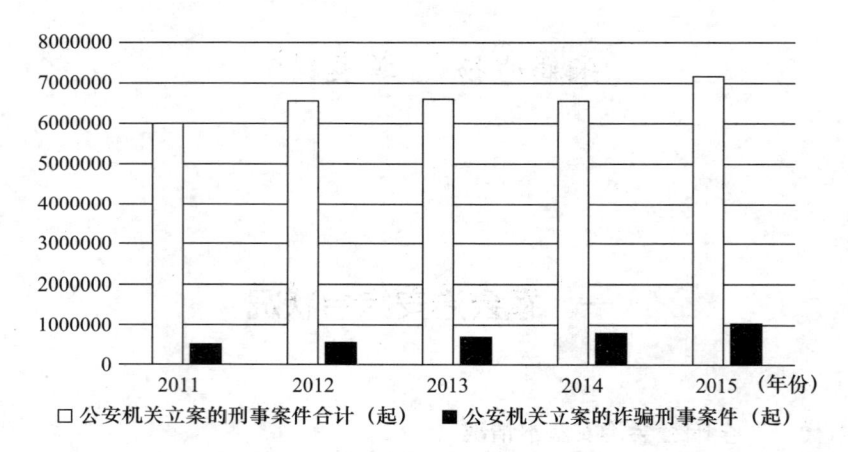

图1 我国刑事案件数与诈骗案件数

资料来源：中国国家统计局，2011—2015年公安机关立案的刑事案件数据统计（http://data.stats.gov.cn/easyquery.htm? cn = C01&zb = A0S0B&sj = 2015）。

2. 暴力犯罪事件数量明显下降

如图2所示，全国范围内杀人刑事案件逐年递减。其中2015年数据显示，全国法院新收故意杀人罪案件10187件，下降5.81%；故意伤害罪案件122209件，下降3.04%；强奸罪案件21252件，下降9.39%；绑架罪案件787件，下降24.54%；爆炸罪案件131件，下降18.13%。

```
2015年 ▬▬▬▬▬▬▬▬▬▬
2014年 ▬▬▬▬▬▬▬▬▬▬
2013年 ▬▬▬▬▬▬▬▬▬▬▬
2012年 ▬▬▬▬▬▬▬▬▬▬▬
2011年 ▬▬▬▬▬▬▬▬▬▬▬▬
      0  2000 4000 6000 8000 10000 12000 14000(起)
```

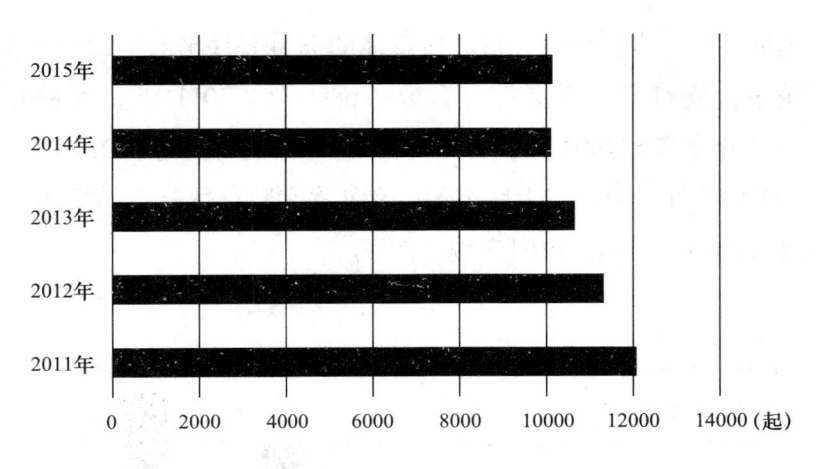

图 2　公安机关立案的杀人刑事案件

资料来源：中国国家统计局网，2011—2015 年公安机关立案的杀人刑事案件数据统计（http://data.stats.gov.cn/easyquery.htm? cn＝C01&zb＝A0S0B&sj＝2015）。

3. 诈骗案件大幅上升

如图 3 所示，2011—2015 年，我国各类诈骗案件呈显著上升趋势，年平均增长率近 20%。以 2015 年数据为例，全国法院新收非法吸收公众存款罪案件 4825 件，上升 127.38%；妨害信用卡管理罪案件 844 件，上升 50.45%。新收集资诈骗罪案件 1018 件，上升 48.83%；骗取贷款、票据承兑、金融票证罪案件 1284 件，上升 44.43%；保险诈骗罪案件 422 件，上升 33.54%；信用卡诈骗罪案件 11782 件，上升 12.28%。新收组织、领导传销活动罪案件 1493 件，上升 30.74%。

（二）特（超）大城市社会治安情况

1. 公安机关刑事立案总体趋势上扬

特（超）大城市公安机关刑立案趋势与全国情况大体保持一致。由于受数据的可及性制约，仅以北京、上海、广州、重庆、武汉、成都、西安、东莞、沈阳、哈尔滨十城 2010 年至 2014 年的公安机关刑事案件立案数进行统计分析。从总体的刑事案件来看，2010年超、特大城市公安机关刑事案件立案数786886件，2011年立案844279件，2012年立案929494件，2013年立案1130682件，到2014年，共立案1110135件。超、特大城市刑事案件立案数总体呈上扬趋势，治安需求依旧高企，形势依旧严峻（图4）。

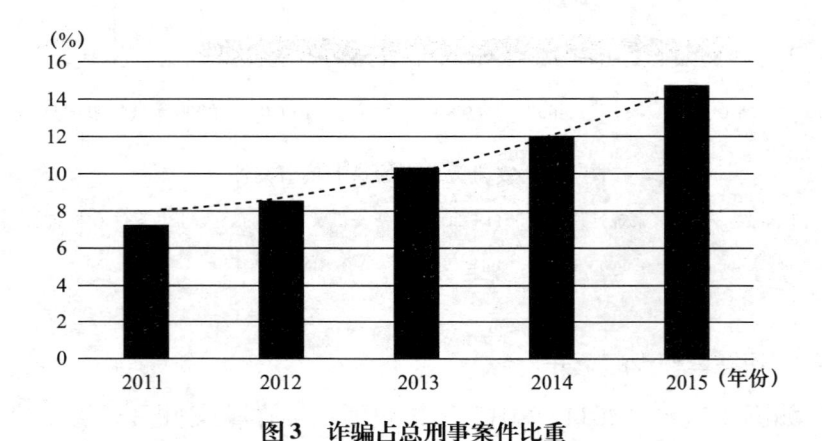

图3　诈骗占总刑事案件比重

资料来源：中国国家统计局网，2011—2015年公安机关立案的诈骗刑事案件数据统计（http://data.stats.gov.cn/easyquery.htm？cn=C01&zb=A0S0B&sj=2015）。

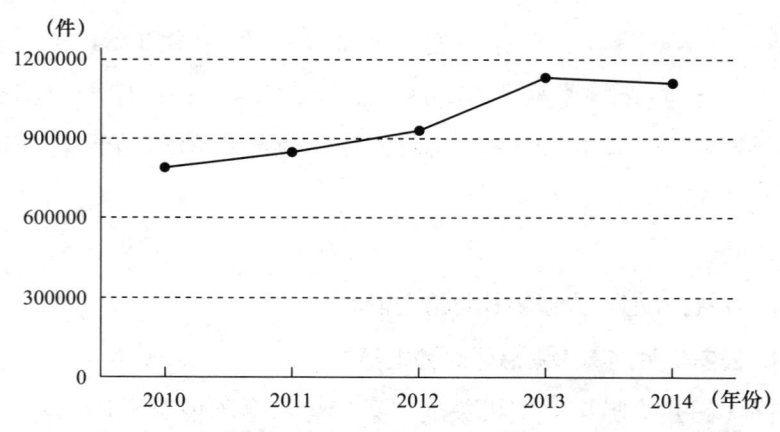

图4　超、特大城市公安机关刑事案件立案数（2010—2014年）

资料来源：相关城市统计年鉴。

2. 各城市总体趋势向上，存在明显拐点

如图 5 所示，各城市总体趋势向上，一方面，是因为各城市的治安惩治打击力度增强；另一方面，各城市治安需求也在增加，犯罪呈现结构性变化，但总体犯罪形势依然严峻。北京、上海、武汉、成都、西安均符合超、特大城市立案数总体上扬趋势，但也存在明显拐点，其中受举办重大活动影响，2014 年上海治安案件显著下降，根据最近几年来各城市的发案数与当年举办重大活动情形，

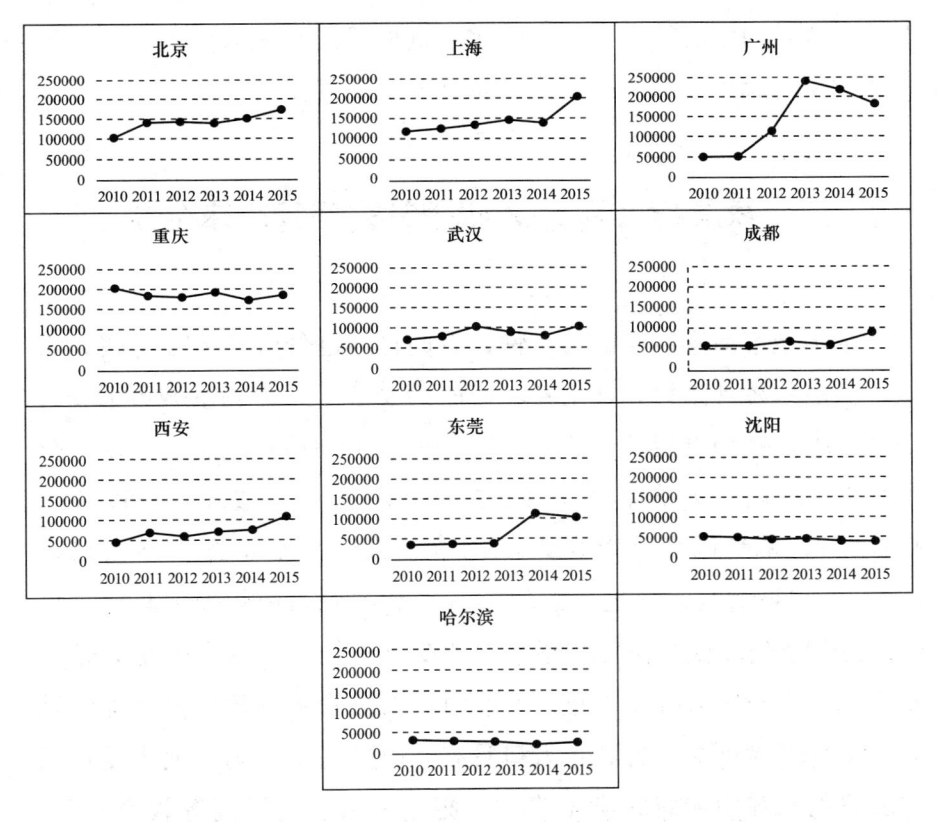

图 5　部分各特（超）大城市公安机关刑事案件立案数（件）（2010—2015 年）

资料来源：相关城市统计年鉴。

来看北京刑事案件立案数最少的一年为2008年，这一年北京成功举办了奥运会。上海刑事案件立案数最少的一年为2010年，这一年上海成功举办了世博会。广州于2010年成功举办了亚运会，这一年广州刑事案件立案数最低。而2014年上海举办了"亚洲相互协作与信任措施会议第四次峰会"，是亚信峰会自成立以来规模最大的一次会议，上海在2014年立案数呈现显著下降。而广州与东莞2013年立案数均发生激增，一定程度上与广东省推进"如实立案"制度有关。重庆作为超大稳定城市，刑事立案数则每年趋稳。而处于东北的中心城市沈阳与哈尔滨则由于近年来人口流出，特别是青壮年的流出，刑事立案数呈现逐年下降趋势。

二 我国特（超）大城市社会治安需求分析

基于城市治安数据的可及性，我们将通过分析我国特（超）大城市的多项客观指标，评估各城市的治安需求。为测量城市治安的综合需求，我们设定了五个指标以分析城市的治安风险与需求，分别是人口增幅，人均生产总值，青壮年的人口比重（14—65岁人口占比），未受过高等教育人口比重（大专以下不含大专人口占比）。人口增幅与人均生产总值的增长意味着城市规模的扩张、城市复杂程度的深化，这表示城市产生更多的治安需求需要更多的治安资源，青壮年人口的比重与未受过高等教育人口比重高意味着城市治安的风险更大。青壮年人口具有完全的犯罪能力，而未受过高等教育的人在犯罪统计学上来说，犯罪率大于受过高等教育人群。此外，贫富差距大，治安隐患相对较大，治安需求高。

（一）超大增长型城市

1. 综合治安需求

超大增长型城市的共性是人口规模在 1000 万以上，人口增幅高于全部超大、特大城市人口增长年平均率的城市。这类城市包括：北京、上海、深圳、天津、广州。超大增长型城市的共有特点是人口基数较大、密度大，人均生产总值水平较高，人口增幅仍保持在较高水平，城市规模仍以较快速度扩张。这使得超大增长城市需要面对人口迅速膨胀、收入差距增大带来的治安隐患，特别是诈骗、盗窃类案件。

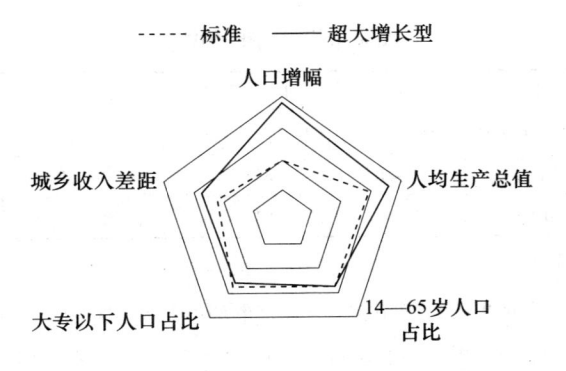

表1　　　　　　　　超大增长型城市治安需求维度

城市类型	人口增幅（%）	人均生产总值（万元）	14—65岁人口占比（%）	大专以下人口占比（%）	城乡收入差距（元）
超大增长	1.90	10.77	83.19	78.53	27140.30
平均值	0.94	8.74	81.46	81.51	22124.47

资料来源：人口增幅、人均生产总值源自五个超大增长城市（北京、上海、广州、深圳、天津）统计年鉴统计均值；14—65岁人口占比、大专以下人口占比源自各城市2010年第六次普查数据；城乡收入差距源自各城市2015年国民经济和社会发展统计公报。

图6　超大增长型城市治安需求

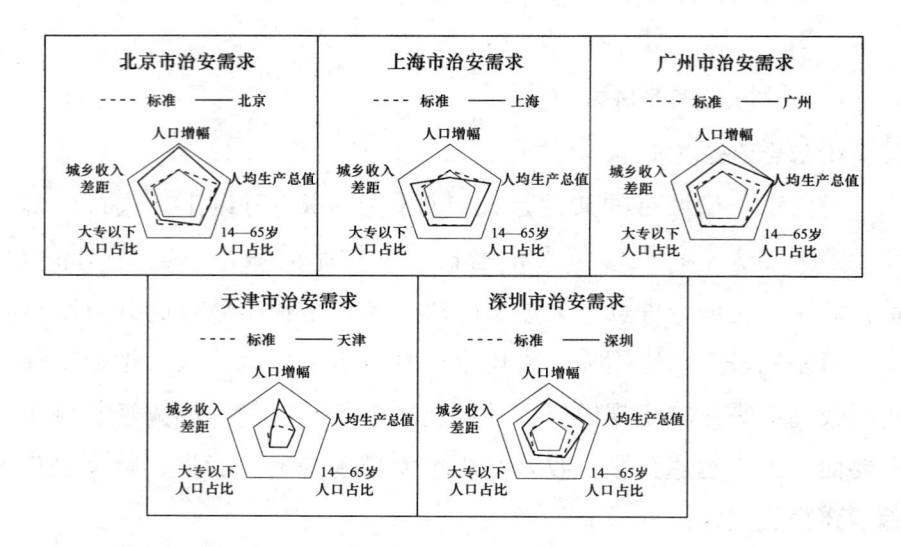

图 7　超大增长型城市治安需求（分城市图）

2. 案例分析

（1）北京市

根据国家统计数据，北京市五个维度数据如表 2 所示，其中城乡收入差距仅选取 2015 年数据，是因为每年的价格变动指数 CPI 均有不同，不同年份取均值未考虑货币的实际购买力，简单平均会稀释数据，增加误差，且一年的人均收入数据能较好地代表城乡收入差距，故选取 2015 年的数据体现城乡收入差距。

表 2　北京市治安需求维度

超大城市	人口增幅（%）	人均生产总值（万元）	14—65岁人口占比（%）	大专以下人口占比（%）	城乡收入差距（元）
北京	1.83	9.41	82.70	68.50	32290.00
平均值	0.94	8.74	81.46	81.51	22124.47

资料来源：人口增幅、人均生产总值源自《2012—2016 年北京市统计年鉴》统计均值。14—65 岁人口占比，大专以下人口占比源自《北京市 2010 年第六次全国人口普查主要数据公报》。城乡收入差距源自北京市统计局《北京市 2015 年暨"十二五"时期国民经济和社会发展统计公报》（http://www.bjstats.gov.cn/tjsj/sjjd/201602/t20160215_336838.html）。

如表 2 所示，北京人口增幅、城乡收入差距明显高于均值，说明城市规模扩张速度明显快于其他城市，贫富差距远高于平均水平。北京人均生产总值接近均值，说明北京的经济发展水平并未在全部超大、特大城市中占有明显优势。但北京大专以下受教育水平人口占比低于均值，说明人口素质较高，数据显示北京经济类及侵财类案件的隐患相对较高，暴力犯罪的治理需求相对较低。总体上，北京的治安需求呈现出如下几个特点。

第一，城市扩张速度快，对流动人口治理需求大。北京市人口增长速度快，流动人口数量大。如表 2 所示，2011—2015 年，北京市人口扩张速度较快，年均人口增幅为 1.83%，远高于超、特大城市均值。人口结构上，2014 年年底北京全市常住人口为 2151.6 万人，其中，常住户籍人口为 1332.9 万人，占常住人口的 62%，常住外来人口为 818.7 万人，占常住人口的 38%（图 8）。北京市统计局、国家统计局北京调查总队公布的调查数据显示，2014 年年末，北京常住外来人口为 818.7 万人，其中，四环路至六环路间聚集了 532.1 万人，占全市的 65%。因此，北京存在较为明显的对流动人口的治理需求。比如，入室盗窃、入室抢劫是较为集中的问题。据北京警方数据，2013 年上半年已破获的侵财案件中入室盗窃、入室抢劫共立案 9222 起，占侵财案件总量的 20.1%，同比上升 1.7 个百分点；扒窃案件立案 7289 起，占侵财案件总量的 15.9%，同比上升 18.3 个百分点；全市抢劫、抢夺案共立案 1581 件，占侵财案件总量的 3.5%；全市共立盗窃汽车案件 364 起，占侵财案件总量的 0.8%，同比下降 20.9 个百分点"①。

---

① 侯莎莎：《"治安地图"公布 19 处乱点曝光》，《北京日报》2013 年 7 月 10 日。

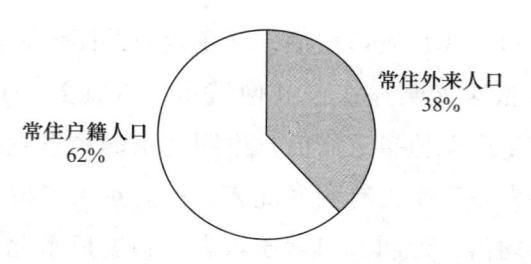

图 8　北京市常住人口构成

资料来源：夏沁芳《2015 年北京市统计年鉴》，北京市统计局 2015 年版，第 64、69 页。

第二，城乡收入差距大，平均受教育水平高，侵财类案件隐患较高。北京近五年保持经济快速增长，人均生产总值年均增长率约为 7.5%（图 9）。但由于人口增幅较均值的差距大于人均生产总值较均值的差距（表 2），城乡收入差距进一步拉大，且明显高于均值。

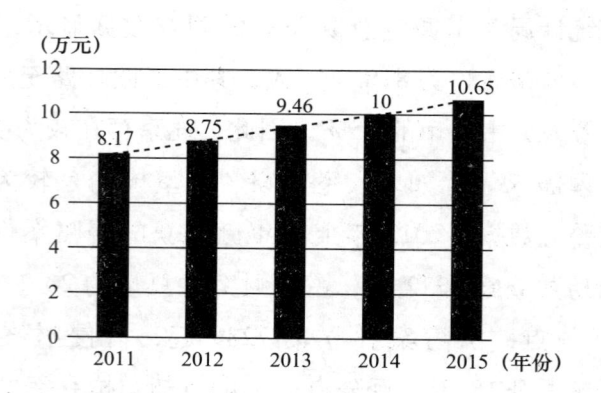

图 9　北京市近 5 年人均生产总值（万元/人）

资料来源：源自《2012—2016 年北京市统计年鉴》，数据为 2011—2015 年五年每年的人均生产总值数值。

虽然北京人口结构较为年轻，青壮年人口占总人口数的近 80%（图 10），但由于人口受教育水平较高（图 11），暴力犯罪率下降趋势明显。比如，据北京市公安局数据，2014年上半年全市杀人抢劫、强奸等八类危害严重刑事案件立案数量大幅下降，比2013年同期下降23.7%，立案数量3079起，其中抢劫、伤害等案件大幅下降。①

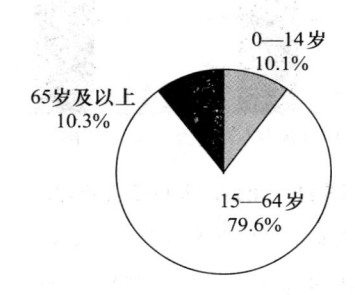

图10 北京市人口年龄构成

资料来源：夏沁芳《2015年北京市统计年鉴》，北京市统计局2015年版，第64、69页。

此外，北京总体受教育水平较高（图11），大专以上人口占比31.5%，同时由于城乡收入差距大，易发经济侵财案件。据北京警方数据，2013年1—6月，北京破获各类侵财案件3.9万起，同比上升33.8%。其中电信诈骗立案3184起，同比上升43.62%。侵财案件中，诈骗案件立案1.01万起，占侵财案件总量的22.2%，同比上升5.2%。其中，电信诈骗立案3184起，同比上升43.62%。高发的诈骗手段中，以境外电话欠费为由的电信诈骗案件发案835起，同比上升47.53%；中奖类诈骗案件发案179起，同比上升77.23%。②

---

① 《北京市公安局通报上半年治安状况立案数量13年来最优》，《北京晚报》2014年7月。
② 侯莎莎：《"治安地图"公布19处乱点曝光》，《北京日报》2013年7月10日。

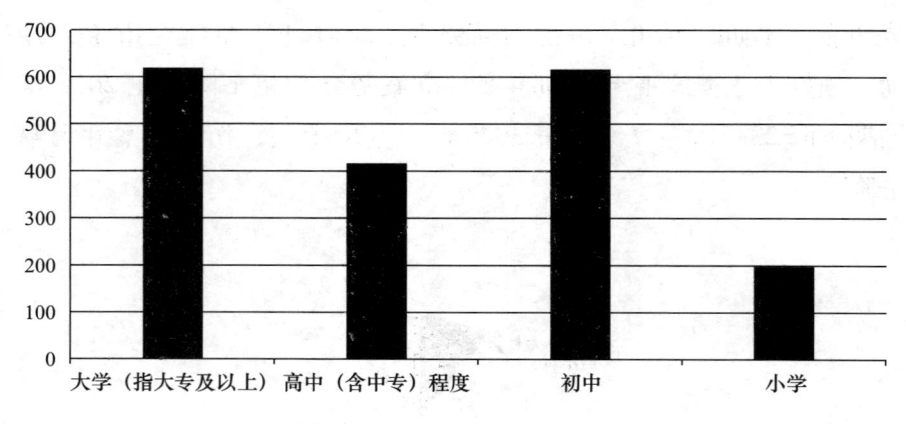

图 11　北京市人口受教育程度

资料来源：国家统计局《北京市 2010 年第六次全国人口普查主要数据公报》（http://www.stats.gov.cn/tjsj/tjgb/rkpcgb/dfrkpcgb/201202/t20120228_ 30381.html）。

第三，人口密度大，对高密度区治安治理需求大。就区域人口密度来看，北京市人口平均密度 1311 人/平方公里，首都功能核心区人口密度最高，远远大于城市功能拓展区，达 23953 人/平方公里（图 12）。城市核心区高密度区的治安治理需求较大。据北京警方数据，"2014 年全市扒窃案件立案 7289 起，占侵财案件总量的 15.9%，同比上升 18.3%。其中，发生在全市公交线路和地铁线路扒窃立案 4007 起，占扒窃案件总量的 55%"。①

人口密度较高，特别是流动、暂住人口集中的城中村，也是北京治安治理与防范的重点区域。随着北京中心城区的不断膨胀，外来人口和低端产业逐渐向城乡接合部聚集，出租大院、私搭乱建问题显著，治安隐患高。比如，北京市丰台区人民检察院通报，2015 年至 2016 年 7 月，北京市丰台区人民检察院共审查逮捕发生在城

---

① 纪乐乐：《上半年北京治安形势同比向好 侵财案件占比超 75%》（http://native.cnr.cn/city/201307/t20130709_ 513015271.shtml）；邓莉莉、史晓曦、张利歌：《北京丰台检察院：城中村成为六大犯罪案件"重灾区"》（http://www.bj148.org/zzgjj/zzdt/201609/t20160926_ 1253925.html）。

中村平房内的犯罪案件66件83人。入户盗抢等多发性侵财犯罪案件极为高发。城中村平房基础设施不完善，安全防盗设施也较为简陋，大量前科劣迹人员混迹在此。据统计，2015年至2016年7月，此类案件共27件30人，占总数的40.9%和36.1%。其中入户盗窃24件25人，入户抢劫3件5人。性侵妇女儿童类犯罪案件易发多发。此类案件共8件8人，占总数的12.1%和9.6%。城中村平房也成为一些地下赌场的重要藏身地。此类案件共9件22人，占总数的13.6%和26.5%，涉及赌博罪和开设赌场罪两个罪名。①

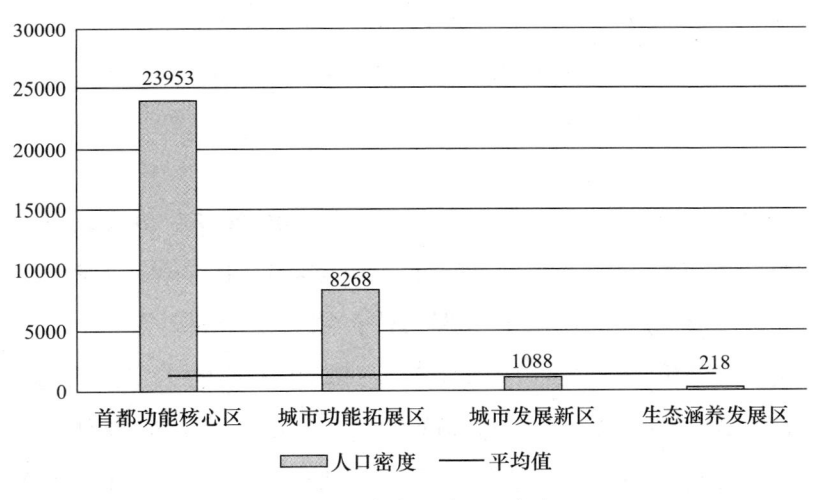

图12 北京市区域人口密度

区域	人口密度
首都功能核心区	23953
城市功能拓展区	8268
城市发展新区	1088
生态涵养发展区	218

资料来源：夏沁芳《2015年北京市统计年鉴》，北京市统计局2015年版，第65页。

（2）上海市

根据国家统计数据，上海市五个维度数据如表3所示，人口增幅0.72%，青壮年人口比重81.25%，未受过高等教育人口比重78.05%，均低于均值，人均生产总值为9.2万元，城乡收入差距

---

① 邓莉莉、史晓曦、张利歌：《北京丰台检察院：城中村成为六大犯罪案件"重灾区"》（http://www.bj148.org/zzgjj/zzdt/201609/t20160926_1253925.html）。

29757元，高于均值。

表3　　　　　　　　　上海市治安需求维度

超大城市	人口增幅（%）	人均生产总值（万元）	14—65岁人口占比（%）	大专以下人口占比（%）	城乡收入差距（元）
上海	0.72	9.20	81.25	78.05	29757.00
平均值	0.94	8.74	81.46	81.51	22124.47

资料来源：人口增幅、人均生产总值源自《2012—2016年上海市统计年鉴》统计均值。14—65岁人口占比，大专以下人口占比源自《上海市2010年第六次全国人口普查主要数据公报》。城乡收入差距源自上海统计局《2015年上海市国民经济和社会发展统计公报》（http://www.stats-sh.gov.cn/sjfb/201602/287258.html）。

如表3所示，上海存在超大增长型城市城乡收入差距大的共性。不同的是，相较北京，上海的人口增幅低于均值、大专以下人口占比略低于均值。这为上海带来特有的治安治理需求。

第一，人口增长控制成效显著，对流动人口的治安治理需求依旧存在。2014年上海人口达2426万人，由于政府出台如"沪九条"[1]、《市政府关于进一步推进本市户籍制度改革的若干意见》等政策，并划定了到2020年人口规模在2500万以内的红线[2]，所以在2015年上海人口出现了负增长，下降到2415万人，即出现了2015年的特异值，上海人口平均增幅略低于重庆，且从地区生产总值数据看上海排名第5。

从人口结构来看，外来常住人口比重高，流动人口与外来常住

---

[1]《关于进一步完善本市住房市场体系和保障体系促进房地产市场平稳健康发展若干意见的通知》（沪府办发〔2016〕11号）。

[2]《市政府关于进一步推进本市户籍制度改革的若干意见》（沪府发〔2016〕27号）（http://www.shanghai.gov.cn/nw2/nw2314/nw2319/nw10800/nw11407/nw39327/u26aw47267.html）。

人口几乎持平。2014 年年底全市常住人口为 2425.68 万人，其中，常住户籍人口为 1429.26 万人，占常住人口的 59%，常住外来人口为 996.42 万人，占常住人口的 41%（图 13）。

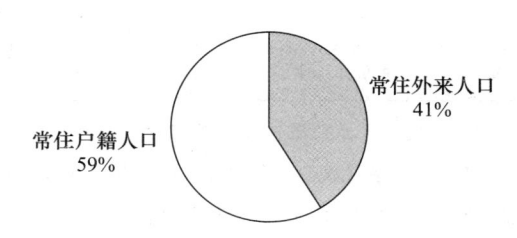

图 13　上海市常住人口构成

资料来源：王建平《2015 年上海市统计年鉴》，上海市统计局 2015 年版，第 30 页。

第二，人口密度大，盗窃类案件占比大，人员稠密地段突发事件隐患高。上海平均人口密度 3826 人/平方公里。根据第六次全国人口普查，截至 2010 年 11 月 1 日，上海的人口密度由 2000 年的每平方公里 2588 人，增加到 3631 人，成为全国人口密度最大的城市①。高人口密度，人口超载带来的经济、社会、环境各方面发展的不协调，使得上海面临较大的风险，一旦发生公共安全事件，所引发的连锁效应强，且破坏范围广。比如 2014 年 12 月 31 日发生跨年夜踩踏事件，是城市安全管理者们一次惨痛教训。

（3）深圳市

深圳是中国最年轻且最具有活力的特大型城市之一。作为中国最早成立的经济特区，深圳多年来走在改革开放的最前沿，城市的扩张速度与人口结构都体现了城市活力。同时，城市快速增长与青年的人口结构与为深圳带来了典型的治安隐患。

---

① 《人口密度全国最大"小家庭"成社会主体——解析上海市第六次人口普查数据》，东方网，http://sh.eastday.com/sdch-h/human/

表4　　　　　　　　深圳市治安需求维度

超大城市	人口增幅（%）	人均生产总值（万元）	14—65岁人口占比（%）	大专以下人口占比（%）	城乡收入差距（元）
深圳	2.13	13.58	88.40	82.82	30624.00
平均值	0.94	8.74	81.46	81.51	22124.47

资料来源：人口增幅、人均生产总值源自《2012—2016年深圳市统计年鉴》统计均值。14—65岁人口占比，大专以下人口占比源自《深圳市2010年第六次全国人口普查主要数据公报》。城乡收入差距源自刘昊《深圳居民收入群体差距12倍》（http://sz.southcn.com/s/2014-07/18/content_104581280.htm）。

第一，城市扩张速度快，诈骗案件比重持续上升。从表4中可以看出，相较于北京、上海，深圳的所有观察指标数据均高于城市均值，社会风险很高，面临的治安压力和环境问题尤为突出，加之本身就是一座移民城市，在高速的经济发展和人口流动的情形之下，城市复杂程度高，面临的社会治安压力大。深圳诈骗类案件大幅增长，尤其信用卡诈骗、合同诈骗等经济型犯罪明显增多。

比如，2013年深圳全市110诈骗警情占110刑事总警情的比重为22.4%，2014年为29.5%，2015年达37.6%，比重持续上升。110诈骗警情总体仍呈高发态势。深圳市接报110诈骗警情33510起，同比上升28.7%，连续三年呈上升态势。其中，电信诈骗（主要是网络、手机短信、电话、广告诈骗）警情占110刑事诈骗警情的86%。[①]

第二，人口结构年轻，流动人口比例高，盗窃案发频繁。人口结构上，2014年年底全市常住人口为1077.89万人，其中，常住户

[①] 罗小洪：《2015—2016年深圳市社会治安形势分析及展望》，载《深圳社会建设与发展报告》（2016），社会科学文献出版社2016年版，第116页。

籍人口为332.21万人，占常住人口的31%，常住外来人口为745.68万人，占常住人口的69%（图14）。

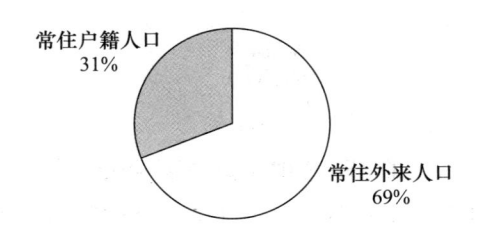

图14 深圳市常住人口构成

资料来源：杨新洪：《2015年深圳市统计年鉴》，深圳市统计局2015年版，第47页。

年龄结构上，2015年全国1%人口抽样调查结果显示，2015年末，全市常住总人口为1137.89万人，0—14岁人口为152.53万人，占13.40%；15—64岁人口为946.99万人，占83.23%；65岁及以上人口为38.37万人，占3.37%（图15）。

从2015年深圳市监所（看守所、拘留所、戒毒所）收押人员来看，主要有以下特点。一是青壮年居多。18岁以下的未成年人（不含18岁）占2.7%，18—40岁占72.6%，41—60岁占24.1%，61岁及以上占0.6%。二是外来流动人口占绝对主力。非深户外来流动人员占94%，其中广东省非深户占23.4%。三是初中（中专）以下学历居多。累计收押人员中，初中（中专）以下学历的占92.9%。四是犯罪类型以侵财型为主。新收押人员中，盗窃（扒窃）、贩毒、伤害、抢劫、抢夺、诈骗等主要案件类型占总数的30.2%。①

---

① 罗小洪：《2015—2016年深圳市社会治安形势分析及展望》，载《深圳社会建设与发展报告》（2016），社会科学文献出版社2016年版，第117页。

65 岁及以上 3.37%
0—14 岁 13.40%
15—64 岁 83.23%

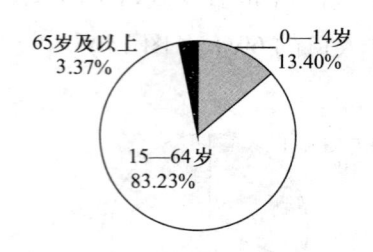

图 15　深圳市人口年龄构成

资料来源：深圳统计局《深圳市 2015 年全国 1% 人口抽样调查主要数据公报》（http://www.sztj.gov.cn/xxgk/tjsj/tjgb/201606/t20160614_3697000.htm）。

（二）超大稳定型城市：重庆市

超大稳定城市未受高等教育比重较大，人口素质偏低。按照分类标准，重庆是 16 个城市唯一的超大稳定型城市。根据国家统计数据，重庆市五个维度数据如表 5 所示，人口增幅 0.83%，人均生产总值为 4.33 万元，青壮年人口比重 71.34%，城乡收入差距 16734 元，均低于均值，而未受过高等教育人口比重达 91.36%，高于均值。重庆治安需要表现在如下几方面。

表 5　重庆市治安需求维度

超大城市	人口增幅（%）	人均生产总值（万元）	14—65 岁人口占比（%）	大专以下人口占比（%）	城乡收入差距（元）
重庆	0.83	4.33	71.34	91.36	16734.00
平均值	0.94	8.74	81.46	81.51	22124.47

资料来源：人口增幅、人均生产总值源自《2012—2016 年重庆市统计年鉴》统计均值。14—65 岁人口占比，大专以下人口占比源自《重庆市 2010 年第六次全国人口普查主要数据公报》。城乡收入差距源自重庆市统计局《2015 年重庆市国民经济和社会发展统计公报》（http://www.cqtj.gov.cn/tjsj/shuju/tjgb/201603/t20160311_423854.htm）。

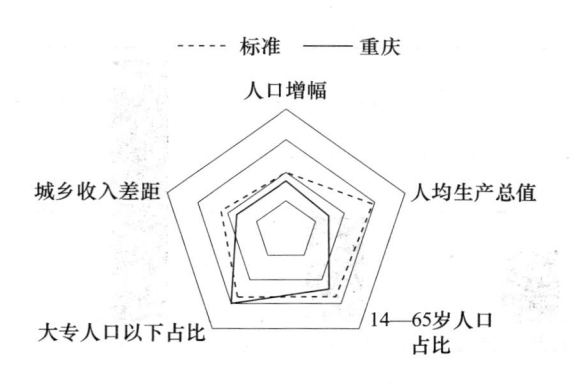

图 16　重庆市治安需求

1. 人均生产总值低，教育程度低，城乡收入差距大，青少年犯罪增长显著

重庆是我国成渝城市群中的重镇，长江经济带重要枢纽型城市之一。重庆设立直辖市以来，经济发展迅速，产业结构显著优化，经济总量稳居全国第六。但整体上，重庆作为劳务输出大省，人均GDP处于比较低的水平，整体教育水平偏低，具有特定的治安需求。

从人口的受教育程度来看，根据 2010 年第六次全国人口普查主要数据公报数据报告，全市常住人口为 2884.62 万人，具有大学（指大专以上）程度的 249.30 万人；具有高中（含中专）程度的 381.14 万人；具有初中程度的 951.41 万人；具有小学程度的 974.71 万人（图 17）。未受高等教育人口比重较大，人口素质偏低，冲动性、突发性犯罪数据较多，其治安需求主要在于解决日常民事矛盾冲突上。

此背景下，重庆"青少年违法犯罪日趋严重，且有向低龄化、

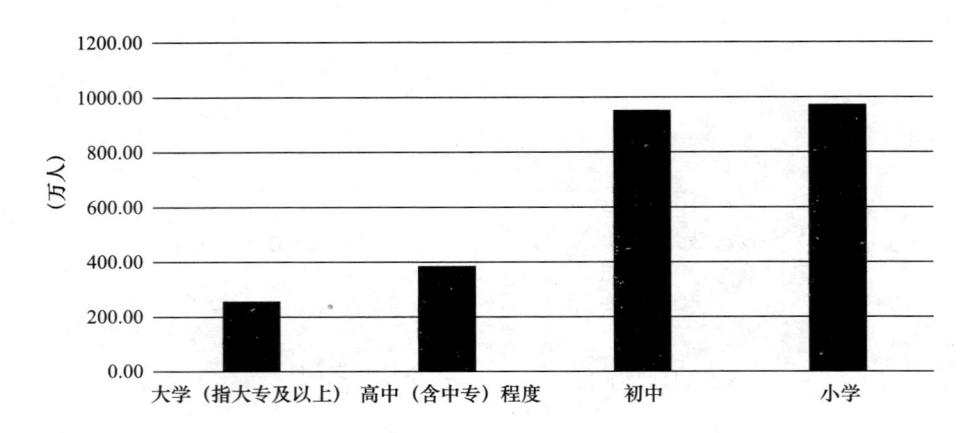

图 17　重庆市人口受教育程度

资料来源：国家统计局《重庆市 2010 年第六次全国人口普查主要数据公报》（http://www.stats.gov.cn/tjsj/tjgb/rkpcgb/dfrkpcgb/201202/t20120228_30410.html）。

团伙化、恶性化、突发化方向发展的趋势"①。据研究统计数据显示，2007—2011 年五年来，重庆市渝中区青少年犯罪数分别为 770 件、865 件、1095 件、842 件、921 件，年均增长 6.2%；沙坪坝区青少年犯罪数分别为 769 件、869 件、771 件、1080 件、936 件，年均增长 6.8%。而从重庆市全市来看，2007—2011 年青少年犯罪数分别为 14869 件、16710 件、16582 件、18687 件、16031 件，年均增长 2.5%。重庆市青少年犯罪整体呈现上升趋势，学生集中的主城教育学区发生密集，主要犯罪类型为侵财型犯罪，且性犯罪与毒品犯罪有逐年上升趋势。②

2. 劳务输出大市，人口结构老化

与其他超、特大城市不同，重庆是劳务输出城市。就其人口结构来说，2014 年年底全市常住人口为 2991.4 万人，其中，户籍人

---

① 冷英杰：《重庆社会治安管理现状及对策》（http://www.djdyjy.gov.cn/html/rcgz/rcsy/14/02/10436.html）。

② 薛毅：《重庆市城区青少年犯罪分析及预防研究——以重庆市渝中区、沙坪坝区为例》，硕士学位论文，重庆大学，2013 年。

口为3375.2万人，常住人口占户籍人口的89%，流出人口383.8万人，占常住户籍人口的11%（图18）。

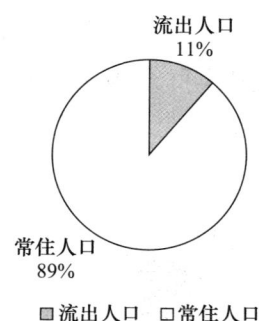

图18 重庆市总人口构成

资料来源：张富民《2015年重庆市统计年鉴》，重庆市统计局2015年版，第55、57页。

从年龄结构来看，重庆年龄结构老化明显。根据2015年全国1%人口抽样调查结果显示，2015年末，常住人口为3016.55万人，0—14岁人口占16.49%，与上年相比，上升0.06个百分点；15—64岁人口占71.34%，下降0.22个百分点；65岁及以上人口占12.17%，上升0.16个百分点（图19）。根据重庆市市民政局的统计数据，目前重庆全市60岁及以上人口占总人口的17.42%，老龄化率排名全国第一。[①]

老龄化为城市诈骗案提供了温床。同其他超大城市一样，重庆的财物诈骗类案件依然呈现高发态势，重庆市人民法院2015年数据显示，一审案件受案定罪为侵犯财产罪的案件数量为8267件，占全部案件的31.4%，同比增长4.4%。近年来，重庆市加大了对诈骗案及团伙窝案的打击力度，破案率的增加也变相揭示

---

① 李珩：《年迈的父母病了谁照顾？专家：让老人优雅地老去》，《重庆日报》2015年3月17日。

了问题的严重程度。2016年，重庆市破获电信诈骗案件19115起，同比上升409.33%；抓获犯罪嫌疑人731人，同比上升115.63%；打掉诈骗团伙110个，捣毁诈骗窝点66个；处置电信诈骗警情8586起、涉案账号12295个，冻结涉案资金5222万元，电话预警群众2571人，阻止群众被骗金额1231.13万元，拿回群众损失2015万元。①

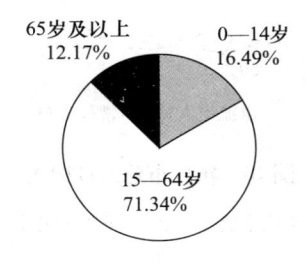

图19 重庆市人口年龄构成

资料来源：重庆统计局《2015年重庆市1%人口抽样调查主要数据公报》（http://www.cqtj.gov.cn/tjsj/sjzl/tjgb/201601/t20160128_423836.htm）。

（三）特大增长型城市

1. 综合治安需求

特大增长型城市的共性是人口规模在500万至1000万之间，人口增幅高于超大、特大城市人口年增长率平均值的城市。特大增长城市面临着城市膨胀的问题，原本的治安力量已趋于饱和，难以应对城市膨胀所产生的新的治安需求。特大增长型城市的共性问题是，经济发展尚未赶超一线城市，城乡收入差距并不严重，但经济发展势头向上，城市规模已经出现急速扩张趋势，政府在治安供给上出现一定程度的滞后。

---

① 赵紫东：《2016年重庆市群众安全感为95.36%》（http://www.cq.xinhuanet.com/2017-01/23/c_1120370424.htm）。

表6　　　　　　　　　　特大增长型城市治安需求维度

城市类型	人口增幅（％）	人均生产总值（万元）	14—65岁人口占比（％）	大专以下人口占比（％）	城乡收入差距（元）
特大增长	1.23	7.49	80.62	79.07	17250.00
平均值	0.94	8.74	81.46	81.51	22124.47

资料来源：人口增幅、人均生产总值源自五年特大增长城市（武汉、成都）统计年鉴统计均值；14—65岁人口占比，大专以下人口占比源自各城市2010年第六次普查数据；城乡收入差距源自各城市2015年国民经济和社会发展统计公报。

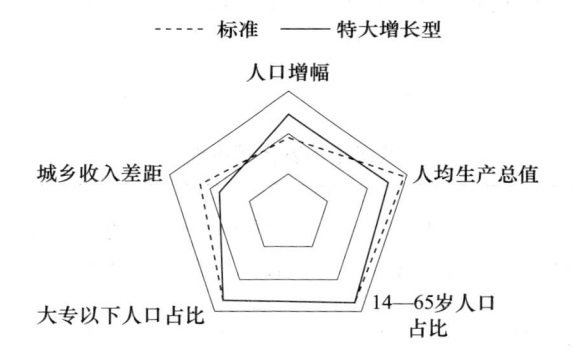

图20　特大增长型城市治安需求

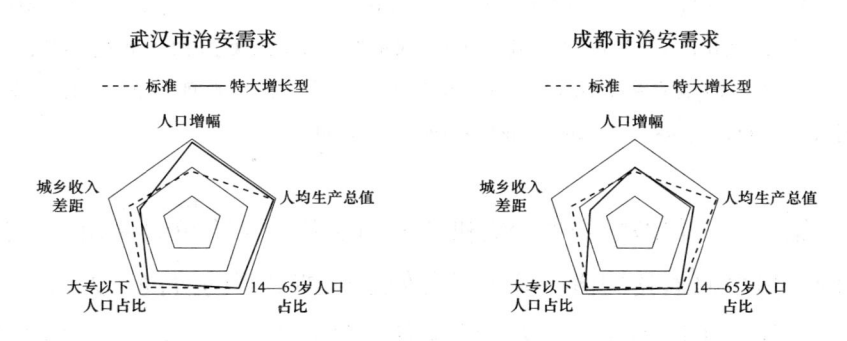

图21　特大增长型城市治安需求（分城市图）

2. 案例分析：武汉市

武汉是华中重镇，已经成为中部地区的科技创新中心，是武汉1+8城市圈的核心，长江经济带最重要的增长极之一。2007年12月，国务院批准武汉都市圈为"全国资源节约型和友好型社会建设综合配套改革试验区"。十余年来，武汉GDP实现约4倍增幅，领跑全国一线城市。根据国家统计数据，武汉市五个维度数据如表7所示，人口增幅1.44%，远高于均值，人均GDP为8.71万元，略低于均值，未受过高等教育人口比重74.81%，城乡收入差距18714元，低于均值，是特大增长型城市的典型代表。[1]

表7　　　　　　　　武汉市治安需求维度

超大城市	人口增幅（%）	人均生产总值（万元）	14—65岁人口占比（%）	大专以下人口占比（%）	城乡收入差距（元）
武汉	1.44	8.71	81.89	74.81	18714.00
平均值	0.94	8.74	81.46	81.51	22124.47

资料来源：人口增幅、人均生产总值源自《2012—2016年武汉市统计年鉴》统计均值；14—65岁人口占比，大专以下人口占比源自《武汉市2010年第六次全国人口普查主要数据公报》；城乡收入差距源自武汉市统计局《武汉市2015年暨"十二五"期间国民经济和社会发展统计公报》(http://www.whtj.gov.cn/details.aspx?id=2830)。

第一，人口增幅带来治安供给压力。从表7中可以看出，武汉市的人口增幅远超均值，城市正在处于剧烈扩张的阶段。人口结构上，武汉市仍以本地常住人口为主体，外来人口占比较高。2014年年底全市常住人口为1033.80万人，其中，常住户籍人口为827.31

---

[1] 姚建莉、陈新华、郭璐瑶：《万亿GDP俱乐部：渝蓉津汉苏杭宁7个新一线城市崛起》，21世纪经济报道，http://news.21so.com/2016/jinrongjie_1121/32367.html。

万人，占常住人口的80%，常住外来人口为206.49万人，占常住人口的20%（图22）。结合人口增幅数据，可以看出随着经济发展，武汉对外来人口的吸引力正在迅速增加。

面对武汉的增长趋势、人口结构的改变，政府在治安投入上尚未做好准备。随着武汉城市规模的扩张，治安供给正在趋于超负荷的状态。2015年，武汉市110接警量300万余起，每天8000余起，较2014年下降12.6%；按照每个警情至少需要牵涉5名警力计算，每日仅处理110警情就需要动用警力4万余人次，超过武汉警方全员数量的2倍。①

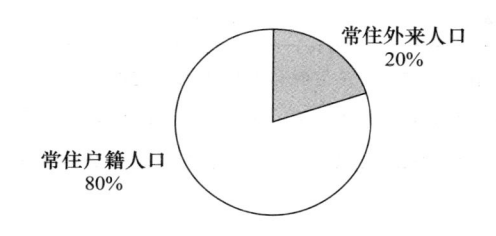

图22　武汉市常住人口构成

资料来源：潘建桥《2015年武汉市统计年鉴》，武汉市统计局2015年版，第65页。

（四）特大稳定型城市

1. 综合治安需求

特大稳定型城市指人口在500万至1000万之间，人口增幅低于均值的城市，包括杭州、佛山、南京、苏州、东莞、沈阳、哈尔滨。特大稳定型城市的共性特点是人口增幅压力不大、城乡收入差距、人均生产总值、受教育程度、年龄结构都接近均值。特大稳定型城市可分为两类：一是产业结构多元，以朝阳产业为支柱的城市，如杭州、苏州、佛山、南京等；二是以传统产业为支

---

① 岳源：《武汉建设群众最满意的平安城市》，《长江日报》2015年12月29日。

柱、产业结构相对单一的转型城市，如东莞、沈阳、哈尔滨等。朝阳城市的治安压力相对小，主要为维护日常城市安全；转型城市（如东莞）流动人口多、成分复杂，主要治安需求为治理"黄赌毒"、抢劫盗窃案件。

表8　　　　　　　　特大稳定型城市治安需求维度

城市类型	人口增幅（%）	人均生产总值（万元）	14—65岁人口占比（%）	大专以下人口占比（%）	城乡收入差距（元）
特大稳定	0.27	8.33	81.84	82.75	20882.00
平均值	0.94	8.74	81.46	81.51	22124.47

资料来源：人口增幅、人均生产总值源自五年特大稳定城市（南京、西安、沈阳、哈尔滨、杭州、苏州、佛山、东莞）统计年鉴统计均值；14—65岁人口占比、大专以下人口占比源自各城市2010年第六次普查数据；城乡收入差距源自各城市2015年国民经济和社会发展统计公报。

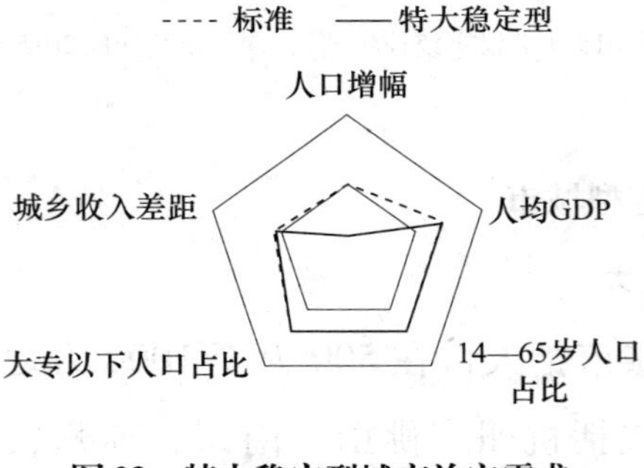

图23　特大稳定型城市治安需求

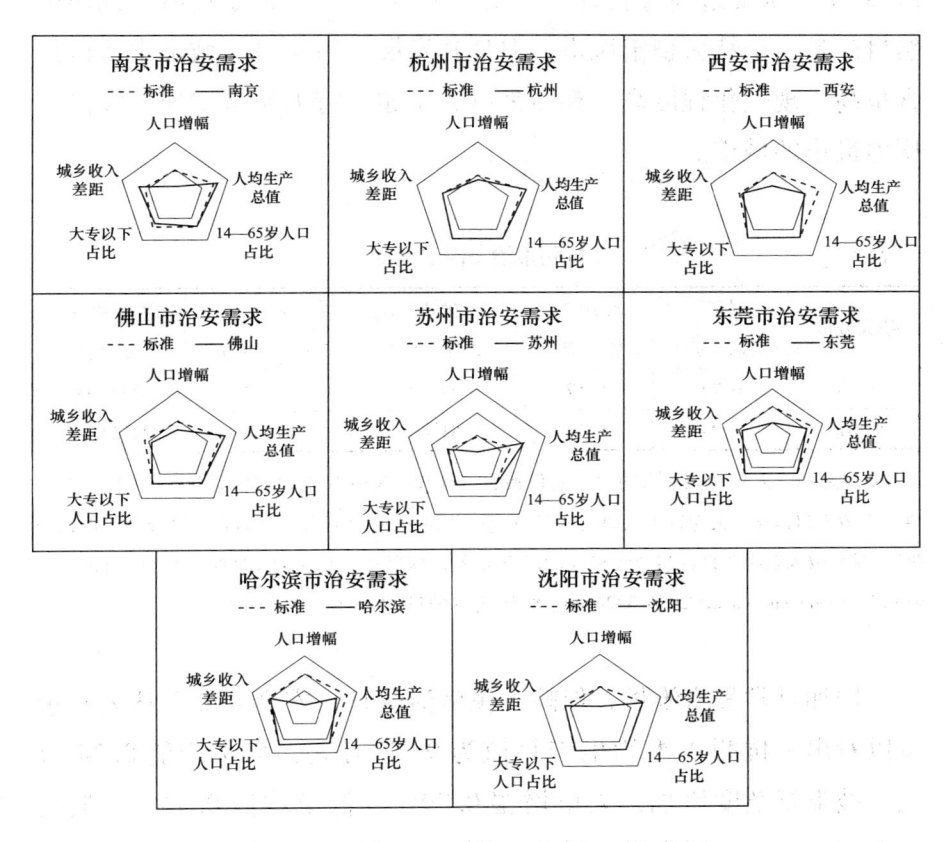

图 24 特大稳定型城市治安需求（分城市图）

2. 案例分析

（1）杭州市

杭州近年来逐渐发展成为以"互联网＋"为引擎的，以电子商务、数字经济为主的新型业态与模式。2015 年杭州 GDP 破万亿，在总量上实现突破，经济增长速度在浙江省位列第一。整体上，杭州人口增速稳定、人均 GDP 增速高于全国水平，人口素质较高。

根据相关统计数据，杭州市人均生产总值为 9.57 万元，城乡收入差距 22597 元，高于均值，人口增幅 0.79%，青壮年人口比重

79.59%，未受过高等教育人口比重81.12%，均低于均值。杭州虽然目前是一个特大稳定城市，但是其发展潜力明显，城市生活科技含量高，现代化程度高，整体来讲属于超、特大城市中现阶段治安压力最小的城市。

表9　　　　　　　　　　杭州市治安需求维度

超大城市	人口增幅（％）	人均生产总值（万元）	14—65岁人口占比（％）	大专以下人口占比（％）	城乡收入差距（元）
杭州	0.79	9.57	79.59	81.12	22597.00
平均值	0.94	8.74	81.46	81.51	22124.47

资料来源：人口增幅、人均生产总值源自《2012—2016年杭州市统计年鉴》统计均值。14—65岁人口占比、大专以下人口占比源自《杭州市2010年第六次全国人口普查主要数据公报》。城乡收入差距源自杭州统计局《2015年杭州市国民经济和社会发展统计公报》（http：//www.hangzhou.gov.cn/art/2016/3/24/art_805865_663727.html）。

增加日常警力维护，保障人民生活的日常安全需要。从表9中可以看出，杭州市人均生产总值为9.57万元，高于均值8.74万元，城市复杂度增加，人口增幅0.79%，低于均值0.94%，但仍处于高位，需要同步增加警力，同时，青壮年比重79.59%，未受高等教育人口比重81.12%，均低于均值81.46%、81.51%，人口犯罪风险低，治安任务主要集中在增加警力、维护好日常治安、改善治安水平，其余矛盾及迫切需求尚不突出。而城乡收入差距22597元，高于均值22124.47元，治安上应注意防范财物类刑事犯罪。综上，杭州市的城市治安需求主要在增加警力，维护日常治安，注重防范财物类刑事犯罪上。2014年1—8月，杭州市刑事案件同比下降4.72%，其中，命案和五类案件（强奸、放火、绑架、爆炸、劫持）同比分别下降15%、16.81%，破案率均达100%；

抢劫、抢夺、盗窃案件同比分别下降27.01%、33%、4.39%。①

(2) 东莞市

东莞是"广东四小虎"之一,是昔日依托出口加工型贸易的"世界工厂"。近年来,由于我国经济转型,东莞产业受到不小的震荡,在16个特大城市中,东莞很典型地代表了一类以传统工业为主、面临转型的城市。与杭州相比,转型前的东莞是以加工业为主的产业发展模式,同为特大稳定类型城市,一个代表了高新科技、代表了未来,一个以传统工业为主,面临转型的阵痛,代表了过去。幸运的是,东莞以超大城市深圳为依托,在逐步转型的过程中,以深圳、广州珠三角城市为依托重新定位自身,以配合珠三角产业经济的发展,同时也在寻找自己新的发展重心。根据国家统计数据,东莞市五个维度数据如表10所示,人口增幅,人均生产总值,城乡收入差距均低于均值,青壮年人口比中、未受过高等教育人口比重,高于均值。东莞具有如下治安需求。

表10　　　　　　　　东莞市治安需求维度

超大城市	人口增幅(%)	人均生产总值(万元)	14—65岁人口占比(%)	大专以下人口占比(%)	城乡收入差距(元)
东莞	0.00	6.63	89.49	92.90	15568.00
平均值	0.94	8.74	81.46	81.51	22124.47

资料来源：人口增幅、人均生产总值源自《2012—2016年东莞市统计年鉴》统计均值。14—65岁人口占比、大专以下人口占比源自《东莞市2010年第六次全国人口普查主要数据公报》。城乡收入差距源自东莞市统计局《2015年东莞市国民经济和社会发展统计公报》（http://www.shatian.gov.cn/publicfiles/business/htmlfiles/0101/16.1/201604/1037084.htm）。

第一,外来人口常住占主体,黄赌毒依然是治安重点。东莞作为世界工厂,以劳动密集型产业为主导,流入了大量体力劳动者。

---

① 胡大可：《今年1至8月杭州命案破案率达100%》,《钱江晚报》2014年8月29日。

就其人口结构来说，2014年年底东莞市常住人口为834.31万人，其中，常住户籍人口为191.39万人，占常住人口的23%，常住外来人口为642.92万人，占常住人口的77%（图25）。东莞未受高等教育人口比重与青壮年人口比重明显高于均值，增加了城市的犯罪隐患。

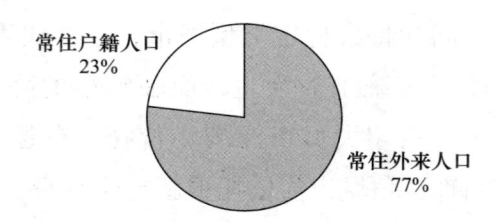

图25　东莞市常住人口构成

资料来源：东莞市统计局《2015年东莞市统计年鉴》，东莞市统计局2015年版，第77页。

随着东莞市警方社会管理能力的增强，东莞市的治安情况近年来总体向好。2009—2010年，全市共排查出167个治安重点地区，通过集中整治，98%的地区摘掉了重点整治的帽子。数据显示，2009—2010年11月底全市破获刑事案件30385宗、查处治安案件93572宗、批准逮捕20784人、送劳教1104人、行政拘留34714人。[①]

据东莞警方数据，2014年东莞全市治安大检查中，动中共检查出租屋6.9万多间、"三小"场所2.5万多间、其他场所3000多间；发现并督促整改消防隐患4000多起；共立刑事案件107宗，查处治安案件521宗，抓获违法犯罪嫌疑人1007人（其中，查获吸毒重点人员500人）；共查获各类枪支11支，子弹317发；收缴毒品（含疑似毒品）6000多克、假食品近5吨，其他假冒伪劣商

---

① 赵宏杰：《东莞被评为社会治安综合治理优秀市》（http://news.sun0769.com/dg/headnews/t20110523_1033819_2.shtml）。

品 4 万多千克。①

第二，人口结构年轻，人口受教育程度低，高发抢劫盗窃类案件。年龄结构上，2010 年第六次全国人口普查主要数据公报数据显示，2010 年年末，东莞全市常住人口为 822.02 万人，0—14 岁人口为 67.81 万人，占 8.25%；15—64 岁人口为 735.63 万人，占 89.49%；65 岁及以上人口为 18.58 万人，占 2.26%（图 26）。受教育程度上，2010 年年末，全市常住人口为 822.02 万人，具有大学（指大专以上）程度的人口为 58.39 万人；具有高中（含中专）程度的人口为 166.88 万人；具有初中程度的人口为 447.17 万人；具有小学程度的人口为 110.99 万人（图 27）。

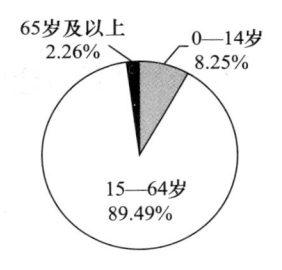

图 26　东莞市人口年龄构成

资料来源：东莞市统计局《东莞市 2010 年第六次全国人口普查主要数据公报》（http://tjj.dg.gov.cn/website/web2/art_view.jsp?articleId=4012）。

东莞人口规模大、外来人口多，"两抢一盗"（即抢劫、抢夺、盗窃）问题比较突出。仅 2013 年，"两抢一盗"案件就占据了东莞刑事案件的 79%，成为影响东莞社会治安的主要因素。②

---

① 邵蓝：《东莞市第二次市治安大检查》(http://emo.dg.gov.cn/info/zxdt/dg/4523.html)。
② 陈健鹏：《东莞："大数据"融合传统手段"点穴式"精确打击盗抢》，《南方法治报》2015 年 4 月 22 日。

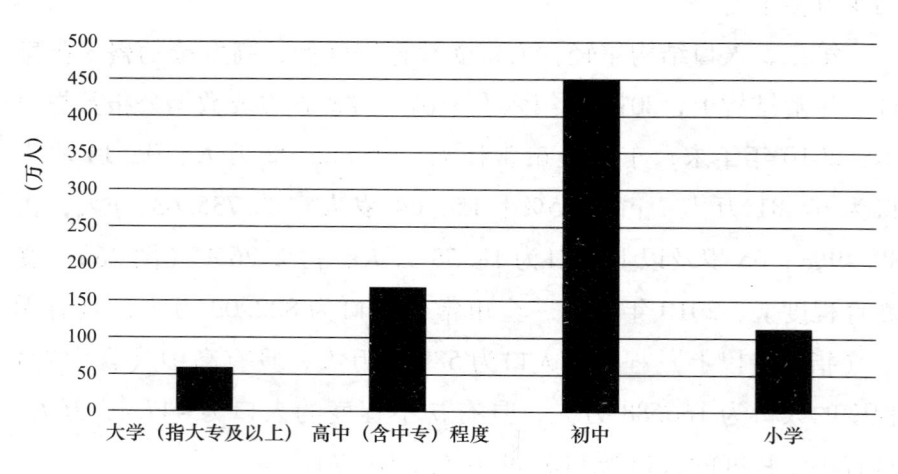

图 27　东莞市人口受教育程度

三　既有治安措施与关键问题识别

（一）超大增长型城市

1. 既有措施

第一，坚持以维稳和"严打"结合，增强社会治安。

超大增长型城市的治安稳定程度影响国家的长治久安。特别是以北京为首的超大城市，囊括了国家的政治、文化和国际交往的重要功能，更需要公安机关正确认识超大增长型城市稳定和全国稳定的关系。而北京与天津，上海，广州与深圳，分别是我国京津冀、长三角、珠三角三大中心城市群的龙头城市，保障其安全与稳定同时也是维护我国改革开放成果的关键举措。我国在稳定的社会环境中，继续巩固社会的长治久安，是有效预防和减少犯罪，增加群众的安全感的长远之策。如 2010 年 6 月 13 日，全国各级公安机关将在全国范围内集中开展为期 7 个月的"2010 严打整治行动"，依法严厉打击各类严重暴力犯罪活动，从严加强社会面治安管控，为上海世博会和广州亚运会的成功举办创造良好的社会治安环境。①

第二，强化对外来流动人口管理。

超大增长型城市面临城市快速扩张，流动人口急速增长带来的治安隐患。近年来，此类城市的政府相继采取不同举措，加强对流动外来人口的管理。比如，深圳市公安局成立"涉法涉诉联合接访中心"和"群众投诉建议服务中心"，将心理咨询、律师服务引入接访工作，制定《大型活动安全管理工作意见》，完善许可审批、风险评估等长效机制。② 上海市各级政府将拆除违法建筑、整治"群租"现象列为平安建设实事项目，投入了大量人力、物力、财力。北京市流动人口管理形成了"'以证管人''以房管人'和'以业控人'的不同机制。这些工作机制相对侧重解决某些流动人口服务管理问题，基本摸清流动人口底数，通过加强相关管理，对落实各项管理措施有着明显的优势"。③

第三，深化基层基础建设，提升动态治安驾驭能力。

超大增长型城市由于人口密度大，人员稠密地段突发事件隐患高，是扒窃类案件的易发地，对高密度区治安管理的需求比较集中。由此，超大增长型城市加强基层基础建设，警力下沉，以实现动态治安驾驭能力。全面提升派出所整体防控能力，推进"公安机关专业网"建设，提升人防、物防、技防水平，同时，调整警力配置，扩大警力来源，科学合理布警，对警力资源进行动态优化。比如，上海市派出所在 302 个地区派出所建立社区警务室 3964 个、流动警务车 21 辆，配置社区民警 4694 名，实现对应警务区的全覆

---

① 《公安部部署 2010 年严打整治行动 持续 7 个月》（http://focus.scol.com.cn/zgsz/content/2010/06/13/content_881466.htm）。

② 罗小洪：《2015~2016 年深圳市社会治安形势分析及展望》，载《深圳社会建设与发展报告》（2016），社会科学文献出版社 2016 年版，第 119 页。

③ 胡玉萍：《改进北京流动人口服务管理的建议》，《中国国情国力》2016 年第 3 期。

盖。①再如，深圳市公安局推进"平安深圳"视频监控工程建设，完成15万个视频探头铺设，完成在200个城中村进行"科技围合"工程建设，优化全城动态巡逻制度，并加大社区警务的人力、物力、财力投入力度，社区警务室覆盖率、专职社区民警配备率显著提升。②

第四，加强执法规范化建设，强化队伍综合素质。

超大增长型城市随着城市规模的不断扩张与社会活动的复杂深化，面对日益复杂的治安任务与需求，提升公安干警的素质能力，实现社会管理与社会形势的高度匹配尤为重要。由此各城市均将加强执法规范化建设、强化队伍综合素质，并以此作为治安工作长期发展的重要一环。如深圳市在"135个派出所完成案件管理中心建设；推动《深圳经济特区辅警条例》等重大立法工作；研究制定《关于深化执法规范化建设的实施意见》，出台深化执法规范化建设措施23项；对6类764项行政职权事项编制登记表、流程图，并在网上办事大厅和门户网站、微博、微信客户端等平台上发布"。③上海警方实行"订单式"培养、实战化教学，以信息化应用和警种专业培训为重点，重视民警在岗培训，重视加强专业所学与岗位需求的吻合度，以提升队伍开展治安防控工作的整体实战技能。④

2. 关键问题识别

第一，社会治安高度动态化带来巨大冲击。

超大增长城市扩张速度较快，流动人员来往频繁，特别是无业人员和违法犯罪前科人员长期滞留，城市人口总量巨大、结构复杂

---

① 公安部治安管理局：《上海：推进完善社会治安防控体系建设》，《人民公安报》2012年6月20日。

② 罗小洪：《2015～2016年深圳市社会治安形势分析及展望》，载《深圳社会建设与发展报告》（2016），社会科学文献出版社2016年版，第119页。

③ 同上书，第120页。

④ 公安部治安管理局：《上海：推进完善社会治安防控体系建设》，《人民公安报》2012年6月20日。

和高流动性等问题短期内难以解决，仍将对城市治安治理形成深层次挑战。各类安全隐患突出。人口的急剧膨胀使现有的城市公共资源捉襟见肘，"地铁线路、高层建筑、危险品使用量、重点场所、人员密集区域数量持续增长，使治安管控任务进一步加重。同时，多发性侵财犯罪、流窜犯罪、职业性犯罪突出，'黄赌毒'违法犯罪活动时有反复，电信诈骗犯罪持续高发，在侦查破案和有效防范方面仍存在较大难度。"①

第二，干警数量与素质有待提高。

在一些超大增长城市中，干警配备数量需要持续增加，以应对超大增长城市治安需求。如深圳市"每万人配备民警数仅为10.5名，低于15个副省级城市的平均水平（16.49名）。参照广州市的民警配置标准，深圳市警力缺口达1.9万人。民警普遍长期超负荷工作，透支身心健康，影响了基层一线战斗力。"② 同时，少部分干警还存在执法不严、违法不究等现象。虽然各级领导部门采取了一些措施，欲提高广大干警的思想政治素质和执法素质。但在实际中由于存在工作不到位和考试考核中的弄虚作假情况，部分干警的素质并未真正得到提高，在执法过程中出现有法不依、执法不严、执法不公等不良现象。

（二）超大稳定型城市

1. 政府既有措施

第一，强化治安防控。

超大稳定型城市重庆具有人均生产总值较低、人口受教育程度较低、城乡收入差距大的特点，各类犯罪高发，因此强化治安防

---

① 杨懿：《2014—2015年深圳市社会治安形势分析及展望》，《深圳社会建设与发展报告》（2015），社会科学文献出版社2015年版，第114页。

② 同上书，第115页。

控，提高治安管理强度，注重警力下沉是重点。2009年，重庆市委市政府发布《中共重庆市委重庆市人民政府关于建设平安重庆的决定》（渝委发［2009］8号），要求重庆加强城镇街头警力以及警务服务设施部署。比如，提高巡逻频度以及范围，增强各区域的警力部署，实现治安发现无盲区。在警务服务设施上，增设立警务服务平台，报警电话服务点，手机短信报警平台，并通过吸纳社会力量，实现警力与保安力量的联动，提高预防与打击犯罪的双重能力。[1]

第二，提升队伍形象。

在警力大量下沉到城市街道的过程中，为促进警民融合，提升城市治理的综合能力，重庆市也重提升警员队伍形象，这包括一系列的警察队伍及作风建设工作。比如在整饬纪律方面，重庆要求警方严厉杜绝"吃拿卡要"，滥用职权。警务人员要对百姓疾苦感同身受，增进与群众的感情联系。在强化作风方面，重庆提出一系列队伍建设方案，对全市政法系统领导干部、行政执法队伍，以及警务人员划定红线，并严肃追求违规行为，同时开展百姓满意度测评，畅通社会监督渠道。[2]

2. 关键问题识别

第一，卖淫嫖娼、贩毒活动犯罪违法行为区域内高发。

超大稳定型城市重庆人均GDP较低、人口教育程度较低、城乡收入差距大，娱乐产业发达且存在管理松懈的问题。为刺激经济，有些区域存在监管不到位的情况，客观上为卖淫嫖娼活动提供了温床，滋生了非法产业的蔓延。同时，重庆地处西部山区，特殊的地理条件与地理位置促使贩毒活动高发，并向集团化、大宗化、武装化方向发展，危害地区治安安全，并对城市治安管理形成

---

[1] 《中共重庆市委重庆市人民政府关于建设平安重庆的决定》（渝委发［2009］8号）。
[2] 同上。

挑战。

第二，人口老龄化，成为诈骗犯罪的高发区域。

超大稳定型城市重庆是传统的劳务输出大市，地区内人口结构老化，受教育程度较低，风险识别能力较低，加之全国新一轮的电信诈骗形势高涨，重庆市区域内诈骗犯罪呈高发态势，并且由于此类犯罪的隐蔽性和打击难度较大，治安预防难以完全覆盖，仅能从后端进行控制保护，通过社会宣传教育加大市民的防范意识。

（三）特大增长型城市

1. 政府既有措施

第一，强化社会治安巡控管理。

特大增长城市经济上尚为赶超一线城市，但经济发展势头向上，城市规模已经出现急速扩张趋势，政府在治安供给中出现一定迟滞，面对人口增幅带来的治安供给压力，特大增长城市管理者加强社会治安巡控，以保障城市安全。如武汉市建立治安防控"六张网"，以信息化视频防控网、街面巡逻防控网、城乡社区村庄防控网、单位和行业场所防控网、"虚拟社会"防控网、区域警务协作网打造区域的全防全控。[①]

第二，建立全新的流动人口管理综合信息系统。

特大增长城市面对人口快速流入的特点，提前防控，构建全新的流动人口管理综合系统以实现对流动人口的过程管理，提前排除治安隐患。如成都市通过流动人口管理信息系统，采集流动人口"人、房、业"各大类项目，如姓名、性别、年龄、房屋用途、证照办、人员结构等个综合项目，实现信息数据向多家部门

---

① 赵飞：《武汉市人民政府关于深化平安建设完善立体化社会治安防控体系工作情况的报告》，武汉人大官网，http://www.whrd.gov.cn/html/cwhgb/131213/2013/1125/8018.shtml。

发送，初步实现"一家采集、全网应用"。目前公安机关专网系统内的流动人口信息和出租房屋信息都来自于该流动人口管理综合信息系统。①

2. 关键问题识别

第一，管理机制滞后，没有形成合力。

特大增长城市由于长期借助原有管理模式和管理经验，对城市的规模扩张带来的治安需求和任务认识尚有不足。例如武汉市，"虽然成立了外来人口管理服务工作领导小组及办公室，但是仅有5人常驻办公，其中公安部门3人，劳动部门1人，计生部门1人。市域内84个街（乡）外来人口管理服务中心甚至不能坚持开门办公，即使开门办公，办公时间也不长"。②成都市通过派出所居住证办理窗口进行信息登记，采集流动人口信息。"但这种信息登记方式属于被动采集，是一种静态登记管理方式。如果流动人口不办证，就无法采集其信息。"③在落实层面上，这对治安的管控措施的效力大打折扣。

第二，流动人口管理失控现象突出。

特大增长城市由于人口的快速流入，加之管理的惯性和管理效率较低，部分流动人口管理出现失控现象。比如，武汉的外来人口数量多，流动性大，政府对居住地不稳定的暂住人口存在登记不完全，追踪不及时、不全面的问题。这在一定程度上导致主管部门对流动人口信息质量不高。④

---

① 刘阳：《成都市流动人口治安管理研究》，硕士学位论文，西南财经大学，2013年。
② 蒋世新：《对当前武汉市外来人口管理的调查与思考》，《武汉公安干部学院学报》2007年第2期。
③ 刘阳：《成都市流动人口治安管理研究》，硕士学位论文，西南财经大学，2013年。
④ 蒋世新：《对当前武汉市外来人口管理的调查与思考》，《武汉公安干部学院学报》2007年第2期。

(四) 特大稳定型城市

对于特大稳定型城市社会治安治理者,其治安措施和治安管理中的问题大体如下。

1. 政府既有措施

第一,运用数据挖掘技术,创新研判方法支撑实战。

在特大稳定型城市中,城市间各具特色,发展各有千秋,在长期的发展过程中,依靠其独特的资源禀赋,或者依附于超大城市,在长期发展中形成了各具特色的特大城市。比如近年来杭州已经开始出现依托高校、科研机构优势,利用大数据以及信息技术提升社会治安治理手段的效力。同时地方政府开始注重搭建制度框架、协作机制整合社会各方资源,在技术手段的助力下及时发现问题、解决问题。

第二,强化社会管理建设,对重点隐患地区集中整治。

特大增长型城市中的另一类城市为转型城市,特点是流动人口多、成分复杂,主要治安需求为治理"黄赌毒",抢劫盗窃案件等。东莞是此类在转成城市的代表。在既有政策上,东莞的主要治理工具为网格化管理体系。网格化管理是近年来各大城市发展起来的比较有代表性的治理模式,其特点是通过高度集合社会资源、明确权责边界、细化分工,实现辖区内无死角治理。因此,网格化管理模式既是高效的问题发现机制,也是高密度的问题处理网络式工具,特别适合集中治理覆盖面广、隐藏深的单一问题。此模式能够比较有针对性地治理对东莞治安议题。①

2. 关键问题识别

特大稳定城市中虽然人口规模增速不大,但是由于城市经济活

---

① 《南京构建现代化治安防控体系》,《南京日报》2016 年 1 月 14 日, http://www.nanjing.gov.cn/xxzx/mjxw/201601/t20160114_3743861.html。

动密切，人口交往活动频繁，人口流动快，社会治安形势日益复杂，公安机关担负的工作任务日益加剧，警力不足成为比较突出的问题。虽然近年来地方探索并推广警力下沉，但基层仍存在警力不足、配置不到位的问题。比如有地方基层所队的警力占总警力数超过90%，但是现实在推进社会治安防控工作的过程中，仍有已投入的警力不能满足工作需求的情况。①

四 我国特（超）大城市社会治安分类对策建议

（一）超大增长型城市

第一，加强对流动人口的整治，应对城市快速扩张带来的治安隐患。超大增长型城市分别是我国京津冀、长三角、珠三角三大城市经济带的中心龙头城市，由于城市的巨大吸引，规模效应突出，人口仍处于急剧流动增长的状态，很多治安问题也成了输入型治安问题。因此，加强对流动人口的治理将是超大增长型城市面临的主要困难与问题，以应对城市扩张带来的治安隐患，确保我国中心城市的长治久安，繁荣稳定。

第二，加强对侵财、诈骗，特别是科技犯罪的治理。当前，社会形势发生剧烈变化，犯罪案件不再以直接接触犯罪为主，而是通过科技手段，非接触进行犯罪，隐蔽性和危害性极强。在新形势下，不仅要维护好日常的治安任务工作，还要针对新型犯罪的特点，打击非接触性犯罪，特别是对诈骗和网络黑客等科技犯罪的治理。

第三，增强对人口高密度区域的治安治理。超大增长型城市人

---

① 方英：《新时期杭州市构建和谐警民关系研究》，硕士学位论文，华东政法大学，2011年。

口密度稠密，特别是中心城区，人口密度大是最为显著的特点，同时也为治安管理带来了极大的挑战，人口密度大，城市脆弱性突出，一旦发生公共安全事件，其破坏性极强，如上海发生的跨年踩踏事件，由此，治安管理应继续对此类高密度地区加强管理，集中投入警力，增加日常巡逻，建立应急管理措施，保障安全，将一切公共安全隐患消除在襁褓之中。

第四，加强对"城中村""棚户区"的治理，消除治安隐患。超大增长型城市由于集聚涌入大量人口劳动力，使得城市出现"城中村""棚户区"现象，也出现了大量输入型治安隐患。城市管理者应该加大防控以城乡接合区、棚户区为主的治安管理，特别是防止群租、违法建筑、疏解人员密度，打击黑市场，改善"脏、乱、差"的居住环境。加强对流动人口的登记和管理，继续打击"黄赌毒"等社会丑恶现象，提前排解城市治安隐患。

（二）超大稳定型城市

第一，对违法行为采取持续高压态势。超大稳定型城市由于人口规模稳定，治安偏重处理日常矛盾事务。但是由于重庆特殊的地理位置，成为社会丑恶势力盘踞的区域，因此对于重庆而言，应该继续加大治安惩治力度，对各类违法行为采取高压态势，以迅雷不及掩耳之势惩治犯罪，打击"黄赌毒"，打击黑恶势力，遏制犯罪猖狂势力。

第二，应对老龄社会集中出现的治安问题，增强专项治理的针对性。由于整体受教育水平较低，人口结构老化，容易成为各类诈骗案件的主要侵害对象，针对此类犯罪的特点和难点，目前应当与其他城市积极开展联合执法工作，以打击非接触性的违法犯罪，同时，加大过程管理，针对诈骗媒介手机、银行卡进行管控，进行过程预防。

第三，增加专项行动安排，加大对人民群众的宣传教育，提高防范意识，提高警觉意识，坚决遏制诈骗的违法行为。

（三）特大增长型城市

第一，转变传统管理，增进部门协作。特大增长城市由于长期以来以原有的管理体系和治安能力供给城市公共安全服务，治安任务尚不紧迫，没有改革压力，但是随着城市的进一步扩张，原有的能力将越来越难以应对，由此需要增进各部门的合作，行程内部流程一体化，打破"信息孤岛"，以提升城市的治安供给效率，以应对逐步增加的治安需求。

第二，增强治安供给，应对城市膨胀。特大增长城市需要投入新的警力资源，以应对城市规模的扩张。目前来看，城市治安管理已出现了应接不暇的状况，城市管理出现了薄弱环节，需要加强警力等各方治安资源的投入，以快速应对城市的进一步扩张，因为从产业趋势来看，特大增长型城市的进一步扩张和集聚已是必然趋势。

（四）特大稳定型城市

第一，维护日常治安，利用大数据及科技手段提升治理效率。以杭州和苏州为代表的高新科技城市，治安任务在于维护日常治安，但由于治安压力较小，因此，应当结合地区产业优势，积极投入到新技术的使用与管理技术的创新，结合"大数据""大平台""云计算"的技术优势，创新城市治安管理模式，打造"智慧城市"治安管理的样板城市，提升治安效率，同时也为我国各超、特大城市提供管理经验。

第二，锁定特定问题，继续加强专项行动力度。对于部分转型城市来说，如东莞，人口素质较低、劳动力充足，各类"黄赌毒"

"两盗一抢"违法犯罪活动仍旧猖獗，仍继续加强对区域内社会治安管理，锁定特定问题，雷厉出击，主动打击犯罪，继续加强专项行动力度，以遏制猖獗的犯罪势力，确保城市的长治久安，提供经济发展的稳定环境。

特（超）大城市公共卫生和食药安全风险及其治理

刘　鹏[*]

一　风险现状描述

公共卫生和食品药品安全是当代民族国家中所面临的非传统安全风险的重要内容。由于特大城市聚集了海量的人口，人口流动性非常强，一旦重大公共卫生风险失控，就会带来系统性的公共卫生危机。同时，特大城市自身很难完全满足其人口对食品和药品的巨大需求，大都依靠外部系统输入，往往存在来源多样、周期较长、链条复杂等特征，食药安全风险管控难度往往也很大。因此，特大城市的公共卫生和食药安全风险治理不仅直接关系到整个国家的公共安全，也直接制约着建设"健康中国"战略目标的实现，与城市居民的健康平安与生活质量息息相关。

2003年所爆发的"非典"疫情，是中国公共卫生管理体制的

---

[*] 刘鹏：中国人民大学公共管理学院行政管理学系教授，博士生导师。

重要分水岭事件。疫情所暴露出来的公共卫生防控投入不足、传染性疾病上报制度漏洞百出、农村公共卫生基础设施相对薄弱、国民公共卫生防控观念淡薄等问题，让包括高层领导和普通百姓在内的国人都对整个社会的公共卫生防控的问题和困难进行重新认识，从而也为推进公共卫生风险治理体系的建设提供了契机。无独有偶，2004年和2006年相继发生的安徽阜阳大头娃娃奶粉事件、黑龙江齐齐哈尔制药二厂药害事件，敲响了中国食药安全的警钟，暴露出了食药安全监管体制的漏洞，也为中国食药安全治理体系的改革推进提供了动力。通过对数据和案例搜集，结合公共卫生以及食药安全风险研判的典型指标，我们发现，13年来中国特大城市在公共卫生风险治理体系上具有以下的明显特征。

（一）公共卫生

1. 传染病：发病状况总体呈下降趋势，但致死情况波动较大

根据权威的医学定义，传染病（Infectious Diseases）是由各种病原体引起的能在人与人、动物与动物或人与动物之间相互传播的一类疾病。病原体中大部分是微生物，小部分为寄生虫，寄生虫引起者又称寄生虫病。我国目前的《传染病防治法》根据传染病的危害程度和应采取的监督、监测、管理措施，参照国际上统一分类标准，结合中国的实际情况，将全国发病率较高、流行面较大、危害严重的39种急性和慢性传染病列为法定管理的传染病，并根据其传播方式、速度及其对人类危害程度的不同，分为甲、乙、丙三类，实行分类管理，其中甲类传染病的危害性最大，政府对其必须采取强制管理措施，因此也被称为强制管理传染病，乙类传染病也称为严格管理传染病，而丙类传染病相对危害较小，因此也称为监测管理传染病。

传染病的发病情况是衡量一个城市公共卫生形势的重要指标，

自2003年"非典"疫情以来，中国特大城市的传染病发病情况究竟如何？有了哪些变化？为此，我们选择了甲乙类传染病例数、甲乙类传染病报告发病率（每10万人病例）、甲乙类传染病致死数以及甲乙类传染病死亡率（每10万人死亡人数）四个指标来进行测量，并尽可能地搜集了13年来各个特大城市的已有传染病发病数据，从描述性统计分析的结果分析，我们发现存在以下特征和趋势。

第一，从甲乙类传染病例数的角度分析，自2003年以来，全国大部分特大城市的传染病例数量总体上呈下降趋势，例如北京由2004年的6.047万例下降到2015年的3.25万例，上海则由3.18万例降至2.52万例，重庆由2004年的11.09万例降至2011年的7.07万例，显示出"非典"以后我国特大城市的传染病发病总体上呈现好转趋势。而从单个城市角度来看，重庆、广州、深圳的传染病发病总病例数在各个特大城市中相对较多。

第二，从甲乙类传染病报告发病率（每10万人病例）角度分析，与病例总数发展趋势一样，报告发病率总体上也呈现出稳中下降的趋势，例如北京由2004年的441例下降至2015年的150.86例，上海由236.26例降至176.13例，南京由281.52例降至2013年的103.89例，武汉也由346.79例下降到2013年的192.32例，因此可以再次基本肯定13年我国特大城市的传染病报告处于好转的趋势。而从单个城市的比较角度分析，杭州、重庆、沈阳的传染病报告发病率相对较高，而南京、成都、苏州的传染病报告发病率相对较低。

第三，从甲乙类传染病致死数的指标来分析，虽然从总体发展来看，下降的趋势依然是明显的，但中间过程中波动的幅度比较大。例如北京2003年的致死例数为237例，2008年曾一度降至106例，但到了2011年又升至235例，直到2015年才降至177例；上海2003年则为161例,2006年曾经降至97例,2009年又升至159例,直至2015年降至93例;佛山2005年为30例,2007年下降至20例,到2009年又上升至31例,2010年为27例。这说明13年来我国特大城市的传染病致死数虽然总体上呈现下降趋势,但中间起伏波动较大,显示致死的情况并非处于稳定状态。而从单个城市的比较角度分析,重庆是唯一一个致死数例呈现上涨趋势的城市,从2003年的67例急剧上升至2011年的500例,而北京、成都的致死总例数也相对较高。

第四,从甲乙类传染病死亡率(每10万人死亡人数)来分析,基本趋势跟上述第三条的致死数总量基本一致,即下降的趋势依然是明显的,但中间过程中波动的幅度比较大。值得注意的是,重庆的传染病死亡率仍然处于快速上升趋势,从2003年的0.21例/10万人升至2011年的1.73例/10万人,而成都、北京、广州的致死比例也处于相对较高的位置。

2. 公共卫生事件:数量上稳中有降,发病和死亡情况不容乐观

在我国,公共卫生事件是指突然发生,造成或者可能造成社会公众健康严重损害的重大传染病疫情、群体性不明原因疾病、重大食物和职业中毒以及其他严重影响公众健康的事件。根据我国现在对突发性公共卫生事件的分级办法,可以分为特别重大(Ⅰ级)、重大(Ⅱ级)、较大(Ⅲ级)和一般(Ⅳ级)四类,一个城市一年来所暴发的以上不同等级的公共卫生事件,在很大程度上能反映出该城市的公共卫生安全情况。根据已有的数据,我们选择了以下两个指标的数据来进行分析。

第一,从城市发生的公共卫生事件的数量及分布来看,大部分城市在数量上是稳中有降,例如沈阳一般公共卫生事件数量从2007年的125件,到2008年的97件,最后再下降到2014年的2件;南京从2005年的16件下降到2012年的2件;广州则从2006年的110

件下降到2013年的39件，个别城市如北京（从2012年的17件到2015年的21件）、深圳（从2007年的11件到2014年的39件）也呈现出上升趋势，但从总体来看公共卫生事件的总数趋于平缓。

第二，从公共卫生事件的发病和死亡人数来分析，情况却不容乐观，因为凡是有比较齐全数据的特大城市，都呈现出发病和死亡人数的双增长。例如北京2012年的发病和死亡人数分别为161人和1人，到2015年则分别增长到300人和8人；天津2010年发病和死亡人数都是零报告，到2013年分别增长到557人和4人。最为明显的是广州，2012年分别为1783人和0人，到2014年一下陡增到4.01万人和18人。例外的城市是重庆，发病人数从2009年的1.07万人下降到3643人。

3. 慢性病：规范管理人数和比例表现出一定分化趋势

慢性病是慢性非传染性疾病，不是特指某种疾病，而是对一类起病隐匿，病程长且病情迁延不愈，缺乏确切的传染性生物病因证据，病因复杂，且有些尚未完全被确认的疾病的概括性总称，主要包括糖尿病、高血压、冠心病、高脂血症等，我们在这里主要用我国目前最常见的两种慢性疾病的规范管理人数和比例来作为指标讨论，以此来分析一个城市对于慢性病的预防和管理能力，即糖尿病和高血压。从特大城市已有的数据来看，初步可以分为以下三类：

第一，两种慢性疾病规范管理人数和比率都明显上升：典型的代表是深圳，2011年糖尿病的规范管理人数和比率分别为2.04万人和57%，2012年则分别升至4.46万人和77%，2011年高血压的规范管理人数和比率分别为6.5万人和61%，2012年则分别攀升至13.29万人和77.93%。

第二，两种慢性疾病规范管理人数在上升，但比率在下降：典型代表城市是成都，2012年该市糖尿病的规范管理人数和比率分别为27.57万人和86.29%，2014年规范管理人数则升至53.84万人，但比例却降至83.4%；2012年该市高血压的规范管理人数和比率分别为76.97万人和95.39%，2014年规范管理人数则升至106.31万人，但比例却降低至85.11%，这种情况至少可以说明成都的慢性病人数在呈现出比较快的增长趋势。广州也表现出了类似的规范管理比例在下降的特征。

第三，两种慢性疾病规范管理的人数缺乏数据，但比例在增长：例如西安，2011年该市糖尿病患者的规范管理比例为74.5%，2013年升至80%，而高血压管理管理比例也由78.6%增至80%，沈阳、杭州也表现出了类似的趋势。

4. 精神卫生：在册患者数量呈明显增加趋势

在世界卫生组织关于健康的定义中，精神卫生也是非常重要的组成因素。所谓精神卫生，是指研究精神疾病的预防、医疗和康复。即预防精神疾病的发生；早期发现、早期治疗；促使慢性精神病者的康复，重归社会。在我国的特大城市中，由于生活节奏的加快、工作压力的增大以及人际关系的日趋复杂，精神疾病的患者及其发病率也有趋于增长的势头。这个势头可以从我国目前已有的精神障碍患者在册人数以及重性精神障碍患者在册人数得以发现。

如广州，2012年精神障碍患者在册人数为4.9万人，重性精神障碍患者注册人数则为3.98万人，到了2014年则分别升至5.57万人和4.87万人。成都2010年的重性精神障碍患者在册人数也由2010的2.7万人上升至2014年的4.16万人。与此同时，西安也表现出了类似的趋势。但值得注意的是，汕头、重庆、南京等城市却出现重性精神障碍患者注册人数逐年下降的趋势。

5. 卫生防疫：儿童疫苗接种率升降趋于分化

卫生防疫包含疾病预防控制、卫生监督检测、预防技术咨询与服务、基层防疫人员培训和卫生健康教育的业务技术指导、流行病防治、计划免疫、消杀慢病防治、结核病防治、性病防治、寄生虫病防治、食品卫生、环境卫生、劳动卫生、放射卫生、学校卫生、健康教育、卫生检验、预防医学等内容的统称，也是一个国家和地区公共卫生的重要晴雨表，但由于该项内容涉及广泛，有部分内容与慢性病防治、食品安全也有重叠，为此我们选择了卫生防疫中非常基础性的一项工作——儿童疫苗接种情况来分析特大城市卫生防疫的特征，这也是城市政府公共卫生和防疫的最为重要的职能体现之一。从公开统计年鉴所披露的各个特大城市的适龄儿童疫苗接种率数据来看，我们发现大部分特大城市的适龄儿童疫苗接种率都是稳中有升，例如北京从2003年的97.5%增至2015年的100%，哈尔滨从2003年的96.81%增至2013年的99%，上海从2003年的98.8%增长至2015年的99.89%，成都由2005年的95%增长至2013年的99%，深圳由2003年的89%跃升至2015年的97.75%。然而，也有部分城市出现了不增反降的情况，例如杭州由2006年的97.3%降至2014年的95%，重庆由2008年的97.1%跌至2015年的95%。南京也有类似的情况。

（二）食药安全

1. 饮用水安全：合格率呈现前升后降的特征

安全的饮用水指的是一个人终身饮用，也不会对健康产生明显危害的饮用水。根据世界卫生组织的定义，所谓终身饮用是按人均寿命70岁为基数，以每天每人2升饮水计算。安全饮用水还应包含日常个人卫生用水，包括洗澡用水、漱口用水等。如果水中含有害物质，这些物质可能在洗澡、漱口时通过皮肤接触、呼吸吸收等方式进入人体，从而对人体健康产生影响。特大城市的饮用水水源大都来自于城市外部，同时往往还需要经过较长距离的管网运输和净化处理，供应链条很长而且复杂，风险点众多，因此要保障特大城市居民的饮用水安全，是特大城市食药安全治理所面临的头号问题。

从统计年鉴所公开披露的城市饮用水合格率来看,自 2003 年以来,我国大部分特大城市的饮用水合格率分布呈现出前升后降的发展趋势,例如北京 2003 年为 92.99%,到 2010 年增至 99.8%,几乎接近 100%,然而到 2015 年又小幅降到 99.5%;南京 2004 年就达到了 99.18%,2007 年更是达到了 99.56%,而 2010 年却暴跌至 90.91%;杭州 2003 年为 96%,2008 年升至 97%,而到 2012 年则降至 89.7%;重庆 2004 年为 87.2%,2007 年升至 96.33%,而到 2011 年下降到了 88%。这说明我国特大城市饮用水安全问题虽然总体已经到达了相对较高的水平,但近年来存在放松和下滑的不良势头,值得警惕和重视。如果以近年来的数据来看,饮用水合格率较高的城市为北京、上海、苏州、深圳等,相对较低的城市为哈尔滨、沈阳、杭州、广州等。

2. 食品安全:中毒事件与人数下降,但投诉举报明显上升

食品安全指食品无毒、无害,符合应当有的营养要求,对人体健康不造成任何急性、亚急性或者慢性危害,其内部的物理、化学和生物风险控制在人体健康可以承受的范围之内。近年来,由于食品安全事件频发,导致食品安全已经成为上至中央领导、下至黎民百姓都非常关注的民生政治问题。与饮用水类似的是,特大城市的农产品和食品往往大都来自外部系统,运输和供应链条较长,消费网络复杂,风险点多而且难以控制,源头管理难度大,因此治理复杂性更为艰巨。我们借助于食物中毒情况的数据来对特大城市食品安全形势进行衡量,结果发现自 2003 年以来我国特大城市的食物中毒起数和人数都一直呈现出下降趋势,例如北京 2007 年分别是 54 起和 840 人,2013 年则剧减到 3 起和 34 人;上海 2005 年分别是 21 起和 536 人,到 2014 年则下降到 2 起和 65 人;武汉 2003 年的起数为 20 起,到 2010 年下降为 3 起;佛山 2004 年分别为 24 起和 393 人,到 2009 年分别为 11 起和 142 人。当然,也有个别城市表现出略微增长的趋势,例如广州2008年中毒事故数为9起,到2014年变为32起,人数为299人;南京2004年分别为3起和82人,到2009年增长为9起和467人。

与此同时,我们还希望借用消费者对于食品安全投诉举报情况来测量消费者对于所在城市食品安全主观满意指标,结果发现,跟食品中毒的趋势不同的是,消费者的投诉举报情况呈现出明显的上升趋势。例如,天津由2009年的884件增至2012年的6571件,上海由2005年的7020件上升到2015年的20596件,广州由2008年的1819起增至2014年的16479起,西安2009年投诉只有1242起,到2014年增长到11837起。这种投诉举报集体增长的趋势表明,即便食物中毒情况明显得到缓解,特大城市消费者的食品安全意识越来越强,对于政府食品安全治理的要求也越来越高。

3. 药品安全:药品与医疗器械不良反应搜集能力提升

根据药品治疗人体疾病,恢复人体正常生理功能这一主要作用和风险的基本特征,可将药品安全定义为人们使用药品后发生任何机体损害的可能性以及损害发生的严重程度的一种结合,而药品安全成因可以分为天然成因和人为成因两大类,包括天然成因,指由药品本身属性带来的风险,具体体现为药品缺陷和药品不良反应,以及人为成因,包括药品质量问题、不合理用药和医药科技局限性。与特大城市公共卫生形势相对应,由于特大城市人口众多,容易产生公共卫生流行疾病,对这方面的药品需求量大,同时随着近年来我国特大城市老龄化加剧,越来越多的老人居住在特大城市,他们患病概率较高,对药品的需求也明显增加。如何保证特大城市居民用药安全、有效和质量可控,是特大城市药品监管职能的重要目标。

然而,国际组织对于如何测量一个国家或地区的药品安全形势的指标上存在一定争议,囿于统计数据所限,我们也只能选择特大城市所搜集的药品和医疗器械不良反应事件数来进行比较。需要说明的是，一个城市的药品和医疗器械不良反应数量，可以反映出这个城市对于药品安全风险的搜集和管理能力，并非越高就不好，因为大量地区的不良反应因为搜集能力较低仍然处于未知状态，这样的地区其实药品安全风险更高。

通过分析公开的统计数据，我们发现我国特大城市在药品和医疗器械不良反应信息的搜集能力上都明显处于提升趋势。例如，北京在2007年搜集到的药品不良反应报告只有445件，到了2015年倍增至4114件；天津在2010年只有2223件，到了2012年增至3824件，医疗器械不良反应报告也由2010年的108件增长至2014年的3762件；上海的药品不良反应报告由2005年的10872件升至2015年的33249件，医疗器械报告由2005年的248件增至2015年的3196件；杭州的药品不良反应报告由2005年的1173件增至2013年的13400件；西安的药品不良反应报告由2009年的1985件增至2015年9215件，医疗器械不良反应报告由2009年的31件升至2015年的2393件。

这种趋势也被全国的总体数据所证实：2015年我国共报告各类药品不良反应139.8万件，每百万人口平均药品不良反应病例报告首次突破1000份，达到1044份，在数量上已经远远超过世界卫生组织的建议的水平①。

二 存在的问题与原因

（一）公共卫生

1. 传染病防治

第一，新发传染病监测困难。近年来，发生在我国特大城市范

---

① 《2015年国家药品不良反应监测年度报告发布》，《中国药房》2016年第25期。

围内的传染病的主导病原体基本为细菌及病毒，二者突变的可能性与速度与日俱增，因而新发病原体出现了持续增加的态势，这也就从根本上增加了新发传染病流行的可能。除此之外，新发传染病的传播速度也呈现出加快态势，给监测带来了时间上的困难。并且，我国当前对新发传染病的传播规律尚未有充分认识，基线资料评估也比较有限，所以对这些疾病的监测也就存在着现实的困境。

第二，人口密集与流动诱发高风险。对于特大城市而言，人口的密集使得传染病的潜在威胁不断增强。在特定的公共场所，如交通枢纽、大型商场等，人口相对集中，相互接触频繁，公共设施重复使用易导致非健康个体的疾病向健康个体传播。这些城市中的外来流动人口由于平均收入水平偏低、生活水平与生存环境相对较差，增加了传染病的发现和控制的难度。

第三，环境污染因素增加传染病风险。随着我国工业化的快速推进，我国特大城市产生的废弃物不断增加，大量科学研究已经证实，杀虫剂、除草剂、抗生素、洗涤剂、含苯类的染料涂料、垃圾焚烧产生的二噁英能够促使病毒的基因发生变异[①]。病毒基因变异后随着垃圾的处置进入到土壤、空气和水中。当城市环境中的致病因素通过各种媒介进入人体内时，产生传染病的概率就将大幅增加。

第四，基层防治人才队伍亟待加强。虽然我国特大城市的财力较为雄厚，但是基层防治人才队伍依然难以匹配这些城市中可能存在的传染病风险。具体而言，基层的防治人员数量存在不足，使其难以及时通过流行病学调查和现场采样发现、快速甄别辖区内出现的传染疾病；基层的防治人员资质水平有限，难以应对更加频繁、复杂、多变的传染病传播形势。同时，基层防治人才的待遇相对较

---

① 王雯姝、张中和：《环境污染与新的病毒传染病》，《医学与哲学》2004年第5期。

低,使得城市难以维持防治队伍的稳定性和提升其业务能力。

2. 公共卫生事件

第一,公共卫生事件防范与预防难度大。特大城市人口密集,新发传染病、食物中毒、环境污染等各类事件导致的突发公共卫生事件风险陡增。由于突发公共卫生事件发生的不确定性,相关管理部门及一般民众容易存在思想松懈的倾向,"重治轻防"的思想较为普遍。并且,基层疾控机构还不尽完善,民营医疗机构和个体诊所传染病登记、报告开展的规范性还有待加强。就基层防治人员的构成而言,外聘人员占比较多,工资待遇也难以保障。

第二,突发公共卫生事件应急联动机制较弱。当前,这些特大城市尚未建立起畅通的公共卫生信息网络体系,统一性、协调性、完备性都存在不足。各个行政层级之间的疫情报告系统及制度也有待完善,突发公共卫生事件信息的采集、传输、存储、处理、分析、预案确定及启动全过程的信息化、自动化和网络化还十分不足。同时,跨部门、跨行业的信息沟通机制建设还比较欠缺,公共卫生领域的危机沟通和信息传递还不顺畅。具体而言,突发公共卫生事件的预警机制还未完善,导致快速反应能力仍不及预期;不同医疗部门之间的交流比较有限,部际协作尚未常态化;共同的公共沟通和公共关系策略的有效性亟待强化,难以充分发挥部门间的整体优势。

第三,公共卫生事件防治资源分配不合理。除具备资质的公共卫生事件防治人员之外,公共卫生事件的防治也需要时常保持一定量的消杀灭药物、器械和施药工具储备(包括消毒剂、杀虫剂、灭鼠剂,车载式和机动喷雾器、热烟雾机,个人防护用品以及其他所需的物品等),从而应对突发紧急状况。尽管从整体而言,我国当前特大城市的相关防治资源总量有了显著的提升,然而这些资源的配置却不尽如人意。主要表现在,城市中心区域多,边缘区域少;

中心区域质量高，边缘区域质量低。由于公共卫生事件发生传播的跨地域性，资源配置的不均衡极易导致公共卫生事件控制的有效性大打折扣。

3. 慢性病

第一，向慢性病转变的流行病学新趋势。随着我国医学、公共卫生与社会经济的发展，人口死亡率大幅下降，人均寿命逐渐提高，人口的死因也从传染病向慢性病（如心脏病、中风、癌症、慢性呼吸道疾病、糖尿病、高血压）转变。这一趋势在我国特大城市尤为明显。以北京为例，该市18—79岁居民2014年糖尿病患病率高达9%，高血压患病率达到33.8%；上海市18—79岁居民2014年糖尿病患病率高达8.24%，高血压患病率达到28.36%。

第二，慢性病防治的外部需求难以满足。当前，慢性病防治需求的症结在于基层医疗卫生机构服务能力不足。这些特大城市中，社区卫生服务站内治疗糖尿病、高血压等常见慢性病的常用药品品类及总量不足，病患或其家属购买所需药品必须到上级医院进行[①]，因而其便利性十分不足。同时，基层医疗卫生机构中职能发挥还存在诸多问题，医疗设施、医护人员配置都难以完成基本的慢性病诊疗及防控服务。正是由于设备、体检检查项目的不完备性，慢性病患者难以被早发现、早诊断、早治疗。

第三，慢性病人的治疗与康复缺乏衔接。作为一种长期的累积性病变，慢性病从暴露于危险因素到发病直至产生严重并发症是一个缓慢的过程，因此慢性病的健康管理和疾病管理也是一个系统工程，需要提供全过程、无缝化的管理与服务，这就要求疾病预防控制机构、基层卫生服务机构和上级医疗机构之间必须实现服务衔

---

① 齐力、姜莹莹、毛凡等：《社区慢性病防治工作现状及居民对慢性病防治的认识和需求》，《中国慢性病预防与控制》2016年第4期。

接、资源共享。① 当前，我国特大城市中慢性病人在接受治疗后难以在基层社区得到充分的康复照料，不论从社区的健康意识、基础设施还是人力配备都存在诸多不足。

4. 精神卫生

我们知道，精神病发病率与社会转型的强度成正相关，城市化的快速推进使得人们的心理与文化矛盾冲突、社会支持系统破损和负性社会时间增加。21世纪以来，我国精神病患者的数量快速增长，这种趋势在近10年来尤为显著。广州、深圳、上海、南京等特大城市的精神病发病率呈现上升态势，总体发病率已达13%—14%。

第一，精神疾病康复设施与服务质量亟须提高。以南京市为例，截至2015年，该市约有超过10万各类精神病患者，其中，需要住院治疗的重性精神障碍患者1万多人，属于民政服务对象的精神患者超过4000人。而全市共有各类精神病人收治机构7家，总床位数在3000张左右。该市平均每万人占有床位数为3.75张，与国外发达国家有较大差距，例如，美国每万人5.7张，新加坡每万人10张，韩国为每万人8.9张。此外，精神卫生从业人员也不充足，大多医患比例低于1∶840。②

第二，精神疾病防治与医保改革联动不足。当前，我国特大城市除深圳外，在精神疾病防治与医保改革联动方面均存在不足。虽然一些城市为签约参保人提供政策规定的基本医疗和公共卫生服务，并通过整合辖区医疗卫生资源，为签约参保人提供家庭医生服务、动态电子健康档案管理服务、优先诊疗服务、慢病管理服务、

---

① 单大圣：《中国慢性病防治形势及管理体制改革建议》，《中国农村卫生事业管理》2015年第3期。

② 董婉愉：《南京精神疾病患者已超12万人：社区康复站项目推进难 两年来全市仅两个街道落实》，《扬子晚报》2016年10月（http://epaper.yzwb.net/html_t/2016-10/09/content_309505.htm? div=-1）。

用药咨询与指导服务、健康促进服务、预防保健服务、家庭病床服务等，但是这些服务基本集中于普通病症，对于精神疾病的防治还存在很大漏洞。

5. 卫生防疫

第一，疫苗监管存在漏洞。根据相关条例规定，疫苗生产、流通环节归药监部门管，使用环节归疾控部门管。那么疫苗放到疾控中心以后，没有使用，保存环节的归属还不明确。在实际沟通过程中，因为已经进了疾控中心的门，药监部门很难有到疾控部门做调查的权力。疾控中心担负着一些公共卫生的任务，成了阻碍或者有时候拒绝药品监管部门来检查的理由。此外，储藏和运输在整个药品产业链的监管中也是一个很薄弱的环节。生产环节有GMP（药品生产质量管理规范），流通环节有GSP（药品经营质量管理规范），储运环节一部分规范是在GSP中，包括《疫苗条例》对疫苗的储藏、运输并不是完全没有规定，但规定失之宽泛、不够详细，对于违反了这个规定后的处罚也没有明确的规则。

第二，预防接种的资金支持较为匮乏。在一些特大城市中，尽管预防接种资金有了大幅提升，但是并非所有冷链设施设备都能达到配置要求，冷藏车不足、冷库残旧、冰箱不足、发电机组不能满足要求等问题较为普遍。同时，由于资金匮乏，一些区域的疫苗接种人员十分匮乏，导致这些人员除了从事预防接种和疫苗管理，还需负责常住人口的基本公共卫生服务项目，导致预防接种和疫苗管理工作质量不尽如人意。

（二）食药安全

1. 饮用水安全

第一，水源地污染给饮用水安全带来风险。近年来，我国特大城市发展进程加快，同时工业、生活点源污染和农业面源污染也随之加剧，这些城市包括地表水和地下水供水在内的水源都受了污染，容易引发系统性的公共风险和恐慌。2005年11月13日，吉林省吉林市中石油所属的吉林石化公司101双苯厂一个化工车间发生的连续爆炸，导致松花江江面上产生一条长达80公里的主要由苯和硝基苯组成污染带，哈尔滨上游的松花江江畔也出现了死鱼，使恐慌加剧。北京作为严重缺水的特大型城市，在官厅水库因污染严重而退出饮用水供给后，主要依赖密云水库进行供给，该水库当前供给北京90%的用水。然而，密云水库附近的农村生活污水、人畜粪便排放、生活垃圾排放等居民日常生产、生活产生的污染对其环境影响较大，也容易引致系统性的安全风险。[1]

第二，供水管网二次污染风险。我国特大城市的管网及贮水设施可能由于缺乏常态管理、设计缺陷、未做好清洗消毒等原因而导致存在死水区，内部污物、泥沙淤积，在水压变化等状况发生时污染物进入管网，导致水污染事件发生[2]。2013年，曾经有媒体报道北京、上海等城市分别检出因自来水系统使用劣质水龙头和管道带来铅超标污染，从而导致城市自来水变成了"铅水"[3]。2015年7月，香港发生了饮用水管铅超标事件。由于焊工使用了含铅焊料，香港部分公共屋邨、居屋、私人屋苑、医院及教育机构被揭发食水含铅量超出世界卫生组织标准，给该市居民正常生活带来较大影响[4]。

---

[1] 谢杰、朱立志：《城市水源地农村环境污染影响因素分析——以北京市密云水库为例》，《中国农村经济》2009年第4期。

[2] 刘成、曾德才、高育明等：《二次供水突发水污染事件案例分析》，《环境卫生学杂志》2014年第4期。

[3] 《调查称自来水经劣质水龙头和管道污染成"铅水"》，《光明日报》2013年7月（http://news.xinhuanet.com/politics/2013-07/30/c_125087738.htm?prolongation=1）。

[4] 《香港5.5万居民陷入铅恐慌 饮用水含铅港府誓追责》，新华网，2015年7月（http://news.xinhuanet.com/gangao/2015-07/12/c_128011105.html）。

2. 食品安全

第一，特大城市食品安全以输入性风险为主。我国特大城市由于供需结构和产业结构的矛盾，食品供给大量依赖外地，外来食品存在的问题和潜在隐患能够对这些城市食品安全的整体状况产生重大影响。以北京市为例，该市作为特大型消费城市，每日需要蔬菜2000万公斤、猪肉215万公斤、牛羊肉50万公斤、鸡蛋74万公斤、粮食1370万公斤和食用油100万公斤，并且85%以上的食品靠外埠供应，"输入型风险"对该市食品安全的影响将长期存在。[1] 深圳市对外地食品供应的依赖度也超过90%，食品安全风险防范压力也十分巨大。

第二，消费者对重点食品的安全仍然缺乏信心。近年来，我国食品安全问题频繁发生导致消费者对我国食品安全产生严峻的信任危机。[2] 以奶产品为例，由于近年来"大头娃娃""三聚氰胺"等问题，消费者对国产奶产品的态度从疑虑、震惊发展为愤怒。即便当前我国政府对乳产品监管已十分严格，2015年乳制品合格率已经达到99.6%，但是我国近年来食品行业主要进口食品品类中乳制品仍占到六成以上，其主要原因就是消费者对食品的安全缺乏信心。

第三，非法添加和农残超标是共同面临的挑战。由于不法分子受利益驱动或农民科学用药水平低下等原因，农产品质量安全存在非法添加和农残超标的风险隐患，特别是添加非食用物质以及违规超量使用添加剂。2015年10月，重庆市发现高新区愚凤轩餐馆经营的苗山狼露酒，含有西地那非成分。2016年1月，国家食药总局公布35家餐饮服务单位经营的食品中含有罂粟碱、吗啡、可待因、那可丁、蒂巴因等罂粟壳成分，其中大部分餐饮单位都是来自特大

---

[1] 《防控输入型食品安全风险 十批发市场摸清食品源头》，《北京日报》2013年1月（http://shipin.people.com.cn/n/2013/0119/c85914-20256708.html）。

[2] 蒋凌琳、李宇阳：《消费者对食品安全信任问题的研究综述》，《中国卫生政策研究》2011年第12期。

城市的，北京的就有 5 家上榜①。就农残超标而言，涂药黄瓜、有毒豇豆、问题猪肉、甲醛白菜、蓝矾韭菜各种问题食品层出不穷，各种农药、兽药、激素、保鲜剂等农用药剂的超标、违规使用已成为当前我国食品安全的严峻挑战②。

第四，"四小"是特大城市食品安全治理难点。当前，食品生产加工小作坊、小餐饮店、小食品店和食品小摊贩是基层食品安全工作面临的一个突出难题。"四小"问题中的从业者多为社会弱势群体，其中的无证现象十分普遍。根据现有法规，无证从事食品生产经营适用较为严重的处罚措施，但是简单的取缔却可能激发社会矛盾，基层执法人员需要在依法行政与服务民生中取得平衡。此外，一些产品涉及包括农委、工商、食药监、城管等在内的多个部门，需要各部门间形成紧密协调的联动机制，并且一些涉及食品经营许可的事项还容易导致矛盾聚集，因而存在着内外两方面的治理困境。虽然 2015 年 10 月 1 日颁布实施的新《食品安全法》将以上"三小"或"四小"的治理法规立法权交给了省级人大及其常委会，但囿于这样的治理困境，省级开展立法的积极性仍然十分有限，立法的进程也相对较慢。

第五，"互联网＋"产业新业态带来的新风险。受互联网影响，食品安全监管出现了规制欠缺和动态变化的新问题，例如，跨境电商和贸易商，微信朋友圈食品销售等现象在法律上还难以充分认定，第三方平台监管责任如何界定等，也需要司法实践来加以明确。并且，"互联网＋食品安全"也对监管部门提出了新的需求，监管部门传统的监管思路和理念也难以适应互联网发展的挑战。此外，一些企业过多地关注如何扩张和发展，而对食品安全的审查监

---

① 《国家食品药品监督管理总局关于 35 家餐饮服务单位经营的食品中检出罂粟壳成分的通告》，2016 年（http：//www.cfda.gov.cn/WS01/CL0087/142502.html）。

② 《农药残留超标中毒事件频发 农产品安全存隐患》，《半月谈》（http：//news.xinhuanet.com/health/2012－07/17/c_123422366.htm）。

督还存在不足，影响了企业主体责任的落实①。

3. 药品安全

第一，特大城市同样以输入性风险为主。与食品安全相似，特大型城市由于药品供给基本依赖外埠，因而整体安全水平也受到外埠药品生产、运输、存储状况的影响。以杭州为例，2012年年末，该市食品药品监管部门、市公安机关发现由杭州鼎驭医药科技有限公司（简称"鼎驭公司"）全某等人销售的"金葵宝"强力胶囊被检出西地那非和他达那非成分。该胶囊标示委托企业为陕西安泰堂生物医药工程有限公司，生产企业为渭南市今安健康产业股份有限公司。在侦查行动中，杭州发现销售窝点3个，涉案金额1000余万元。

第二，过期药品回收面临挑战。特大城市经济社会的发展使得居民的健康意识逐渐增强，因而居民家庭药箱的储备品类和绝对量都大幅增加。研究显示，我国78.6%的家庭存有备用药品，但是82.8%的家庭没有定期清理的习惯。过期药品并不等同于普通商品，它已被明确列入"国家危险废物目录"，其销售、储存、回收都具有特殊性②。服用过期药品将损害人体健康，非法收购也不利于维护社会稳定，然而，由于我国缺乏过期药品规制的法律、制度和机制，过期药品的长期、有效处置面临重大困境。③

第三，非法行医是长期以来的治理难点。非法行医是指未取得医生执业资格，擅自从事医疗业务活动④。这一现象主要在我国农村、城乡接合部大量存在，但是特大城市中也屡见不鲜，并严重扰乱了医疗服务市场秩序和社会治安，给人民群众的身体健康和生命

---

① 张天潘、胡明山：《"互联网+食品"时代如何保证"舌尖安全"》，《南方都市报》2016年7月（http://tech.sina.com.cn/i/2016-07-03/doc-ifxtsatn7994289.shtml）。

② 《过期药品回收遭窘境》，《北京晚报》2014年4月（http://bjwb.bjd.com.cn/html/2014-04/30/content_175143.htm）。

③ 王高玲、汤少梁、沈爱琴等：《基于政府和医药零售企业博弈的促进过期药品回收的策略研究》，《预测》2011年第5期。

④ 石磊：《试论非法行医罪中的非法行医行为》，《政治与法律》2002年第6期。

安全带来极其严重的负面影响。虽然经过执法部门长期、多次严厉打击非法行医的专项整治活动，查处了大量非法行医罪和黑网点，但形势依然非常严峻①。

第四，社区居民药品安全意识不强。近年来，我国特大城市中因药物使用不当而导致安全事件时有发生，社区居民药品安全意识不强是重要原因。有研究显示，我国居民对处方药和非处方药、保健品和药品划分标准、药品的药效、禁忌证、服用剂量和服用时间，储存药品的认识都存在严重不足②。这说明，在药品生命周期的末端，用药安全仍然难以保障。

第五，互联网售药所带来的新风险。由于网络购药的便捷性，互联网售药规模日益扩张。但是，在互联网第三方平台药品零售交易中，也存在诸多隐患：第三方平台与实体药店主体责任不清晰，提供药品的商户进入平台，只提供给患者药品信息，而药品是否适用则没有相应法律界定，因而在药品使用过程中的责任也难以明确；网络售药平台最大的困境是药品质量安全难以保障，特别是处方药销售监管存在巨大挑战，从而不利于保护消费者利益和用药安全③。

三 治理的政策建议

（一）公共卫生

1. 传染病防治

第一，加强新发传染病监测。我国特大城市应当强化现有的以

---

① 张道许：《非法行医案件中行政执法与刑事司法的衔接——兼评最高人民法院有关司法解释》，《行政法学研究》2010年第2期。
② 徐江平：《某市社区居民对药品使用相关问题认知的调查分析》，《中国药房》2012年第40期。
③ 周尚、尚悦、张炯：《基于互联网药品零售的优势与问题分析》，《中国药事》2012年第3期。

法定报告传染病和突发公共卫生事件为主、专病监测为辅的传染病监测体系，探索并建立针对新发传染病早期预警的监测方法和网络体系。通过开展对新发传染病相关症状的监测及分析，对疾病发生的可能性进行研判，从而有助于早期采取相关传染病的预防控制措施。此外，提高实验室监测能力也是题中应有之义，应当完善全国新发传染病实验室监测网络体系，从而有助于对新发传染病的诊断和识别，同时应对实验室监测网络体系所使用的检测与分析方法标准化，并结合流行病学监测结果，以提高对各种传染病特别是新发传染病的监测预警能力①。

第二，加强对人口密集高风险地区进行重点防控。特大城市人口密集地区是传染病扩散传播的重要场所，对于这些地区应当重点关注。通过聚焦疾病监测网络，提高新发传染病疫情的识别；当疫情发生时，应迅速切断管理传染源、传播途径、保护易感染人群，从而防止流行性传染病的大规模、大范围的爆发②。

第三，重点防治可能带来传染病的环境污染因素。由于杀虫剂、除草剂、抗生素、洗涤剂、含苯类的染料涂料、垃圾焚烧产生的二噁英能够促使病毒的基因发生变异，因而特大城市应当重点关注含有这些化学物质的废弃物的处理。在城市郊区存在第一产业的地区，应当加强杀虫剂、除草剂等农业药品的使用管理，防止有毒废弃物大规模排放到自然环境之中。同时，对于有毒废弃物的处置也应当坚持集约管理、分类处置，使之无害化。

第四，加强基层传染病防治人才队伍建设。传染病防治在客观上具有较大风险，因而要维护基层传染病防治人才队伍，保障专业水平就必须提供一定政策的倾斜。首先，应当提供具有竞争力的传

---

① 郭飚：《现有传染病监测体系在新发传染病发现和识别方面存在的不足和改进对策》，《中国计划免疫》2007年第3期。

② 刘广兵：《加强人口密集地区传染病传播的宣传》，《中国中医药现代远程教育》2012年第5期。

染病特殊岗位津贴；同时，应逐渐增加专业技术人员的编制和待遇，为更多致力于传染病防治工作的优秀人才提供发展机遇和保障；最后，要重点培养和引入传染病防控和治疗方面的国内外专家，并建立省会传染病专家到基层地市流动指导的常态，帮助基层传染病学科建设[①]。

2. 公共卫生

第一，加强对公共卫生事件的预防与风险评估。各城市应当强化危机意识，做好应急制度、机制、预案等方面的建设，并且在城市的卫生系统建立起专门的应急管理机构；同时，还要促使预案落实，在日常工作中推动预案的实施；此外，还应加强卫生应急监测预警，开展突发公共卫生事件风险隐患评估和排查工作。

第二，加强突发公共卫生事件应急联动机制建设。各城市应当建立由多部门组成的突发事件卫生应急协调联动工作领导小组，负责统一领导和组织协调市内突发公共卫生事件防控工作，制定防控工作相关政策、措施，交流防控工作管理情况，协商解决防控工作中出现的问题，研究部署防控工作。同时，强化专业建设，组建突发公共卫生事件应急协调联动工作专家组，对市内突发公共卫生事件防控工作进行技术指导。

第三，促进公共卫生防治资源分配合理化。各城市在强化公共卫生防治资源配置总量的同时，还要注意提升城市边缘区域、基层社区的防治资源。一是要增加这些区域具备资质的公共卫生事件防治人员数量，增加专业培训；二是要均衡消杀灭药物、器械和施药工具储备，从而提升应对突发紧急事件的能力。

3. 慢性病

第一，加强对特大城市慢性病的流行病学转变因素研究。各城

---

① 《周恕委员建议加强基层传染病防控能力建设》，人民论坛网，2015 年 2 月（http://hn.people.com.cn/n/2015/0211/c356883-23874767.html）。

市应当加强对心脏病、中风、癌症、慢性呼吸道疾病、糖尿病、高血压等主要慢性病的研究，通过增加公共投入、建立研究基地、强化研究队伍、加强追踪调查研究，建立特大城市慢性病发展的数据库等措施，逐渐提升对这一转变的理解和应对能力。

第二，强化慢性病人的治疗与康复。满足慢性病防治的需求的关键在于提升基层医疗卫生机构服务能力。特大城市应当保障基层卫生服务站内备有充足的治疗常见慢性病的常用药品，使得病患或其家属可就近购买所需药品。并且，应当促进基层医疗卫生机构的职能发挥，完善医疗设施、医护人员配置，从而提升基本的慢性病诊疗及防控服务。

第三，提升慢性病人管理的质量。特大城市应当加强慢性病人的治疗与康复的衔接，使得慢性病的健康管理和疾病管理系统化。应当促进全过程、无缝化的管理与服务的提供，推动疾病预防控制机构、基层卫生服务机构和上级医疗机构之间服务衔接、资源共享的实现。此外，还应当强化社区的健康意识、基础设施以及医疗队伍，使得接受治疗后的慢性病人能够在基层社区得到充分的康复照料。

4. 精神卫生

第一，建立基于社区的特大城市精神疾病发病率监测体系。特大城市社区可以通过发动辖区各居委会按照"居不漏户、户不漏人"的要求，开展定期精神病患者普查行动。通过加强对辖区特殊人群的管理，对精神病人做到底数清、情况明、管理全覆盖，同时，社区应配合相关部门做好精神科诊断、病史收集、危险评级的有关工作，通过全面排查、确诊、建档，建立准确、详细的精神疾病发病率监测体系。

第二，改善精神疾病康复设施与服务质量。逐步推广"社会化、综合性、开放式"精神病防治康复工作模式，建立政府为主导、有关部门各尽其责、社会各界广泛参与的组织管理体系，完善医疗机构为骨干、社区为基础、家庭为依托的精神病防治康复工作系统，宣传普及精神卫生知识，采取药物治疗、心理疏导、康复训练和社会服务等综合防治措施，推行体现人道、有利于患者参与社会生活的开放式管理，促进精神病患者康复，预防精神疾患①。

5. 卫生防疫

第一，提升疾控部门在预防接种中的公益性。山东问题疫苗案之后，国务院决定修改《疫苗流通和预防接种管理条例》，强调采购疫苗应当在省级公共资源交易平台进行。各城市政府应充分保障疾控部门的运作经费，完全落实将疾控部门纳入全额财政体系的举措，遏制疾控部门将二类疫苗作为经营牟利重点额倾向。同时，统一一类疫苗和二类疫苗的进货渠道，通过建立省级招标体制，在特大城市推出符合规范的购买名单，要求疾控中心从中进货。另外，在疫苗接种过程中取消疾控中心在二类疫苗接种中的加价行为。

第二，强化对疫苗的全过程监管。完善疫苗监管部门相互之间的协作，将疫苗监管纳入更高层级的议事协调机构管辖范围，理顺药监、疾控部门在疫苗生产、流通、使用环节的责任。对于疫苗产业链监管中的薄弱环节，仿照现有的《药品生产监督管理办法》和《药品流通监督管理办法》，起草一部相关法规，明确标准、要求与责任。

第三，加大对预防接种的资金支持力度。特大城市应当解决基层预防接种和疫苗管理人员编制问题，根据服务人口等因素配齐编制，并要求现有的编制能足额使用。冷链是确保合格疫苗储藏、运输的前提条件，为预防接种工作提供重要保障，应当配足配齐冷链设施并足额安排专项维持经费。

---

① 《中国内地精神病防治康复服务现状、问题及对策》，广州市残联（http://www.gzdpf.org.cn/Article/D2/2246.html）。

（二）食药安全

1. 饮用水安全

第一，加强特大城市与水源地政府的协同合作与补偿。特大城市与水源地政府应当通过协商，制定能够反映真实生态系统的服务价值以及水源地居民与政府因保护水源地所承受的损失补偿标准，探索以财政转移支付为主，发行证券、NGO筹集为辅的资金获取渠道，引导市场化资金募集方式。同时，按照因地制宜、多重补偿方式相互结合的原则，平衡水源地保护政策的短期利益与长远利益，采取"造血式"补偿脱贫和"输血式"补偿相结合的补偿方式。此外，还要加强水源地生态补偿机制实施效果监督评估体系研究，通过定性化描述与定量化指标相结合，探索更全面、有效及可行的水源地生态补偿机制，实施效果监督评估体系[1]。

第二，评估和降低供水管网的二次污染风险。特大城市应当通过定期监测和排查，建立供水质量的动态检测体系；改进工艺，加强管理，稳定出厂水质；加强管网改造和维护管理，特别是适用新型耐腐蚀、流通能力大、施工方便的管材；改善城市水箱的材质、结构，保障贮水水质[2]。

2. 食品安全

第一，加强特大城市与食品输入地的联动与协调机制。特大城市应强化区域协作，提高批发市场的食品安全屏蔽功能。具体而言，就是通过与负责城市市场供应的省市、企业的对接，以及与相应政府及工商部门的区域合作，强化外埠食品安全供应保障。同时，建立外埠生产基地入市备案制度。由特大城市与来源省市共同

---

[1] 孟浩、白杨、黄宇驰等：《水源地生态补偿机制研究进展》，《中国人口资源与环境》2012年第10期。

[2] 王雷钧、卓里颖：《浅谈城市供水管网的二次污染》，《中国高新技术企业》2008年第12期。

对食品生产基地相关资质、产品质量进行审核，通过则成为备案基地，这些基地可优先参与两地政府的"场地（厂）挂钩""农超对接"、"公司＋农户＋批发市场"等协作项目，在资金与产品销售方面获得政策支持①。

第二，重点打击非法添加和农残超标。推广病虫害绿色防控技术，对肉类及肉制品、乳制品、保健食品、白酒、饮料、桶装水、食品添加剂等重点品种加大监管力度。对食品生产聚集区、旅游景点餐饮区等食品安全问题多发区，以及大宗食品生产企业、跨区域流通食品企业、大型餐饮配送企业、大型聚餐场所等，进行严格的日常巡查和执法检查，并对婴幼儿乳粉企业质量组织开展安全审计②。

第三，出台特大城市"四小"整治法规。特大城市应将处置"四小"的制度、机制、措施法制化，明确"四小"基本信息登记、经营许可、现场检查、监督抽检、引导帮扶、严查违法行为、推行行业自律等各项措施的法律地位。同时，要和本省人大常委会保持联系，尽快出台各部门联合整治"四小"的职能、分工、责任的法规，固化合作监管的制度与机制。

第四，加强对"互联网＋"食品和餐饮的监管。明确互联网第三方平台的责任与义务，强化经营主体的责任；强化技术配备，为食品安全基层执法监测站点配备安全快速检测设备，并将检测结果第一时间上传到城市统一风险监控中心；扩大公众参与，完善食品安全投诉举报奖励办法，鼓励更多的举报人尤其是食品企业内部的"深喉"。

---

① 《防控输入型食品安全风险 十批发市场摸清食品源头》，《北京日报》2013 年 1 月（http：//shipin.people.com.cn/n/2013/0119/c85914-20256708.html）。

② 《防控输入型食品安全风险 十批发市场摸清食品源头》，《北京日报》2013 年 1 月（http：//shipin.people.com.cn/n/2013/0119/c85914-20256708.html）。

3. 药品安全

第一，加强药品电子的监管追溯体系建设。我国曾经从2008年开始推行了全国范围内的药品电子监管码系统，但由于一些瑕疵导致其在2016年暂停使用，但药品电子追溯体系的建设不应当随之停滞。特大城市要根据实际需求，鼓励药品生产企业不断完善药品电子监管追溯体系，在现有的电子监管码系统中设计并开发新的功能，强化药品召回板块；并且，在现有基础上充分发挥药品大数据的优势，在药品电子监管网中对有缺陷时产品实现预警功能，在风险信号传递及控制过程中，体现出信息化传播速度快、范围覆盖广、应用靶向性高、召回导向性明确的优势[1]。

第二，依靠社区力量缓解过期药品回收难题。各大城市应建立以市场监管部门牵头，街道社区、基层站点、药品经营企业等社会力量广泛参与的过期药品回收网络，组织发动辖区卫生服务站、街道社区回收点采取多种举措向居民宣传定期清理家庭"小药箱"过期药品的必要性、随意丢弃过期药品产生的危害以及开展过期药品回收的意义，提高辖区群众安全用药意识；集中处理回收的过期药品，统一销毁[2]。

第三，重点打击非法行医和互联网非法售药。各大城市应对未取得《医疗机构执业许可证》和《执业医师执业证书》而开设的"黑诊所"进行严厉打击，并对前期取缔的无证诊所进行监督回访；宣传非法行医的危害。对于互联网非法售药实行"互联网售药黑名单"对于查实严重违反法律法规的网站和个人，一律列入"黑名单"，向社会公布。

第四，普及居民用药安全知识。通过政府购买服务，依托辖区

---

[1] 赵剑锋、王红云、郭颖等：《我国药品召回过程存在的问题与对策分析》，《中国药事》2016年第1期。

[2] 《宁波高新区发动社会力量开展家庭过期药品回收工作》，2015年9月（http://gjgxq.ningbo.gov.cn/doc/zwgk/gxdt/2015_9_15/233600.shtml）。

内社区服务中心，通过社会工作者、药师、药剂师等专业人士，对社区居民涉药问题提供专业指导和服务。通过向社区居民派发安全用药、正确处理过期药品等宣传单以及口头向社区居民宣传药品安全知识的方式，促进居民对于药品安全重要性的认识。①

---

① 《金城社区举办过期药品回收活动》，《南方都市报》2015 年 9 月（http：//news. 163. com/15/0924/06/B48QV1MI00014AED. html）。

特（超）大城市消防
安全风险及其治理

孙柏瑛　滕　波[*]

一　消防安全风险现状描述

常言道：水火无情。自古以来，火灾就是威胁人类生产与生活安全的巨大风险，消防也是传统公共安全的重要领域。伴随我国特（超）大城市高速发展，消防安全备受瞩目。特（超）大城市高楼林立、人口稠密、网线密布，火灾发生源头多、隐患多、概率大，火灾一旦发生，带来的生命和经济损失往往难以估量。本章依据近十几年我国火灾和消防管理数据，对17座特（超）大城市2003—2014年火灾发生状况及其趋势进行分析、评估，揭示其风险源头以及演化规律，检视特（超）大城市消防管理运行体制机制，为消防

---

[*] 孙柏瑛：中国人民大学公共管理学院党委副书记兼副院长，教授，博士生导师；滕波：国家应急管理部消防救援局通信处高级工程师；参与数据收集和分析的人员还有：吴芸，首都师范大学管理学院讲师，博士；龚志文，北京科技大学文法学院讲师；卢倩倩，中国人民大学公共管理学院公共政策所硕士研究生。

风险防控制度改进提供政策建议支持。

针对17座特（超）大城市的消防风险评估，选用八个解释维度，描述2003—2014年（一些指标为2008—2014年数据）火灾发生状况及造成的危害：（1）火灾总数与平均数和分布；（2）分城市的火灾事故分布、变动状况和趋势；（3）发生火灾事故的严重性等级情况；（4）火灾引致人员伤亡和经济财产损失状况；（5）引发火灾原因及其分布；（6）火灾发生场所和地域分布状况；（7）四个直辖市消防基础设施建设及趋势。

（一）火灾发生总数量及趋势

根据官方《中国火灾统计年鉴》的统计数据来源，图1、表1分别显示17座特（超）大城市2003—2014年的12年间火灾总数和年度平均数。其中，火灾总数共计601817起；分年度火灾平均数量状况2012年最低，为1750起，2013年最高，为4428起。

总体上，12年间特（超）大城市在火灾总数、年度平均数量上的分布呈现"高位—持续下降—骤然增长—缓慢下降"的基本态势。即2003—2005年，火灾发生总数处于不断攀升的状况，在高位上徘徊，2003—2004年增长尤其迅猛，增长率接近12%，2005年达到第一个峰值点，全年发生接近67000起。2006年火灾数量开始缓慢下降，2007年有较大幅度下降，之后逐年缓慢下降，趋于平稳状态，至2012年火灾总数达到低点，为29750起。2013年，17座特（超）大城市的火灾数量在持续几年渐趋稳定下降后突然大幅反弹，共发生75276起，平均数量4428起，超过2005年总数66997起，成为12年来的最高点，总体表现为一定的阶段性波动。在加入17座城市人口数量、空间面积和经济的增长率（GDP）的比值后，发现人口增长、地域空间扩大的趋势与火灾发生数量趋势一致，说明人口数量、辖区面积和火灾数量增幅存在一定的正相关；而与城市生产总值增长的比值则显示，火灾数量相对呈现持续下降的趋势，且2013年的火灾反弹幅度不大，说明经济增长数量并未直接影响火灾发生数量的高低。

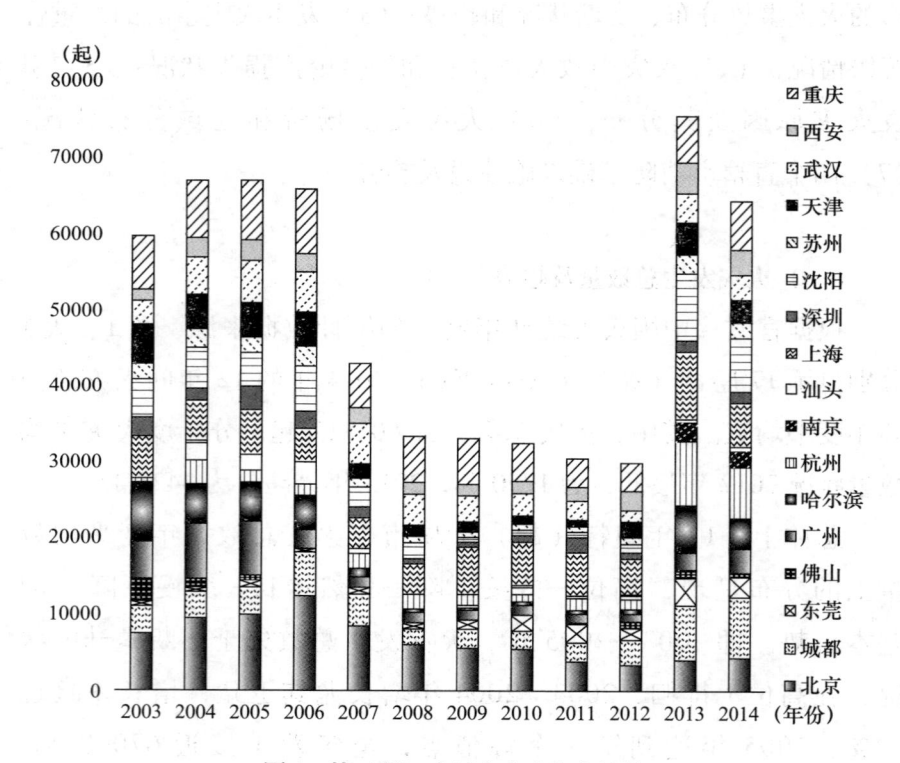

图1　特（超）大城市火灾发生总数

资料来源：公安部消防局《中国火灾统计年鉴》（2003—2015），中国人事出版社；公安部消防局《中国消防年鉴》（2004—2015），中国人事出版社、国际文化出版社、云南人民出版社等。下同。

表1　　　　特（超）大城市年度火灾数量和平均数量

（单位：起）

年份	2003	2004	2005	2006	2007	2008	2009	2010	2011	2012	2013	2014
年度总数	59772	66929	66997	65722	42874	33184	32980	32453	30396	29750	75276	65484

续表

年份	2003	2004	2005	2006	2007	2008	2009	2010	2011	2012	2013	2014
年度平均数	3516	3937	3941	3866	2522	1952	1940	1909	1788	1750	4428	3852
合计总数	601817											

（二）分城市火灾发生的数量、分布及趋势

12年间，火灾发生数量在17座特（超）大城市的分布及其各自的变动形态具有差异。图2显示了火灾总数量在不同城市间的分布及其占比，体现了数据分城市的特征：首先，四个直辖市除天津市外，北京、重庆和上海分别排在特（超）大城市火灾发生数量的前三位，其在火灾总数量中所占比例分别为13%、12%和11%。其中，北京发生火灾数量总体最高，为80537起。武汉、成都、沈阳三个副省级省会城市火灾发生总数也较高，占比均为总数的8%。火灾发生数量最少的是汕头市，12年共发生2820起。排在火灾数量最低前三位的城市分别是汕头、佛山和南京。其次，从火灾发生的频率等级来看，北京、重庆、上海年平均火灾发生数超过5000起，日平均16起以上，属于火灾发生非常频繁的地区；武汉、成都、沈阳、天津、广州、哈尔滨六个城市，年平均火灾在3000—5000起，日均为8—12起，属于火灾比较频繁的地区；杭州、西安、深圳、东莞、苏州、南京六个城市，年平均火灾发生数在1000—3000起，日均火灾发生数为4—8起，属于火灾发生中等地区；最后是佛山、汕头两个城市，火灾发生频率最低，年平均火灾在1000起以下，低于700起，日均火灾在2起以下，为火灾发生较少地区。最后，各特（超）大城市火灾年度分布形态与波动结构有所差异。有的城市火灾数量平稳，变化不显著；有的城市火灾呈现持续的上升状态；有的城市火灾数量忽高忽低，起伏较大。总体上，北京市2003—2006年火灾数量持续上升，发生数量偏高，使其12年发生总数占比最高（13%）。但2007年大幅下降后，一直处于下降状态，2013—2014年小幅反弹，但较2006年峰值年，数量降低了近2/3，广州市火灾下降后也一直维持较低的平缓趋势。上海市和重庆市火灾发生上下波动较小，总体上处于缓降或缓升，但相较其他城市，火灾发生数量一直较高。东莞市火灾发生数量走高，除个别年份外，年度火灾数总体升高。西安市在2009年火灾数达到最低点后，数量也不断上升，直到2004年小幅下降。深圳市年度数量波动频繁，几乎每年都有高低变化。南京、杭州、成都、沈阳、哈尔滨、苏州、汕头、佛山等市在2007年及以后，火灾发生数量一直处于低位，2013年突然出现较大幅度攀升，尤其是沈阳和哈尔滨，数量增长迅速，涨幅惊人。

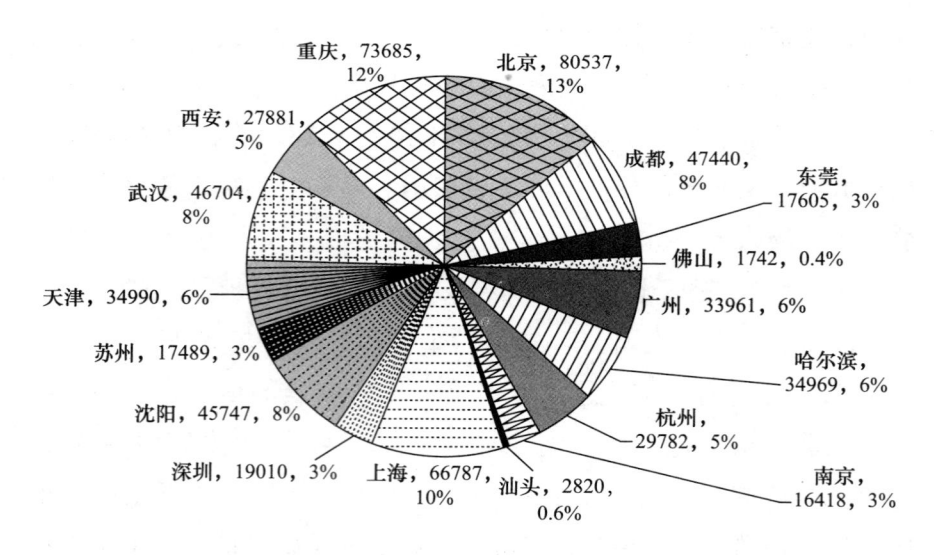

图2　17座特（超）大城市火灾发生占比

进一步考察和细分城市火灾发生数量趋势，可发现17座特（超）城市12年来变动状态各异，大致可分为四种类型：（1）"M"

形结构（如图3所示）。包括西安、南京、深圳、苏州4个城市，与全国火灾数量总趋势一致，呈现"上升—下降并趋于平稳—上升—下降或略升"趋势，即2003—2006年火灾数不断上升到第一个顶点，2007年快速下降，2007—2012年火灾发生数量均处于低位，小幅波动到平稳，2013年上升到第二个顶点后下降或略升。

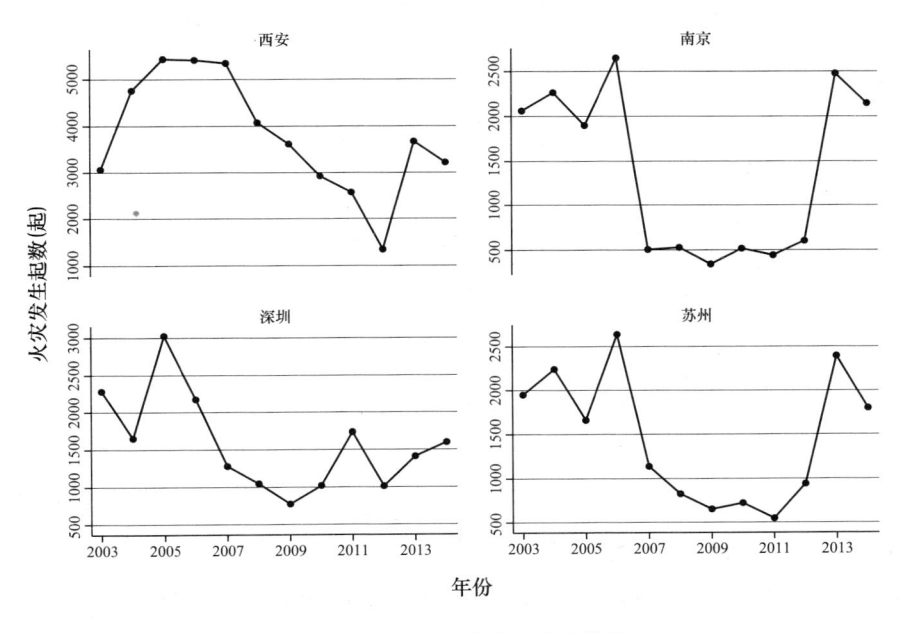

图3 "M"形城市火灾发生趋势

（2）"V"形结构（如图4所示）。包括佛山、汕头、哈尔滨、沈阳、天津5个城市，呈现"下降—上升"趋势，即2003年火灾数量达第一个顶峰后下降，在2008—2011年跌倒谷底，火灾数较少，保持低位状态，2012年或2013年迅速升高，达到第二个顶点。其间，佛山小幅增长，汕头呈现阶梯增长，哈尔滨、沈阳、天津出现直线上涨后小幅下降，哈尔滨、沈阳上涨速度显著。

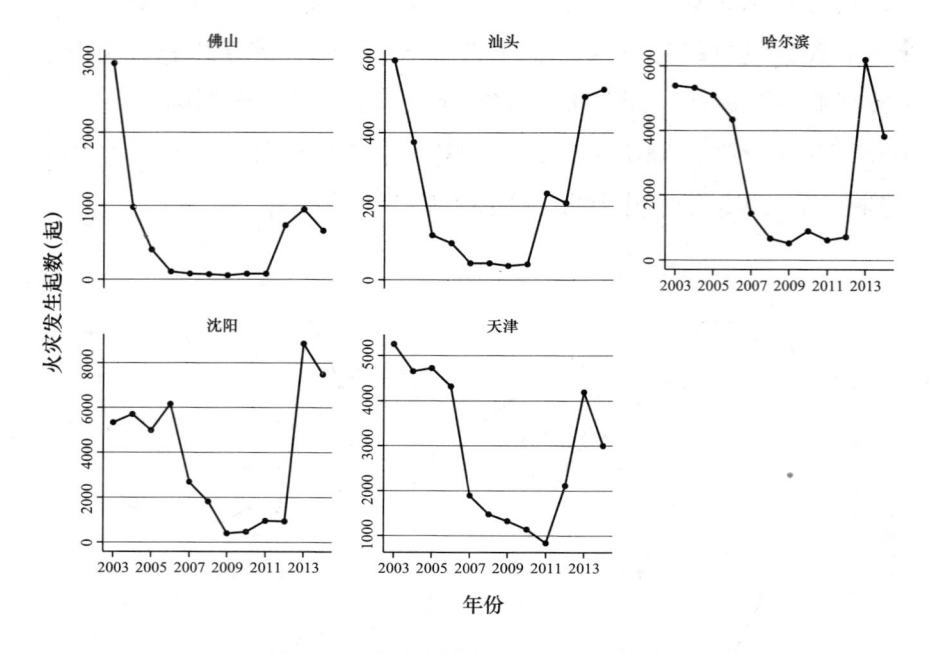

图 4 "V" 形结构城市火灾发生趋势

（3）右偏态型结构（如图 5 所示）。包括东莞、杭州、上海 3 个城市，呈现"很缓慢地平稳上升"状态，即 2003—2012 年火灾数量呈现小幅波动至稳定或者略微上升的态势，但在 2013 年时迅速上升达到顶峰，2014 年略升或缓降。

（4）"N"形结构（如图 6 所示）。北京、武汉、重庆 3 个城市，呈现"缓慢上升—缓慢下降—缓慢上升"状态，即 2003—2006 年火灾发生数量缓慢上升，2007—2012 年火灾发生数量缓慢下降，其间，年度火灾数量上下波动，但幅度不大，2012 年数量较低，然后复又上升，武汉、重庆 2013 年火灾数量上升速度迅速，2014 缓降；北京 2013—2014 年则缓慢上升。

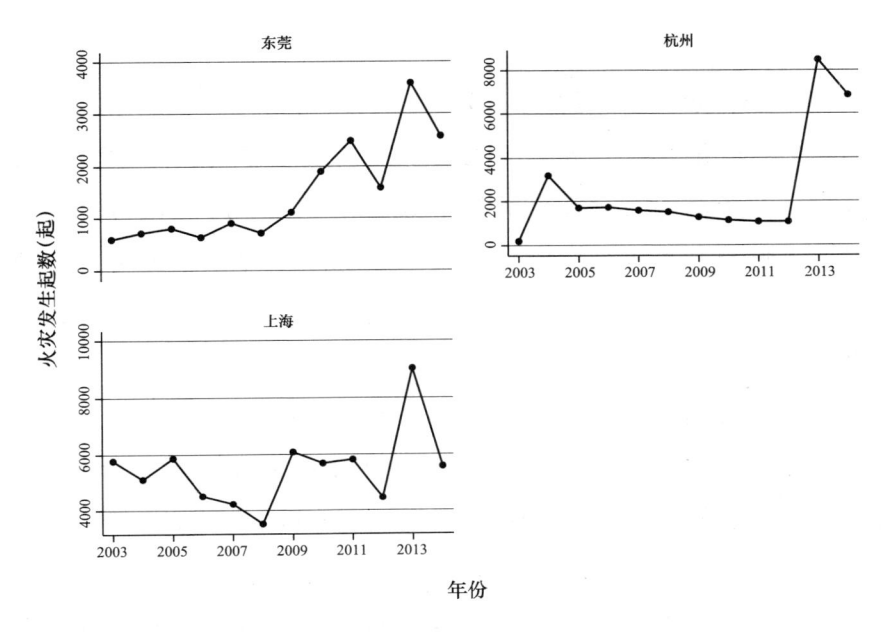

图 5　右偏态型城市火灾发生趋势

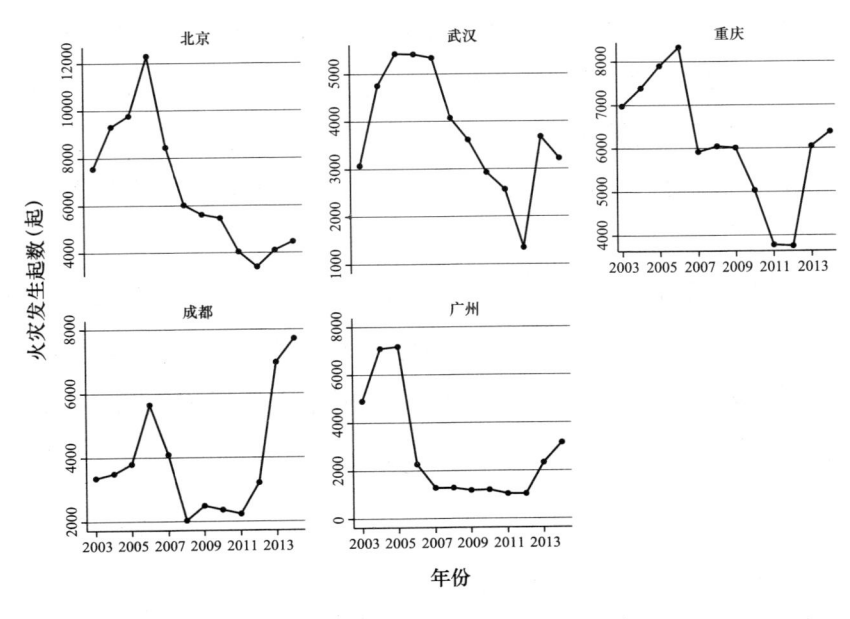

图 6　"N"形结构城市火灾发生趋势

（三）火灾事故等级及分布状况

总体看，近几年高等级的火灾事故的发生率得到了比较有效的控制，三个高等级火灾事故发生数量在明显下降。城市火灾发生数量高低与其高等级火灾发生数量高低并不存在相关关系，数据显示，火灾数量偏少的年份或城市往往发生高等级火灾数量偏多。

按照2007年《生产安全事故报告和调查处理条例》的规定[①]，根据火灾波及范围、危害程度，我国火灾事故划分为四个等级，即特别重大、重大、较大和一般事故。但由于2006年以前，《中国火灾统计年鉴》和《中国消防年鉴》划分的火灾事故等级只有"重大火灾"和"特别重大火灾"两档，2006年以后区分了"较大火灾""重大火灾"和"特别重大火灾"三个等级，未对一般火灾事故做出特别说明。故此，本章所使用的数据只能按照2006年以前两个等级和2006年以后三级等级的类型加总。此外，2010—2014年，一些城市的数据见缺，数据完整性不足。图7显示了2003—2014年统计年度17座特（超）大城市三个等级火灾事故的数量总和。

按照图7数据显示，12年间，较大火灾事故发生数量呈"下降—上升—下降—上升—下降"趋势，2013年最高，2014年最低，但该年数据不完整；重大火灾事故发生则是先扬后抑，2003—2006年均发生数量非常高，都在35起以上，2007—2009年回落到年均

[①] 2007年国务院颁布的《生产安全事故报告和调查处理条例》规定，特别重大火灾是指造成30人以上（含30人，下同）死亡，或100人以上重伤，或1亿元以上直接财产损失的火灾；重大火灾是指造成10人以上30人以下死亡，或者50人以上100人以下重伤，或者5000万元以上1亿元以下直接财产损失的火灾；较大火灾是指造成3人以上10人以下死亡，或者10人以上50人以下重伤，或者1000万元以上5000万元以下直接财产损失的火灾；一般火灾是指造成3人以下死亡，或者10人以下重伤，或者1000万元以下直接财产损失的火灾。

5起及以下，2010年复又升高，随后又下降，至2014年基本保持在每年10起以内；特别重大火灾事故，除2005年外，每年基本低于5起，但由于缺少2010—2014年统计数据资源，因此无法做出明确的趋势推测。

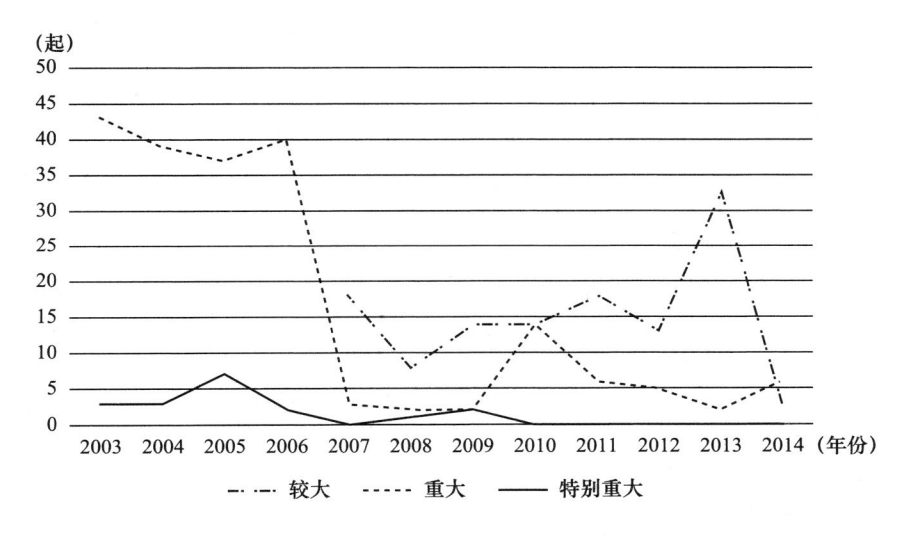

图7 特（超）大城市火灾发生等级分年度分布状况

依据《中国火灾统计年鉴》和《中国消防年鉴》的数据来源，表2反映了三个等级火灾事故在17座特（超）大城市的分布状况。从中可以发现，上海和汕头市发生较大等级的火灾事故数量最多，分别为15起和12起；上海和沈阳市位列发生重大等级的火灾事故前两位，分别达23起和21起，广州和深圳则发生18起重大火灾事故；汕头市12年间火灾发生总数最少，但特别重大等级火灾发生数量高居榜首，达到了7起。综合看，上海、沈阳、汕头、重庆、广州、深圳因发生高等级火灾事故的总体数量总和超过了24起，占到17座特（超）大城市高等级火灾事故总量的一半以上。西安和佛山则是三个等级火灾事故发生数量最低的城市，均为5起。

表2　　特（超）大城市三个等级火灾事故的分布状况　　（单位：起）

火灾等级 城市	较大火灾 （2006年起的统计）	重大火灾 （2003年起的统计）	特别重大火灾 （2003年起的统计）	总数
北京	8	11	1	20
成都	4	9	1	14
东莞	3	15	0	18
佛山	3	1	1	5
广州	8	18	0	26
哈尔滨	7	10	2	19
杭州	4	7	0	11
南京	2	14	0	16
汕头	12	11	7	30
上海	15	23	1	39
深圳	4	18	2	24
沈阳	7	21	0	28
苏州	8	11	1	20
天津	4	9	1	14
武汉	3	15	0	18
西安	3	1	1	5
重庆	8	18	0	26

特（超）大城市火灾数量与重大等级火灾事故发生之间关联性特征表现为：一是，重大、特大火灾发生的数量趋势与火灾总体发生数量趋势并不一一对应。例如，2010年、2011年，特（超）大城市火灾数量发生总体较低，但这两个年度较大、重大、特大火灾的发生数量相对较高；而2013年，火灾总体数量攀升幅度较大，而较大、重大、特大火灾的发生数量则比较低；二是，不同城市火灾数量与重大、特大火灾数量分布既有正相关，也存在着不完全一致。比较典型的是沈阳市，火灾发生的总数量较高，同时所发生的较大、重大等级火灾事故的数量也位于前列，其造成的经济损失也非常之大。而在汕头市，12年间火灾发生数量维持在非常低的水平，但是特大火灾发生数量却位居17座特（超）大城市之首；三

是，北京在2006年以后各项指标都控制在比较低的水平，2013年、2014年火灾总数有所上升，但在除天津外的直辖市中增长数量较少，且较大、重大、特大事故数量控制在较低水平上。天津市则是各个等级火灾发生数量数值最低的直辖市。

（四）火灾事故造成的人员伤亡和直接经济损失数量

除个别年份，火灾伤亡人数处于下降状态，但死亡人数出现年度性波动，而直接经济损失呈现上升趋势；火灾人员伤亡和财产经济损失总体上与城市火灾发生数量存在一定相关性，但分年度或分城市，人员、经济损失情况与同期火灾发生数量并不对应，而与同期的火灾等级状况相关。

表3、表4和图8、图9分别显示了特（超）大城市12年间火灾事故导致的人员伤亡数量，描述了各城市在不同年份伤亡总数和死亡人数的分布状况。

表3　　　　2003—2014年特（超）大城市火灾伤亡人员总数　　　（单位：人）

年份	北京	成都	东莞	佛山	广州	哈尔滨	杭州	南京	汕头	上海	深圳	沈阳	苏州	天津	武汉	西安	重庆	总计
2003	154	46	32	15	140	91	48	41	32	132	82	40	73	53	14	23	156	1172
2004	186	68	51	32	141	58	37	26	52	77	54	48	48	61	29	18	160	1146
2005	164	36	59	31	79	47	21	11	107	142	68	40	48	70	29	28	124	1104
2006	139	42	39	24	69	24	16	9	42	99	26	32	12	43	28	19	87	750
2007	78	29	74	26	27	27	10	14	39	95	36	26	44	21	23	63	672	
2008	48	21	5	21	41	6	2	23	107	151	25	39	15	17	60	640		
2009	83	12	10	7	32	3	11	15	38	104	43	7	16	28	9	22	71	522
2010	45	8	23	10	27	10	9	19	97	13	31	5	26	23	20	67	460	
2011	71	5	26	29	28	16	26	13	9	89	23	13	21	27	40	11	71	518
2012	32	16	18	7	23	17	27	25	84	7	11	20	63	5	20	74	476	
2013	71	25	68	29	46	23	24	28	21	152	42	144	42	82	17	32	99	945
2014	66	24	24	12	34	21	30	0	0	109	0	33	42	0	0	22	65	482
总计	1137	332	449	252	687	343	264	204	411	1287	545	447	399	536	242	255	1097	8887

注：2014年度南京、汕头、深圳、天津、武汉、杭州、佛山市灾伤亡人数残缺不全，有的没有死亡数量，有的没有伤亡数量，仅为参考，其数据分析截至2013年。

表 4 2003—2014 年特（超）大城市火灾死亡数量 （单位：人）

年份 城市	2003	2004	2005	2006	2007	2008	2009	2010	2011	2012	2013	2014	总计
北京	42	59	50	49	38	38	33	32	30	26	53	11	461
成都	16	36	18	26	21	11	5	6	5	10	10	14	178
东莞	20	18	20	9	47	12	8	15	15	14	43	12	233
佛山	7	13	13	16	17	19	4	6	22	11	18	20	166
广州	51	46	31	25	16	27	23	17	19	14	28	21	318
哈尔滨	56	35	33	19	12	1	3	8	7	13	12	19	218
杭州	20	26	11	10	7	6	8	5	10	18	10	-	131
南京	10	16	9	3	9	7	8	10	9	6	13	-	100
汕头	22	23	54	29	18	18	33	14	7	26	15	58	317
上海	47	30	54	45	50	50	63	43	43	39	73	58	595
深圳	26	19	29	6	25	62	20	3	12	7	28	27	264
沈阳	29	40	33	29	19	17	6	21	12	9	94	16	325
苏州	37	27	25	9	31	12	9	13	13	14	25	16	231
天津	30	34	40	22	25	25	15	23	17	41	43	-	315
武汉	9	13	18	21	10	18	16	39	4	14	17		189
西安	10	8	13	10	12	13	19	13	8	16	26	37	185
重庆	58	63	57	44	46	42	43	43	49	48	52	33	578
总计	490	506	508	372	403	370	322	284	317	316	557	359	4804

注：2014 年度未找到杭州、南京和天津三市的火灾致死人数。

据不完全统计，12 年间特（超）大城市火灾造成伤亡数量为 8887 人，其中 4804 人死亡。在趋势上，死伤人数与火灾发生总起数的波动趋势基本一致，都呈现阶段性的上升—下降—上升。2003—2010 年死伤总数一直处于逐年平稳下降，由 1172 人降到 460 人，2011 年稍有上升，2012 年继续下降，2013 年骤升至 945 人。同期，火灾致死人数在不同年份却上下频繁波动，未见明显降低，且与火灾发生数量趋势却不太一致，即火灾数量平年或数量下降时，死亡人数不降反升，2013 年火灾死亡人数快速攀升。按照绝对数，上海、北京、重庆三个直辖市排在火灾伤亡数量的前三位，上海、重庆、北京是死亡人员数量的前三位，与其火灾数量呈正比。但如果将死亡人数与火灾数量做比值，沈阳市的火灾致死人数显著，东莞市随后；如果将致死人数与城市人口做对比，发现每万人的火灾致死人数，东莞、佛山、汕头、深圳、苏州、沈阳排位在前。

与此同时，火灾数量与伤亡并不呈现正相关关系。例如，深圳市2008年和2010年两个年度，火灾总量不相上下，分别为1049起和1020起，但死伤人数却大相径庭，2008年死伤151人，而2010年为13人；北京市火灾死伤人员数量曲线与火灾数量曲线也不一致，在2004—2006年火灾数量攀升时期，伤亡人数在下降，在2008—2012年火灾下降阶段，伤亡人数却上下波动。

图8表述了火灾造成的直接经济损失状况，呈现出损失逐年升高，近5年来总体增速加快的态势。上海、北京、重庆、沈阳4座城市表现尤其明显，数值波动特别大，火灾最高直接经济损失均超过1亿元。其中，沈阳市波动最大，单年直接经济损失也最高，2013年超过2亿元以上。其他13座城市火灾直接经济损失趋势为：2010年后基本处于缓慢增长状态，直接经济损失均在5000万元以下；2011年后火灾直接经济损失增速加快，但基本未超过1亿元，且与火灾发生起数的趋势基本一致。如果以万人/万元作为火灾直接经济损失作为衡量标准，发现沈阳、东莞、汕头、深圳市的损失显著。

与此同时，4个城市经济损失波峰与火灾发生起数峰值的年份并不相符。北京火灾发生起数最高年份为2006年，但2006年北京火灾直接经济损失处于低谷；上海火灾直接经济损失在2008年达到顶峰，但2008年上海火灾发生起数却是历年最低的；重庆市2010年火灾直接经济损失为11年间最高，但火灾发生起数在2010

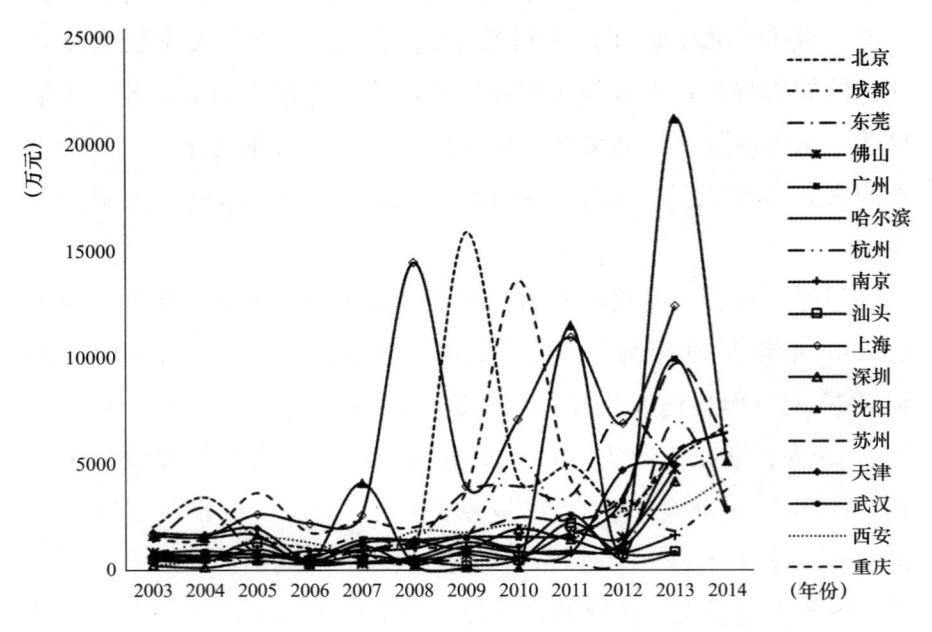

图8 2003—2014年火灾造成的直接经济损失

年位于波谷，远低于2013年、2014年火灾发生起数；沈阳市2007年、2011年火灾发生起数均位于波谷，且2011年火灾发生起数低于1000起，但是2007年、2011年火灾发生直接经济损失却处于波峰位置，2011年火灾直接经济损失远高于2012年和2014年。

综合17座特（超）大城市火灾发生、死伤人数、直接经济损失，从雷达图9可以发现：在绝对数量值上，上海、北京、重庆火灾发生频率最高，死伤人数居高不下，直接经济损失严重。但按照人口数量和生产总值比值，沈阳市却异常突出，其火灾伤亡数量和直接经济损失都较高，其火灾发生总数为45747起，但直接经济损失却在17座城市中居第2位，2013年火灾造成的经济损失更是高达2亿元。这是因为在其辖区中发生重、特大火灾事故的数量较多，每次事件致伤亡数量高，经济损失大，风险大。

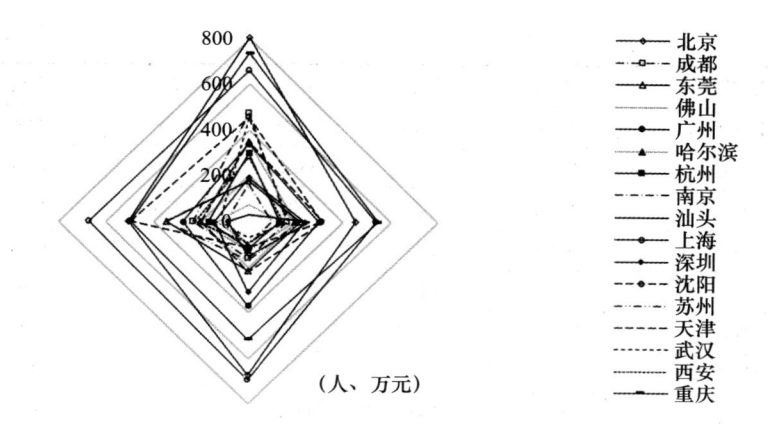

图中图例：北京、成都、东莞、佛山、广州、哈尔滨、杭州、南京、汕头、上海、深圳、沈阳、苏州、天津、武汉、西安、重庆

(人、万元)

图9　火灾基本情况与人员、经济损失

（五）致火原因和火灾发生区域、场所分布

人为因素是特（超）大城市火灾最为主要的风险源；火场发生地无论是核心城区、下辖县城、镇区和农村，最高发的场所是在居民住宅、交通工具和宿舍，分散性的人员密集的居住地火灾风险隐患更大。

表5分别描述了四个直辖市2003—2013年不同致火原因数量，图10则说明17座特（超）大城市2008—2013年火灾诱因的比例分布。可见，无论是4个直辖市还是17座特（超）大城市，无论统计时间跨度是11年还是6年，火灾诱因的排序和所占比例非常一致，即电气起火所占比例最高，几乎是其他类型火灾原因的总和，因生活用火不慎、吸烟和违章操作引发的火灾事故，也是高发的原因。

表5　　　　2003—2013年四个直辖市的起火原因分布　　　（单位：起）

火灾原因	总计	北京	上海	天津	重庆
放火	4536	1836	894	686	1120
电气	63839	17880	21969	4061	19929
违章操作	9603	2390	4469	811	1933

续表

火灾原因	总计	北京	上海	天津	重庆
用火不慎	41135	13219	12026	4209	11681
吸烟	13879	6853	3822	1563	1641
玩火	8494	3513	2106	726	2149
自燃	3271	1023	827	283	1138
雷击	479	125	193	60	101
静电	132	28	57	27	20
原因不明	12384	3807	739	3581	4257
其他	35573	13404	9901	4741	7527

资料来源：滕波《我国特（超）大城市公共消防安全管理机制研究》，河海大学出版社2017年版，第47页。

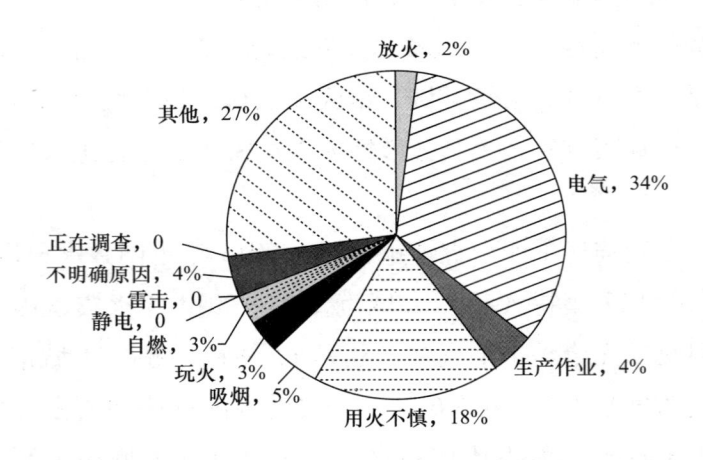

图 10　2008—2013 年 17 座特（超）大城市起火原因比例

资料来源：滕波《我国特（超）大城市公共消防安全管理机制研究》，河海大学出版社2017年版，第50页。

表6和图11表述了特（超）大城市不同区域发生火灾的数量和比例。数据显示，17座特（超）大城市43%的火灾发生在城市市区内，县城城区占9%、集镇镇区占17%、农村占23%、开发区和旅游区占2.6%、其他占5.4%，城区发生火灾的绝对数量占比

高。但分城市统计显示，各城市火灾分布区域差异很大，例如，在重庆、武汉、成都等市，核心城区火灾发生率很高，占比达到67%以上，集镇和农村发生率较低；而在上海，集镇和农村发生火灾的比例高，两者相加远远高于城区火灾发生比率；在北京，集镇与农村区域火灾发生数量相加与核心城区火灾数量持平；东莞市的火灾则主要发生在集镇和农村。统计说明，集镇镇区和农村地区火灾发生数量总体占比40%，稍低于城市核心区，乡村发生火灾数量总体也较高。

表6　　　　2008—2013年17座特（超）大城市火灾发生区域分布的数量　　　　（单位：起）

区域\城市	区域火灾数量						
	合计	城市市区	县城城区	集镇镇区	农村村寨	开发区、旅游区	其他
合计	223095	96860	20340	37489	49665	5989	12752
北京	27126	11227	2588	2786	8138	196	2191
上海	32662	10244	2749	9457	7326	695	2191
天津	11157	4527	959	1059	3179	562	871
重庆	22098	14853	1483	2769	1915	165	913
广州	8162	3190	1406	1384	1516	152	514
深圳	8017	3615	610	2211	822	41	718
武汉	18205	10451	1877	1655	2287	1395	540
东莞	10955	688	253	5055	4227	114	618
佛山	1972	609	193	718	258	76	118
成都	19459	10719	2195	2328	2433	270	1514
南京	4924	2755	450	704	469	338	208
沈阳	14237	6005	759	857	6197	253	166
西安	12574	7579	1183	724	2089	415	584
杭州	14792	5150	2002	2449	3302	737	1152
哈尔滨	9617	4052	851	504	3942	55	213
苏州	6073	842	533	2600	1358	518	222
汕头	1065	354	249	229	207	7	19

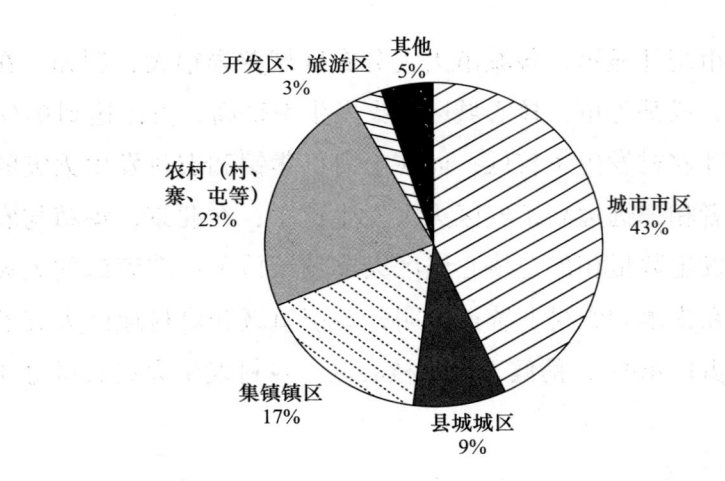

图 11 2008—2013 年 17 座特（超）大城市火灾发生区域的占比

注：城市区占比 43.24%，取整为 43%；其他依次类推。

如果进一步考察 2008—2013 年特（超）大城市不同区域内的起火场所分布，我们发现，火灾最密集发生的场所是居民住宅，占 32.5%（2016 年最新全国火灾警情数据显示，2016 年各类住宅发生火灾 10.1 万起，已占火灾总数的 40.5%，造成 1012 人死亡，占死亡总人数的 80.3%，造成 625 人受伤，占受伤总数的 69.8%[①]），占比排位第一；排位二名至九名的火灾场所分别是：交通工具 11.2%、宿舍 8.5%、垃圾废弃物厂 6.3%、厂房 6.1%、商场 3.2%、物资仓储 2.8%、餐饮场所 2.7%、农副业场所 2.7% 和建筑工地 2%，大部分火灾场所都与百姓的居住和日常生活密切相关。

（六）四个直辖市消防基础设施建设与发展

2003—2014 年四个直辖市的消防站、消防车和消防栓等三项消防基础设施出现波浪式变化，除消防站设置以外，消防车和消防栓呈现低位—快速增长—较快下降—复又增长的态势；消防设施数量

---

① 《创建消防安全社区，共建平安家园》，《中国消防杂志》2017 年 3 月 8 日。

高低与火灾数量高低呈现一定反比关系。

表 7 和图 12 显示了 2003—2013 年四个直辖市消防站设置和消防车装备情况，总体上呈现出比较明显的波浪式变化。2003 年、2004 年、2005 年基础消防设施都处在相当低的水平，2006 年开始大规模增长，消防站、消防车和消防栓均有了较大的增幅，在 2008 年达到顶峰之后下降，而且三项基本建设出现不同的升降趋势。

表 7　　　　　2003—2013 年四个直辖市消防站和消防车数量（单位：个、辆）

年份	北京		上海		天津		重庆		消防站汇总	消防车汇总
	消防站	消防车	消防站	消防车	消防站	消防车	消防站	消防车		
2003	56	292	68	313	47	205	48	211	219	1021
2004	57	330	72	317	48	216	60	227	237	1090
2005	57	352	77	317	52	202	151	230	337	1101
2006	269	406	102	439	55	248	67	303	493	1396
2007	342	437	263	494	153	287	145	435	903	1653
2008	360	537	256	603	179	416	159	459	954	2015
2009	328	408	230	405	160	264	163	399	881	1476
2010	90	502	116	547	72	325	87	476	365	1850
2011	105	652	120	551	76	349	96	559	397	2111
2012	121	648	120	653	115	438	114	702	470	2441
2013	123	718	122	749	80	601	90	761	415	2829

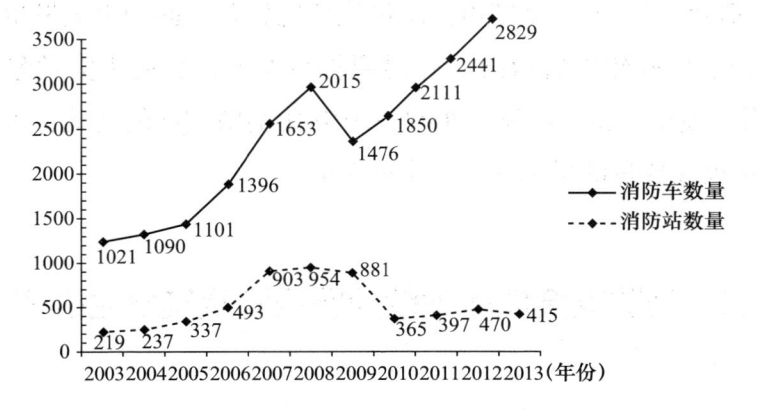

图 12　2003—2013 年四个直辖市消防站和消防车数量分布（单位：个、辆）

其中，四市消防站整体数量从设置非常稀疏到非常密集方向迅速发展，2003—2005年存量非常低，2006年开始突然加速，成倍增长，在2008年达到顶峰，2009年缓慢下降，在2010年突然快速下降，之后数量稍微回升并基本保持稳定。在消防车数量方面，整体呈现波动式上升趋势，即2003年至2008年显著上升，在2008年达到顶峰，2008年至2010年逐年下降，2010年之后逐年上升，而且增速较快。在消防栓方面，发展状况与消防站、消防车升降波动趋势不太相同，一直处于逐年平缓上升的状态，2008—2009年有一个小幅回调，2010—2011年上升到峰值，2012年再度小幅下降，之后平稳。

分城市观察四个直辖市消防基本建设情况，包括加入人口规模、辖区面积和生产总值（GDP）做比值后发现：一是，北京市除消防站增长速度快和增减幅度大以外，消防车和消防栓的增长速度在四个直辖市中是最低的；二是，重庆市在四个直辖市中消防基础设施相对发展最快，上海市紧跟其后；三是，在与人口规模、辖区面积和生产总值（GDP）做比值后，四个直辖市的消防基础设施的增速均在2008年以后出现比较明显的下降，与绝对数的曲线不一致；四是，消防设施数量与火灾数量具有一定程度负相关关系。2003—2005年，四个直辖市消防设施状况较差，同期火灾发生比例很高，而2006年以后消防设施得到长足发展，相应火灾数量也开始下滑，发生率得到控制。2009—2010年消防实施的削减，可能与2013年火灾数量的反弹存在一定的关联。

二 消防安全风险关键问题识别及其发生机理

从特（超）大城市火灾数量变动趋势中可以推断，在城市化转型过程中，公共消防安全管理面对着巨大的挑战。21世纪最初的五六年，不仅火灾数量快速攀升，而且特、重大火灾事故的数量高企，火灾隐患可谓"蔓延式"增长，据统计的高危火灾风险场所近40种，而同期消防基础设施建设十分落后，消防工具匮乏，与特（超）大城市火情风险状况严重不相适应。经过近10多年来装备更新、应急与风险管理先进理念引入，以及消防员专业化能力提升，特（超）大城市消防安全管理得到长足的进步，火灾发生，特别是特、重大火灾事故发生数量得到有效控制，总体呈现下降趋势。

然而，特（超）大城市快速变迁、环境多样性带来的复杂性，依然给消防安全带来沉重的压力。2015年天津"8·12"危险品仓库大爆炸造成165人罹难，8人失踪，798人受伤，其中重伤58人，304栋建筑物、12428辆汽车、7533个集装箱被损毁，直接经济损失高达68.66亿元。惨烈场面和沉痛教训让我们记忆犹新，更让我们思考和追问我国特（超）大城市消防治理结构中存在的问题，探究消防管理问题发生的机理。

如果将消防风险治理流程划分为火灾风险预警和预防、火灾现场救援和灾后救助补偿三个环节的话，那么，现行消防管理体系依然存在诸多缺陷，尤其体现在火灾风险预防监管前置和现场灭火救援应急两个关键环节。

（一）在火灾预防环节，存在四个"基础薄弱"，制约了消防管理的前端防控能力

（1）公众对公共消防安全基本知识及应承担的法律责任认知普遍低下，对社区共同生活的公域和邻里意识淡漠。统计发现，居民住宅、宿舍火灾在火灾总数中占比达到近50%，而电器、电路布线、用火不慎和吸烟又是诱发火灾的重要源头，说明公众对公共消防安全的责任观念淡漠，对消防安全知识贫乏。在补充访谈中发现，公众不良的生活习惯给社区消防安全带来很多隐患。例如，乱拉乱改电线、楼道堆物、卧床吸烟、群租电器使用混乱，煤气管线和抽排油烟机管线老化等，造成很大的消防潜在风险，尤其是对特（超）大城市高层住宅社区，风险尤甚。

（2）企事业组织等社会单位消防安全意识不强，为降低成本，常对火灾隐患置若罔闻。社会单位在日常管理中忽视消防安全的重要性，一方面，各种工作任务挤压，降低了单位领导及其员工对消防问题的关注度；另一方面，一些企业或建筑单位，为了节约成本或抱着心存侥幸，逃避工程设计和建筑材料审批，随意更改设计、占用消防通道、删减消防设施的存量等，单位的消防责任人的责任意识和专业能力与法律规定及专业防控标准存在一定差距，让单位的火灾预防和预警打了折扣。

（3）建筑设施消防审批制度存在漏洞，日常火灾监督排查的力度不够。按照2015年《中华人民共和国消防法》规定，公安消防机构需要对任何建筑设施的消防设计进行审批审核，未经依法审核或审核不合格者，负责审批工程施工的许可部门不得给予施工许可，建设、施工单位不得开工建设。但执行存在难题，一方面，如上所述，建筑单位时有规避责任行为，在审批过程中"打擦边球"；另一方面，消防审批机关的审批程序、审批操作比较封闭，审批主管存在一些不规范、不守法现象，甚至出现审批腐败行为，这大大降低了前置的风险防范能力。为了防火灾于未然，公安部消防局以及各级政府建立了专职火灾检查人员，全国共计1.9万人。[1] 然而，他们要面对41万个全国各级消防重点单位，5600多万个社会单位和不计其数的社区和居民家庭，专职力量显然捉襟见肘，疲于应付。消防安全合作治理制度和消防责任分担机制成为急需建立和完

---

[1] 以上数据参见王洋：《对建立新型消防工作社会化管理机制的思考》，《消防科学与技术》2005年第5期。

善的。

（4）消防基础设施老旧，配置不足；消防设施使用知识普及匮乏，使得设施形同虚设。特（超）大城市消防基础设施建设有长足进步，但与快速城市建设、发展不相匹配，在设施的规划、布局的结构安排上存在盲区和不足。特（超）大城市高层建筑越来越多，但是用于高层火灾施救的新型设备供给不足，社区水喉压力不足等，给火场抢险带来阻碍。此外，公众对消防设施的保护和使用知识常常一无所知，火灾第一时间的自救能力非常薄弱。

（二）在火灾的现场救援环节，信息平台联动、指挥员正确判断、消防员专业化能力以及失火场所的配合等问题，直接关系火灾能否在第一时间得到有效控制。在访谈中发现，这是造成火场救援失误存在的主要问题

（1）分割化的呼叫与信息平台常导致报警失误，贻误赴火灾现场的救援时间。我国特（超）大城市均存在多个报警信息平台，且平台间的信息并不共享和整合。当火灾发生时，经常发生报警人错误地将火警报给其他应急响应平台，往往耽误了抢险第一时间的最佳时机，造成更大的人员和经济损失。

（2）一线消防指挥员对火情及危害的判断失误，导致现场救援力量不足或装备配置不到位，对火灾有效控制具有致命性影响。在赴火场前，一线消防指挥官根据信息接报做出的调动警力和装备多寡的决策十分关键。如果决策信息模糊，甚至决策失误，组织指挥程序混乱，赴火场的消防人员数量不足，或装备供给与火灾诱因不相匹配，不仅难以在第一时间控制火灾现场，而且还会带来无谓的牺牲，加剧伤亡损失。

（3）消防员专业化水平和能力不充分，一大批处于"编外"体制的消防员没有受过系统的专业化训练，影响到整体的灭火救援能力。由于特（超）大城市火灾诱因源头越来越多，火灾环境复杂，针对不同火灾形态灭火需要不同专业化层次的灭火手段，对一线消防员专业化能力提出了更高的要求。但现有的消防人力资源专业能力储备与特（超）大城市火灾救援场景存在差距，尤其是使用不匹配的或错误的方式灭火，可能诱发进一步的灾害事故。

（4）现场消防灭火救援遭遇火灾单位的不配合的困境，延误了火灾救援时机。火情发生单位应积极配合消防火灾救援，开辟消防通道，引导消防人员顺利进场，这是火情单位的责任。但现实频繁发生的情况是火情单位不配合、不帮助，不清理消防通道，推脱自己的责任，甚至跑路，增加了火灾风险的威胁。

由此可见，消防安全是一项需要全流程节点控制、多元主体合作的整体性风险治理过程，无论是灾前风险预防，灾中现场救援，还是灾后救助补偿都需要强有力的系统性、整体性的管理体制机制支撑。然而，目前消防安全不仅存在消防法律实施薄弱，公众消防意识淡漠等问题，更为严重的是，现行设计管理体制机制存在着严重导向偏颇，这就是现有体制的组建以灭火救援为轴心展开的，重点在事后"救火"，而非消防管理整体流程中前端风险防控、后端损失补偿，整体环节管理漏洞多，现有的消防军政体制很难实现有效的预防和监督，造成"两头弱、中间强"，导致了灭火救援压力倍增的悖论，深陷于救火—发生火灾—救火的恶性循环中，常规的管理制度建设依然存在诸多问题，对特（超）大城市的消防管理提出了挑战。

目前，我国消防管理采用的是由公安管理与现役武警部队双重领导下的军政合一体制，突出了军队管理模式在消防风险控制中的主体作用。公安部执行消防业务上指导，人事关系也归属于公安部门。同时，武警部队直接执行指挥命令和完成消防灭火任务。这一管理体制具有军事化高度科层化的特征，它层级节制、集中统一、任务聚焦、快速调集等组织管理特征，集行政审批和有效动员资源于一身，适应了消防所要求火场快速救援、应急调配资源等优势。但是，很明显，这种管理体制设计是以"救火抢险"为中心布局的，采取以行政乃至军事化方式为主导的命令和动员，对消防应有的风险预防、警情预警、整体规划等前端控制重视不充分，在消防风险治理结构中缺少广大民众和社会单位的有效协作与共同参与，消防安全似乎成为消防主管部门和消防战士"单打独斗"的事务。

由于我国消防管理体制机制设计导向是以救火灭火为核心的集中化单一化，它在运行过程中存在着两个基本问题：一是管理体制上的"碎片化"；二是管理方式上的"运动式"。

消防管理体制涉及纵向不同层级、横向消防部门与其他政府部门、消防条条与属地块块、消防组织与社会公众等多元管理主体之间的权力划分和责任配置关系，而这些关系维度显现的权责分配并不均衡，主体间权责配置边界不清，条块分割，呈现一定程度的"碎片化"特征。首先，在纵向的管理层级间分工关系上，基层管理幅度大，应对的复杂性高，但权力与资源缺乏，消防风险预防监督力量薄弱。例如，我国消防安全管理体系在预防、灭火和监督职能版块的设计采用了垂直的三级管理结构，即按照监管单位火灾多发性和重点性划分，建立垂直"包干"管理体系。分别为：直辖市设立的消防总队、副省级城市或地级市设立消防支队直接负责管理和监督的一级消防重点单位；由城市设区的消防处（科）、县消防大队负责管理和监督的二级消防重点单位；在区县以下由公安派出所负责管理和监督的三级消防重点单位，由专设的消防监督员按照分级进行定期安全检查，控制火患。这一制度安排具有两方面问题：一是，权力过度集中，上级消防管理政策目标、行政审批要求与基层火灾预防和管理的需求不相适应，造成政策执行的脱节；二是，基层消防主管预防、监督能力不足。随着层级下降，管理对象的性质趋于多元，对象数量、种类同步增加，基层消防扫除火灾盲区的管制能力明显凸显出来。据不完全统计，三级管理单位即派出所，管理的重点防火单位不仅占总比例的41%以上，而且还负有监督属地内居民住宅，商业机构等家庭和社会单位的消防安全。17座特（超）大城市2008—2013年234039起火灾中，三级单位和其他场所发生的数量比例分别是1.1%、3.5%、41.9%、53.5%、95%、95%的火灾发生在三级单位及基层管辖区域中。随着"单位人"向"社会人"的转变，传统以单位为纽带的消防安全机制会进一步松散甚至瓦解，在这样的背景下，迫切需要通过制度转型，建立新型的基层消防管理结构。

其次，横向的政府部门间消防安全管理职责，存在着多部门间的职责交叉。由于消防主管部门的工作重点和精力所限，在公安消防部门统一监督管理下，消防安全预防和监督责任实行了"属地化"和分管"部门化"的"归口"管理办法。根据《消防法》规定，地方各级行政机关负责本行政区域中的消防工作，本辖区内的人民公安机关对消防工作实施监督管理。与此同时，一些消防安全重点领域实行"谁家的孩子谁抱走"，被授予消防监督管理重大责任，例如草场、森林防火为林业部门之责；军事设施由其军事主管机关负责；核设施、矿井下和海上石油平台亦由其主管部门承担消防安全管理；一些企业的消防工作则受安监委（局）监督管理，形成消防管理体制的"条块"分管格局。多头管理使得管理责任主体承担的职责边界和行使的权力模糊，在追究事故发生责任中相互推诿，消防主管部门将责任"卸载"后有时存在"不作为"问题。

再次，基层消防管理监督"条块"关系运作，面对着乡镇街道以及公安派出机构受到综合管理、注意力分配和专业性限制，管理督查能力受到制约。在大都市，位于基层的街道乡镇政府以及公安派出机构都具有综合管理与多元任务汇集的特征，公安消防是其中一项重要职责。由于事务繁多，基层常常根据任务紧迫性或任务来源的重要性选择任务执行的轻重缓急。消防安全预防重要，但常常不及马上需要完成的任务紧迫，因而常做弹性处置，并不会给予高度的注意力配置，因而制度化监督管理的水平不高。与此同时，为了调动人力，街道乡镇将消防安全管理责任下移至社区居委或服务站，这一广泛动员对于排查火险火情具有重要作用，但遭遇到非专业性问题，居委会在排查时，常常无法识别消防设施存在的问题和潜在消防风险。况且，社区的火灾风险排查，多半也来自上级的专项检查，而非持之以恒的措施，所以，基层消防管理存在着很大的不确定性。近年来，消防安全作为基层社会稳定评价的重要指标，各级地方政府及消防管理部门采取了严苛的问责、考核制度，"飞行检查""挂账"等措施频出，但制度化消防防控体系与能力建设任务依然艰巨。

最后，在与社会主体的关系上，消防安全管理的社会合作机制依然匮乏，尚未生成有效的多元治理结构。虽然《消防法》规定了各类组织、社会单位对消防安全承担的重要义务，但是，特（超）大城市消防管理系统尚未形成整合性、整体性的管理系统，各方面的配合支持非常薄弱。

在消防安全管理的方式上依然依赖传统广泛的行政动员和"运动式"管理，造成消防风险管理难以形成制度化的长效机制。由于上述体制问题，我国消防安全风险管理的常规制度保障不够得力，存在大量管理"盲区"和"缝隙"，随着城市大规模扩展，这种潜在的风险越来越大。为了弥补制度供给与社会风险之间存在的空缺，消防管理同样采用专项整治的"运动式"管理方式。上级机关或根据火灾发生数量和火警形势严峻程度，或根据刚刚发生的重大火灾事故，命令、要求进行消防安全专项整改行动，依靠行政性集中命令指挥，大规模调集资源，动员各方力量"齐抓共管"，一时间投放大量人力、物力、财力，围绕这一中心任务，清理排查，挖出死角，促使火灾发生率在短期内快速降低，收到成效。然而，专项之后，各方面的应对开始松懈，隐患及火灾数量复又上升，出现整治—降低—反弹—再整治—再降低—再反弹的循环状态。数据显示的周期性火灾上下浮动，也在一定程度上说明了这一点。消防的"运动式"管理给消防制度建设带来损失。一方面，这种管理方式常常治标不治本，无法从根本上铲除导致消防灾害的因素，致使同样的问题反复发生；另一方面，依赖"运动式"治理，弱化了包括法治在内的制度建设能力，降低了消防管理理性的、系统性思考，增加了管理的非规范性，抑制了规范化的制度创设。

三　走向整合的特（超）大城市消防安全治理体系建设

应该说，近十几年来，面对特（超）大城市快速发展带来的火灾事故复杂性，我国特（超）大城市消防风险治理在责任与创新驱动下，付出了很多努力。12年间，无论是火灾发生数量，还是特大、重大火灾发生数量及其造成的人员伤亡数量，得到了较为有效的控制，尽管在一些年份，火灾总数有所上升，但重大安全和重大伤害呈现下降趋势，说明特（超）大城市消防安全管理和风险防控有了长足进步，获得了重要的治理成效。

近年来，我国消防管理制度安排正在经历从传统模式向现代消防风险治理方式的全面转型。首先，正努力转变传统的狭义消防安全管理观念。即伴随我国风险管理理论与实践的发展，将传统消防管理界定的救火和灭火的工作任务中心，逐步转向到整体性的消防风险治理。消防治理被看作一个完整、系统的流程，不仅注重火灾发生后的快速、有效地组织灭火，同时更重视前端的风险防控以及后期的灾害救援、补偿机制，强调建设集法律法规、组织制度、资源保障有机统一的"立体"管理系统，使得消防管理体系更具全局性、前瞻性和战略性；其次，正努力提高消防安全的精细化管理能力。为了实现整体性的风险管理目标，消防管理在流程梳理和控制的基础上，对风险节点、事件等级、分类管理、重点防控、应急响应、资源配置等诸多环节进行了布控，建立了危机管理预案。为了强化消防责任，提前清理盘查的火灾风险源，消防依托特（超）大城市的"网格管理"系统，将防灾、减灾事务在基层得以落实；复次，正努力以信息化、智能化方式，提高消防管理和指挥能力。在公安部及其消防局直接领导下，消防管理依托 119 信息系统与指挥平台，建立了集信息采集、事件分类、指挥调动、绩效评估、问题反馈于一体的中枢，形成了资源整合的联动机制，对于打破消防管理中的"碎片化"，提高消防快速应急能力具有积极的作用；最后，正努力探索社会力量参与、共治的路径，形成多警种、"条块"、警民合作的多元治理体制机制。通过广泛的社会动员，调集消防主管及专业部门、属地政府机关、社会单位、市场组织、第三方社会机构、社区及其家庭、个人等多种力量，协同多个关联警种，启动消防志愿者，齐抓共管，形成特（超）大城市消防治理的网络体系。

依据数据分析和风险揭示，报告认为，可在以下重点方面推进我国特（超）大城市的消防风险治理的政策改进：

（1）注重前瞻性的消防风险预测，突出整体性消防安全规划的地位。如前所述，消防风险治理是一项牵涉多元管理主体与利益相关人，涉及多个连续性管理环节的公共事务，且前期的风险预防、控制高于一切。这意味着，前期的整体性规划设计，把握重点失火点，合理布局消防管理设施与资源十分关键。首先，完善信息系统。应进一步加强特（超）大城市火灾事故的信息收集和分析，统一统计口径，夯实火灾事件统计分析的信息基础，改变目前基础数据不完整，不同统计渠道数据信息不一致，统计标准界定不明的情况，为消防治理风险评估及其政策制定提供可靠的大数据基础；其次，建立风险评估系统。盘点火灾发生分布状况、性质，对火灾事故精细分类，掌握关键节点，评估不同类型火灾带来的风险等级，制作指导不同等级火灾的风险地图以及应急响应级别；再次，明确消防治理相关人及其责任。对于各种类型的火灾事故，盘点火灾预防和处置过程的利益相关人和责任人的信息。对于责任人，需明确其承担的消防任务与应负的法律责任；对于利益相关人，需明确其基本的权利保障和承担的责任；最后，有效配置消防资源。在全市范围，依据消防风险评估的信息，评判火情发生重点区域和场所与消防设施及资源的匹配程度，合理规划布点，做到未雨绸缪。

（2）加强公安部的统一领导，有效整合信息平台资源，转变消防监督方式，提高消防队伍整体的专业化能力。公安部作为消防行政管理上级主管部门，承担着统一规划我国消防管理政策，统筹消防政策实施的责任。公安部消防局则对消防法规及其技术标准监督和实施，组织、指导火灾预防宣传，消防工作社会动员，现场灭火和应急抢险，消防产品鉴定等管理活动负责，主管专业化的消防管理事务。作为业务的专业管理机构，公安部应加强对全国消防安全的全局性规划和管理。针对当下消防管理突出问题，国家消防主管部门应从高层推动消防管理模式转型事务。首先，推动特（超）大城市应急呼叫平台及其系统的整合，实现统一寻呼；其次，加强消防监督方式的转变，逐步打破垄断性、不透明的消防产品和建筑消防标准审批体制，引入市场和社会管理主体的专业评估；复次，推动构建一体化现场灭火救援指挥系统和加强救援的协同处置能力。运用各种通信工具和调度指挥系统，横向联通政府应急部门、公安机关、社会单位，建立一体化的灭火救援指挥、协同运行系统；最后，推动高素质、高专业化水准的消防队伍，以应对特（超）大城市日益复杂的消防治理环境。

（3）加强消防安全管理的宣传，普及火灾预防和应对的科普知识，增强大众风险意识，刻不容缓。公众、社区、社会单位是消防治理流程中最重要的一环，同时也是消防治理结构中的"短板"、薄弱的一环。如何让公众、社区和社会单位有动力参与到消防风险治理之中，从消防安全服务使用者和消防安全维护者的双重视角来认知自身的主体责任，对于特（超）大城市消防风险控制将具有关键意义。对于公众和社区而言，不仅要拓展宣传渠道，运用基层自治组织和志愿者力量，利用民众喜闻乐见、贴近生活的新媒体传播方式展开火灾预防的宣讲和演示，对不同人群建立差异化的学习和实验小组，组织逃生演练和消防设施演习；而且要建立跨部门的合作机制，运用社区文化建设、远程教育系统、广播电视传媒、报刊信息亭，提高消防安全宣传的覆盖度。对于社会单位，则应以加强单位消防责任人制度为主。一方面在人员密集、易燃易爆建立单位专职消防管理人制度，通过职业培训，强化其专业化的履职能力，对单位火情风险进行排查，制定单位消防预案；另一方面加强对单位消防安全的自我评估制度和排查监督制度，定期对单位的高危火灾风险进行评价，发现隐患问题，及时予以纠正，使得潜在风险得到控制。对于基层公安机关和驻地基层政府而言，要进行动态化的常规消防安全检查，加强派出所的日常消防监督管理，行使所长负责与片区民警和专职民警消防具体监督的工作责任制，增加对派出所消防装备的支出和奖励。

（4）创新多种治理机制和政策工具，运用政府、市场、社会"多中心"的组织化力量，挖掘多途径协同、多元合作的可能性。行政主导和行政动员只是消防风险治理系统的一种组织运行方式，而消防治理的跨界合作和多元治理机制，为重建我国特（超）大城市的消防风险预防和处置系统开辟了广阔的空间。在消防全流程治理的各个环节，都存在着运用市场机制、社会专业机构、多中心协同的条件，互联网工具和智慧城市的技术能力，推动着消防治理合作机制的生成。例如，在火灾预防阶段，消防单位与社会单位的共建、消防志愿者的基层宣传推展、基层"网格化"管理将消防管理职责嵌入并串联到各个相关的责任主体、培育专业化社会机构承接消防技术服务和建筑工程防火标准的"第三方"评估等；在火灾现场及应急处置阶段，则可以联动政府应急系统、社会单位分工负责，形成一体化的火灾救援指挥系统；在灾后救助和补偿阶段，可以建立多元化的社会救助主体合作机制，共同处理火灾留下的后续问题、组成"保险、消防、监管三位一体"的管理机制，由保险公司对承保单位的消防不良记录进行评估，实施差异化费率，敦促社会单位发现并解决消防隐患问题。

正值研究成果付梓之际，2018 年 3 月 21 日，中共中央印发了《深化党和国家机构改革方案》，在贯彻党的十九大精神基础上，确立党和国家下一个阶段发展的战略目标。其中，为落实国家"整体的"公共安全观，健全公共安全体系，整合应急资源和力量，国家组建应急管理部，将涉及应急管理职能的部门进行整合，形成统一指挥、专常兼备、反应灵敏、上下联动、平战结合的中国特色应急管理体制。原属消防武警部队的建制、将转制为地方管理部门，与安全生产等应急救援队伍合并，作为综合性常备应急骨干力量。在管理体制上，则形成统一响应支援与协同应急模式，大幅度提高消防公共安全风险治理的能力。这正是党中央针对现行消防管理体制、机制存在的问题，通过改革、创新，构建整合的城市消防安全治理体系。①

---

① 中共中央印发：《关于深化党和国家机构改革方案》，2018 年 3 月 4 日（http：//www.xinhna.com/zgjx/2018 - 03/21/c_ 137054755_ 3. htm.）。

特（超）大城市电梯
安全风险及其治理

刘太刚　龚志文[*]

一　电梯安全风险现状描述

随着我国城市化的快速推进，城市电梯的数量也迅猛增长。电梯在都市楼宇中的应用和普及，使它已然从一种生产设备，演变为人们的"腿脚"，支撑着城市工作、生活的高效运转。但电梯在提供便利的同时，也潜藏着一定的风险，它可能因剪切、挤压、坠落、幽闭、火灾等事故而危及民众的生命财产安全。电梯安全关乎着普通民众的切身利益，关乎着城市的生活品质，更关乎着社会的和谐稳定，但不时爆出的"电梯惊魂""电梯吃人"事件，不断触动着公众的神经，深刻拷问着公共安全机制。这里将以435个电梯事故案例为基础，辅之以相关统计数据，以描绘我国特大城市的电

---

[*] 刘太刚：中国人民大学公共管理学院行政管理学系教授、博士生导师；龚志文：北京科技大学文法学院讲师。

梯安全现状，探究电梯事故频发的内在机理，并提出相应的政策建议。

（一）我国城市电梯安全风险源的历史概览：我国城市的电梯保有量

毫无疑问，我国城市电梯安全的风险源隐藏在城市的每一部电梯之中。由此可以说，我国城市的电梯保有量，就是我国城市电梯安全的风险源。

我国最早的电梯出现在清末的上海。1900年，美国奥的斯电梯公司通过代理商Tullock & Co.获得在中国的第一份电梯合同，为上海福利公司提供并安装两台电梯。从此，世界电梯历史上翻开了中国的一页。但1949年以前我国电梯数量很少，大约1100台，且主要是国外品牌。新中国成立后，在政府的主导下，我国开始了电梯的自主研发、生产和安装。1951年，第一台由我国工程技术人员设计制造的电梯在天安门成功运行。但直到1979年的30年间，国内电梯生产企业维持在10家左右，年均产量仅有数百台，生产安装的电梯总计约1万台。

改革开放之后，电梯产业日趋市场化，外资品牌随之大量涌入，加上中国经济和房地产业高速发展的拉动，我国电梯的产销量和使用量快速增加。2009年，中国电梯保有量136.99万台，成为世界最大的电梯使用国；2011年，电梯产量从1980年的2249台增长到45.7万台，超过全球总产量的60%，电梯产品出口超过4.7万台，中国成为全球最大的电梯制造地和销售国；① 到2015年，中国在用电梯总量达425.96万台，且每年仍在以15%—20%的速度增长，电梯的保有量、年产量、年增长量均保持世界第一。②

---

① 《中国成为全球最大电梯制造地和销售国》，新华网，2012年9月（http://news.xinhuanet.com/fortune/2012-09/04/c_112954292.htm）。

② 宋继红：《我国电梯保有量年产量年增长量稳居世界第一》，国家质检总局网，2015年7月（http://www.aqsiq.gov.cn/xxgk_13386/zxxgk/201507/t20150723_445549.htm）。

表1　　　　　　2010—2015 年世界各大洲电梯保有量　　　（单位：万台）

年份\地区	中国	亚洲	欧洲	北美洲	南美洲	中东/非洲	大洋洲	世界
2010	162.85	343.65	504	115	42.56	53.2	6.38	1064.79
2011	201.06	389.16	506	116.2	45.76	55	6.58	1118.7
2012	245.33	441.13	508	117.4	49.16	57	6.78	1179.47
2013	300.93	505.73	512	120.4	53.16	59.2	7.08	1257.57
2014	359.85	574.65	516	123.4	57.16	61.7	7.48	1340.39
2015	425.96	652.76	521	127.6	63.16	64.7	7.98	1437

资料来源：智研咨询《2017—2022 年中国电梯行业深度调研及投资战略咨询报告》。

由表 1 可知，2010—2015 年，中国电梯保有量年均增长 21.20%，远高于亚洲的 13.69%、欧洲的 0.67%、北美洲的 2.07%、南美洲的 8.22%、中东/非洲的 3.99%、大洋洲的 4.58% 以及世界平均的 6.18%。五年间，中国电梯保有量占世界总量的比例分别为 15.29%、17.97%、20.80%、23.93%、26.85%、29.64%，这一比重在短期内增长了近一倍。

随着城市化的推进，农村人口不断向城镇转移，尤其是向大城市、特大城市和超大城市聚集。使得中国数量庞大的电梯又主要分布在人口和楼宇高度密集的大型城市，即相较中小城市而言，北京、天津、上海等 17 个常住人口超过 500 万的特（超）大城市①面临的电梯安全形势更为严峻。以 2015 年为例，17 个特（超）大城市人口总数 20883 万人，占城市总人口（74916 万人）的 27.88%，占全国总人口（136782 万人）的 15.27%。而 17 个城市 2015 年电梯保有量 154.6 万台，占全国电梯保有量（425.96 万台）的 36.29%。这意味着，占全国人口不到 1/6 的人口使用着全国超过

---

① 这 17 个城市是：北京、天津、沈阳、哈尔滨、上海、南京、苏州、杭州、武汉、广州、深圳、汕头、佛山、东莞、重庆、成都和西安。

1/3 的电梯。如图 1，显示了 2005—2015 年我国电梯保有量和 17 个城市电梯保有总量，以及 17 个城市电梯数量占全国电梯总量的比重。

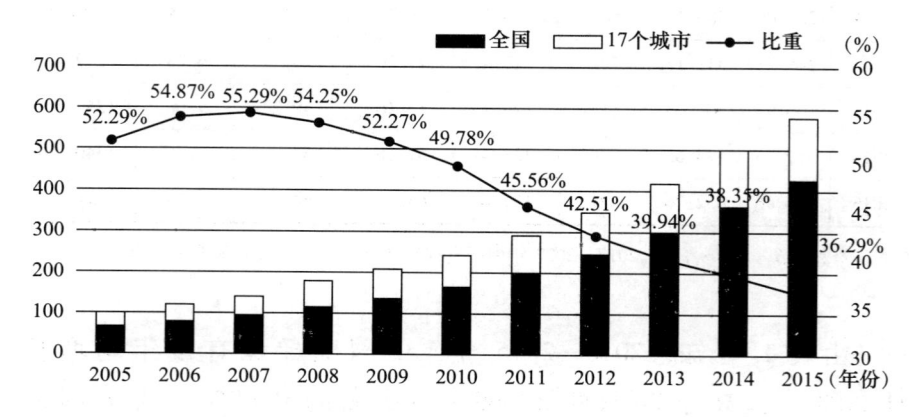

图 1　2005—2015 年全国和 17 个城市电梯保有量（单位：万台）

由图 1 可知，在数量趋势上，10 年间全国电梯保有量和 17 个城市电梯保有量均不断增长。其中，全国的年均增长率为 20.65%，17 个城市的整体年均增长率为 16.32%。可以看出，17 个城市的增长率要略低于全国的增长率。这一特点在比重趋势上也得到了体现，2005—2010 年的连续六年间，17 个城市电梯保有量占全国电梯保有量的一半左右，其中处于峰值的 2007 年高达 55.29%。此后便逐年递减，到 2015 年降至 36.29%。其原因在于：一方面，政府有着控制大城市人口和用地规模的倾向。例如，1990 年开始实施的《城市规划法》规定"严格控制大城市规模，合理发展中等城市和小城市"，2014 年《国家新型城镇化规划（2014—2020 年）》和《国务院关于进一步推进户籍制度改革的意见》中提出"严格控制 500 万人以上特大城市人口规模"。与此同时，中小城市和大城市的电梯保有量快速增长。另一方面，经过 30 余年的发展，特（超）大城市的电梯需求日渐饱和，高龄电梯逐年增多，电梯管理的重点逐步转向电梯的维护保养和更新换代。2005—2015 年 17 个城市电梯保有量和年均增长率见图2。

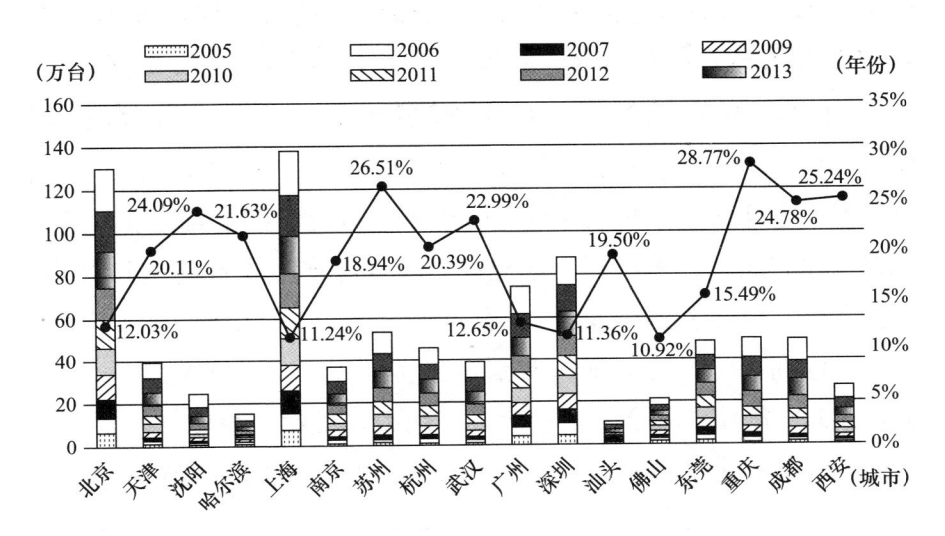

图 2 2005—2015 年 17 个城市电梯保有量和年均增长率

从图 2 不难发现，2005—2015 年的 10 年间，上海、北京、深圳、广州的电梯保有量一直居于前四位。而且，"北上广深"电梯保有量的总和占了 17 个城市电梯总量的半壁江山。从 2005 年到 2015 年，四个城市的电梯保有量和占特（超）大城市电梯总量的比重分别为 21.5 万台（63.09%），25.1 万台（59.30%），29.4 万台（57.97%），33.8 万台（54.03%），37.4 万台（52.23%），41.2 万台（50.83%），45.1 万台（49.24%），48.7 万台（46.69%），54.2 万台（45.09%），61.3 万台（44.42%），65.9 万台（42.63%）。但"北上广深"的年均增长率及其在 17 个城市中的排名却相对较低，其中上海 11.24%（排名 16），深圳 11.36%（排名 15），北京 12.38%（排名 14），广州 12.65%（排名 13）。

而年均增长率超过全国平均水平（20.65%）的城市有哈

尔滨（21.63%），武汉（22.99%），沈阳（24.09%），成都（24.78%），西安（25.24%），苏州（26.51%），重庆（28.77%）。这些城市 2015 年的电梯保有量及其排名分别为哈尔滨 2.6 万台（排名 16），武汉 6.7 万台（排名 11），沈阳 4.1 万台（排名 14），成都 9.1 万台（排名 6），西安 4.7 万台（排名 13），苏州 8.8 万台（排名 7），重庆 9.1 万台（排名 5）。

似乎电梯保有量和电梯年均增长率之间呈现负相关关系？其实不然，原因除了其人口和用地规模受限及电梯需求日渐饱和之外，主要在于"北上广深"电梯保有量的起点较高。2005 年，上海、北京、深圳、广州的电梯保有量分别为 7.1 万台、6.1 万台、4.5 万台、3.8 万台，而哈尔滨、武汉、沈阳、成都、西安、苏州、重庆的电梯保有量则普遍不到 1 万台，分别为 0.48 万台、0.96 万台、0.67 万台、1.18 万台、0.59 万台、0.99 万台、0.79 万台。所以，尽管"北上广深"的年均增长率较低，但其庞大的保有量基础使得它们的年均增长量远高于其他城市。

表 2　　　　　　　　2015 年 17 个城市单台电梯服务人数比较

	电梯保有量（万台）	人口（亿）	单台电梯服务人数（人）		电梯保有量（万台）	人口（亿）	单台电梯服务人数（人）
全球	1437	73.47	511	苏州	8.8	0.10	114
欧洲	521	7.26	139	杭州	7.3	0.09	123
北美洲	127.4	3.57	280	武汉	6.7	0.10	149
日本	62	1.28	206	广州	11.2	0.13	116
韩国	46.5	0.51	110	深圳	12.1	0.13	107
中国	425.96	13.6	319	汕头	1.7	0.05	294
北京	18.8	0.20	106	佛山	2.7	0.07	259

续表

	电梯保有量（万台）	人口（亿）	单台电梯服务人数（人）		电梯保有量（万台）	人口（亿）	单台电梯服务人数（人）
天津	7.1	0.13	183	东莞	6.9	0.08	116
沈阳	4.1	0.08	195	重庆	9.1	0.29	318
哈尔滨	2.6	0.11	423	成都	9.1	0.14	154
上海	19.2	0.23	120	西安	4.7	0.08	170
南京	5.9	0.08	136				

数据来源：电梯保有量数据来自2015年各城市质监局发布的城市特种设备安全状况通报，人口数据来自《中国统计年鉴（2015）》，其他国家地区的数据来自智研咨询发布的《2017—2022年中国电梯行业深度调研及投资战略咨询报告》

单台电梯服务人数是衡量城市电梯发展水平的另一重要指标。就全国而言，我国单台电梯服务人数（319人）尽管低于全球的平均值（511人），但却远超欧洲（139人）、北美洲（280人）和日本（206人）、韩国（110人）。这表明，与发达国家和地区相比，整体上我国的电梯人均拥有量尚显不足。

就特（超）大城市而言，单台电梯服务人数最多的是哈尔滨（423人），最少的是北京（106人）。显然，城市人均电梯保有量与城市人口和电梯数量密切相关。北京、上海城市人口均超过2000万，但城市电梯总量大，使得单台电梯服务人数较少。哈尔滨则相反，城市电梯保有量仅有2.6万台，但人口却多达1100万，故其单台电梯服务人数甚至高于全国的平均水平。与国外相比，17个城市中，除了哈尔滨、汕头、佛山和重庆之外，其他特（超）大城市单台电梯服务人数均低于200，与发达国家和地区的人均电梯保有量水平基本相当。

（二）电梯安全风险现状

电梯作为楼堂殿宇内常用的运载工具，已经成为城市生活必备的建筑设备。随着电梯设计、制造、控制工艺的改进，电梯的种类日渐丰富，能够适用于多种不同的场景。电梯按用途可分为乘客电梯、载货电梯、医用电梯、杂物电梯、观光电梯、车辆电梯、船舶电梯、建筑施工电梯，按驱动方式分为交流电梯、直流电梯、液压电梯、齿轮齿条电梯、螺杆式电梯，按运行速度分为低速梯、中速梯、高速梯、超高速梯，按有无司机分为有司机电梯、无司机电梯、有/无司机电梯，按运行角度分为直梯、扶梯和自动人行道。

由于安装在住宅、办公场所、学校、医院等重要场所的直梯与城市居民生产生活最为密切相关，再加上相关数据可得性的考量，这里的案例研究仅针对直梯的电梯事故，不包括扶梯和自动人行道的电梯事故。

在电梯事故的界定上，不少学者认为电梯事故可分为：坠落井道事故，冲顶或蹲底事故，火灾、运行故障、停电等原因引起的电梯困人、伤人事故。但也有学者提出要区分电梯故障和电梯事故，北京市特种设备事故调查处理事务中心办公室主任杨勇志指出："电梯和其他机电设备一样，运营过程中难免有故障，但电梯设备有故障不一定造成后果。"[①] 显然，这是从狭义上来理解电梯事故。由于在电梯的日常使用中，即使是轻微的电梯故障，也会对正在使用电梯的乘客带来心理上或身体上不同程度的影响和伤害。

所以，这里将从广义上界定电梯事故。电梯事故是指造成死亡、疾病、伤害损坏或是其他损失的意外情况，这种损失和伤害既可以是物理的、物质的，也可以是心理的、精神的，它不同程度地影响了人们生产、生活的顺利进行。由于电梯事故一般是突然发生的意外事件，且导致事故发生的因素多种多样，因而电梯事故的发生一般具有随机性，电梯使用者事先无法预测事故发生的时间、地

---

① 连悦：《国外如何确保电梯安全》，《质量探索》2015年第8期。

点、形式和程度。

依据上述界定，通过对中国报刊数据库进行检索，共收集到17个城市2005—2015年发生的电梯事故435例，见表3。由于各个城市的新闻媒介对电梯事故报道的偏好不同，所以呈现在中国报刊数据库中的各个城市的事故案例数量多寡并不能反映出该城市电梯安全情势（见图4）。同理，呈现在各个年份的电梯事故案例数量多寡也不能反映出该年度的电梯安全情势（见图3）。

表3　　　　17个城市2005—2015年电梯事故案例数量分布　　　（单位：例）

年份 城市	2005	2006	2007	2008	2009	2010	2011	2012	2013	2014	2015	总计
北京	0	1	0	3	0	1	0	1	2	1	6	15
天津	1	2	1	2	0	3	6	4	9	5	9	42
沈阳	0	0	0	0	2	5	6	6	10	5	1	35
哈尔滨	0	3	2	8	2	4	1	0	0	0	0	20
上海	1	0	0	2	1	0	5	6	4	4	2	25
南京	2	0	0	2	1	1	0	1	3	3	2	15
苏州	0	0	0	0	0	1	2	1	3	1	4	12
杭州	0	1	1	4	1	0	1	3	3	0	4	18
武汉	2	3	0	2	5	9	8	2	1	4	6	42
广州	1	0	0	0	2	0	3	1	2	2	2	13
深圳	0	0	3	0	0	1	0	0	6	4	2	16
汕头	0	0	0	0	0	1	3	1	1	0	0	6
佛山	0	0	0	0	1	1	1	3	2	5	3	16
东莞	0	0	3	3	3	1	3	9	4	2	4	32
重庆	1	1	1	1	6	0	6	3	4	7	4	34
成都	0	1	0	1	5	6	6	8	6	5	5	43
西安	3	6	3	0	2	4	7	5	10	8	3	51
总计	11	18	14	28	31	40	64	49	73	54	53	435

在收集到的435个电梯事故案例中，发生在2013年的最多，

共计73例，占案例总数的17%，其次是2014年54例，占比12%，2015年53例，占比12%；发生在2005年的最少，共计12例，占比3%。在城市分布上，西安的事故案例最多，共计51例，占案例总数的12%，其次是天津和武汉，均为42例，占比10%；汕头的电梯事故案例最少，仅有6例，占比1%。

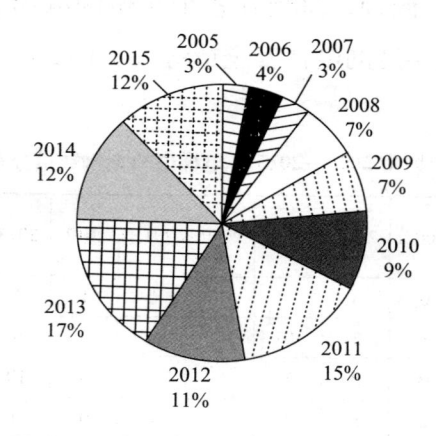

图3 2005—2015年电梯事故发生数量占比（%）

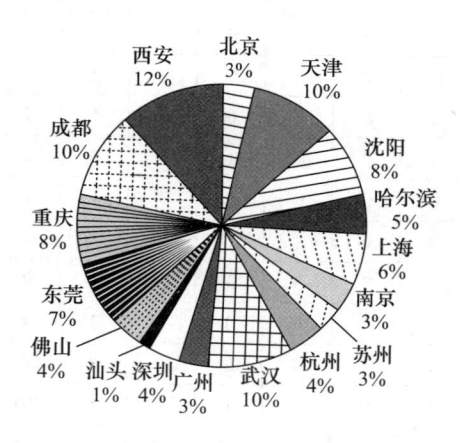

图4 17个城市2005—2015年电梯事故发生数量占比（%）

收集的案例均为文本性的表述存储，且不同事故的表述方式各异，侧重点不尽相同，但它们也有着一些共同的属性。为了能够更加直观地呈现事故情况，就需要对这些案例的文本进行编码，以实现电梯事故案例的特征属性的层次化和结构化。通过对案例的梳理、统计、归类和分析，形成电梯事故案例特征属性框架。

案例特征属性的框架就是对电梯事故基本情况的提炼和分类，能够有序地呈现出电梯事故的基础信息，主要包括：事故发生日期、发生时间、发生地点、发生环节、事故表现形态、事故结果、事故原因、受害者情况、持续时间和救援主体。为了更详细地描述电梯事故基本情况，对各个一级指标属性进行细化，分为若干二级指标属性进行分析。

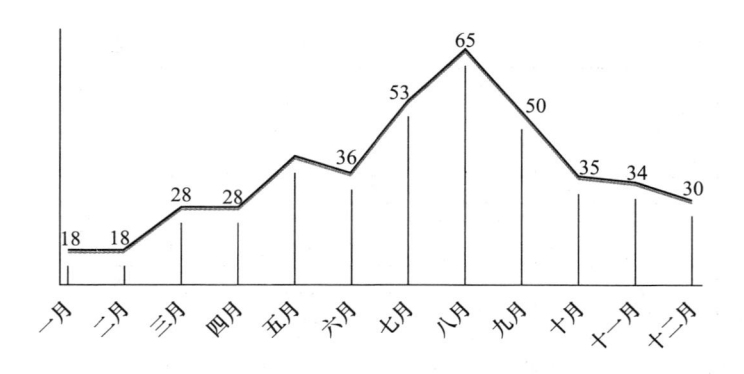

图5　电梯事故发生的月份分布（单位：例）

从电梯事故发生的月份分布图可以发现，电梯事故的分布中间高、两边低，在全年呈现出金字塔形分布。各个月份的电梯事故案例数占案例总数的比例分别为：一月4.14%，二月4.14%，三月6.44%，四月6.44%，五月9.20%，六月8.27%，七月12.18%，八月14.94%，九月11.49%，十月8.05%，十一月7.82%，十二月6.89%。数据明显地显示出七月、八月、九月这三个月的电梯事故最多，这三个月的电梯事故数总计168例，占事故总数的38.61%。

那么为何夏季电梯故障高发呢？这是因为电梯由各种复杂的元器件组成，其运行的安全与否与外界环境有着密切的关系。国标GB/T 10058—2009《电梯技术条件》规定电梯工作时"机房内的空气温度应该保持在+5—+40摄氏度之间，运行地点的空气相对湿度在最高温度为40摄氏度时不超过50%，在较低温度下可以有较高的湿度，最湿月的月平均最低温度不超过25摄氏度，该月的月平均最大相对湿度不超过90%。若可能在电器设备上产生凝露，应采取相应措施。供电电压相对额定电压的波动应在±7%的范围之内"。而夏季一般高温、多雨、潮湿，会影响电梯工作环境的温度和湿度，雷雨天气还会对供电系统构成潜在威胁，影响电梯的电力电压。

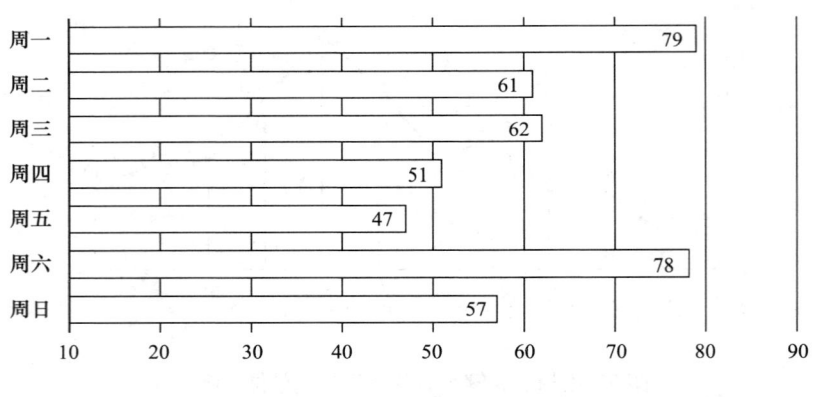

图6 电梯事故发生的星期分布（单位：例）

电梯事故发生的星期分布图显示，在435个电梯事故案例中，发生在周一到周日的案例数及其占案例总数的比例分别为：周一79例、占18.16%，周二61例、占14.02%，周三62例、占14.25%，周四51例、占11.72%，周五47例、占10.81%，周六78例、占17.93%，周日57例、占13.11%。显然，周一和周六的事故率最高，二者合计占到事故总数的36.09%。其原因在于，周一是每周上班的第一天，居民有着集中外出使用电梯的刚性需求，周六是休息日的第一天，居民多会选择外出放松娱乐，故这两天的电梯事故率相对较高。

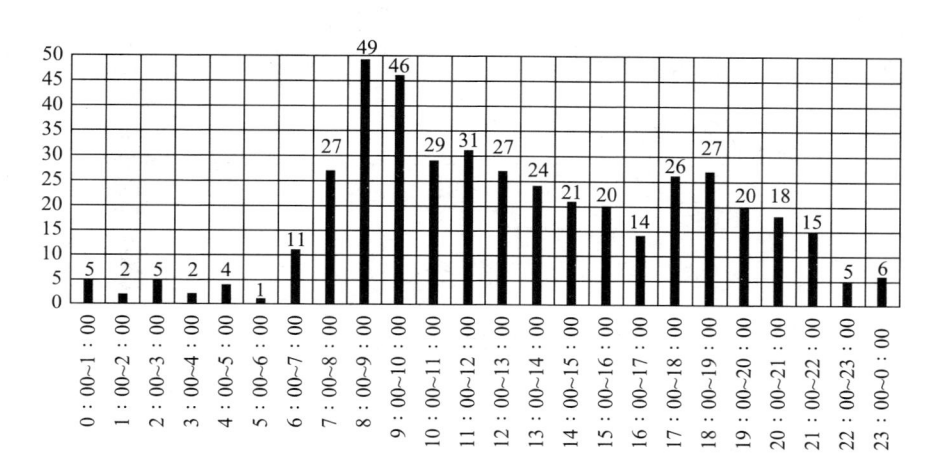

图7 电梯事故发生的时间段分布（单位：例）

从电梯事故发生的时间段分布图可以看出，电梯事故的发生主要集中在两个时间段 8：00—10：00 和 17：00—19：00。这两个时间段均是上下班、回家的高峰期，大家出行较为集中，使用电梯的概率和频次远高于其他时段。从时段的事故案例数在案例总数中的占比上来看，8：00—9：00 占 11.26%，9：00—10：00 占 10.57%，17：00—18：00 占 5.98%，18：00—19：00 占 6.21%。这两个时段的事故案例数分别占到案例总数的 21.84% 和 12.18%，合计占案例总数的 34.02%。此外，中午的 11：00—13：00 电梯事故率也较高，其中 11：00—12：00 案例数 31 例占总数的 7.13%，12：00—13：00 案例数占总数的 6.21%，合计占案例总数的 13.34%，其原因可能在于民众午间外出就餐、茶歇等而增加了使用电梯的需求和事故发生率。

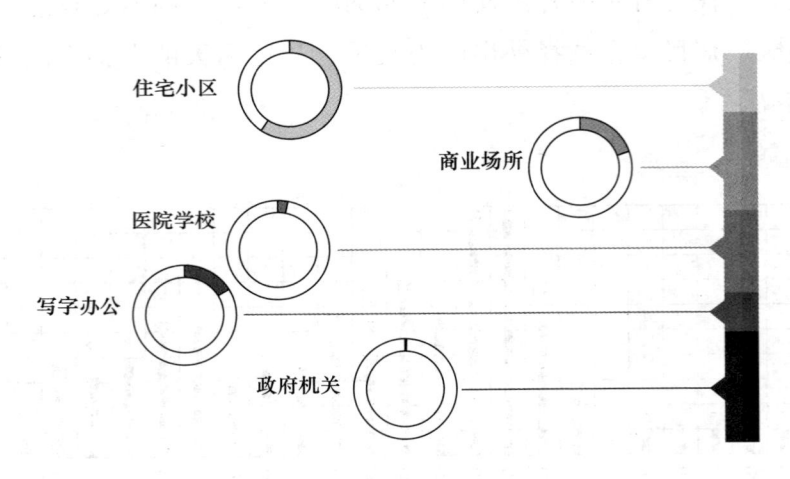

图 8　电梯事故发生的场所分布

从电梯事故发生的场所分布图可以看出，住宅小区发生电梯事故的概率最高，共计259例，占事故总数的59.54%，其次商业场所，包括商场、酒店、超市等餐饮娱乐休闲场馆，共计87例，占事故总数的20%，写字办公场所，共计72次，占事故总数的16.55%，医院学校，共计15例，占事故总数的3.45%，政府机关的电梯事故率最低，共计2例，占事故总数的0.46%。

福建省特种设备检验研究院工程师郑祥盘通过分析福建省电梯故障案例指出，住宅小区、商业场所和写字办公楼的电梯事故率较高，主要是因为这些场所电梯使用频率高、超负荷运转、使用人员复杂、操作不规范、安全管理疏漏等。而医院学校和政府机关的电梯事故率较低，其原因在于电梯管理制度执行较好，乘客使用电梯更加规范、文明，维修保养相对更好。①

---

① 郑祥盘：《福建省老旧电梯缺陷与故障统计分析》，《质量技术监督研究》2014年第5期。

表4　　　　　　　　　分城市电梯事故发生场所分布　　　　　　（单位：%）

城市	住宅小区	商业场所	医院学校	写字办公	政府机关
北京	66.67	13.33	6.67	13.33	0.00
天津	66.67	19.05	7.14	2.38	4.76
沈阳	71.43	11.43	0.00	17.14	0.00
哈尔滨	50.00	35.00	5.00	10.00	0.00
上海	44.00	44.00	0.00	12.00	0.00
南京	20.00	60.00	20.00	0.00	0.00
苏州	58.33	41.67	0.00	0.00	0.00
杭州	55.56	33.32	5.56	5.56	0.00
武汉	57.14	14.29	4.76	23.81	0.00
广州	30.77	23.08	15.38	30.77	0.00
深圳	56.25	12.50	0.00	31.25	0.00
汕头	33.33	33.33	16.67	16.67	0.00
佛山	56.25	18.75	0.00	25.00	0.00
东莞	56.25	12.50	3.13	28.12	0.00
重庆	58.82	11.77	5.88	23.53	0.00
成都	69.77	13.95	0.00	16.28	0.00
西安	76.47	9.80	1.97	11.76	0.00

然而，就单个城市而言，城市内部的电梯事故发生场所分布规律并不都与整体的分布规律一致。例如，北京的商业场所和写字办公场所的事故率一样，上海的住宅小区和商业场所的事故率相近，广州的住宅小区和写字办公场所的事故率持平，汕头的住宅小区和商业场所的事故率持平，医院学校和写字办公的事故率持平；南京商业场所的事故率高达60%，远高于住宅小区与医院学校的20%；沈阳、武汉、广州、深圳、佛山、东莞、重庆、成都、西安九个城市的写字办公场所事故率要高于它的商业场所事故率。

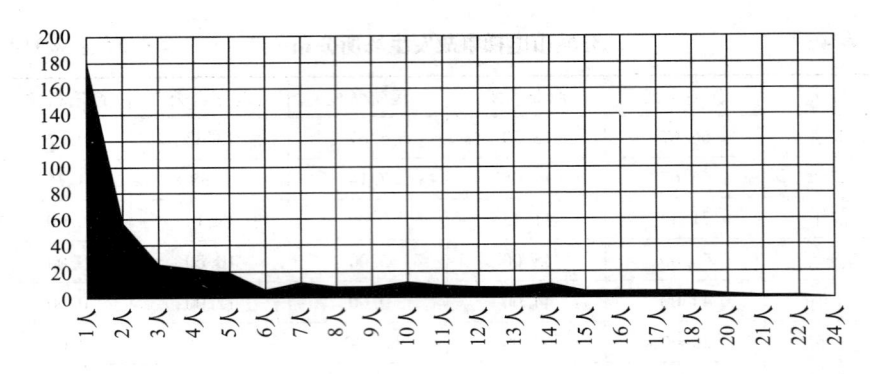

图 9　单次电梯事故影响人数的分布（单位：例）

单次电梯事故影响人数的分布图显示，单次影响 1 人的概率最高，共计 187 例，占案例总数的 42.99%，其次是单次影响 2 人，共计 58 例，占案例总数的 13.33%，其他的均低于 10%。单次事故影响最多的是 24 人，共计 1 例，占 0.23%。单次事故影响大于等于 20 人的有共有 9 例，占案例总数的 2.07%。

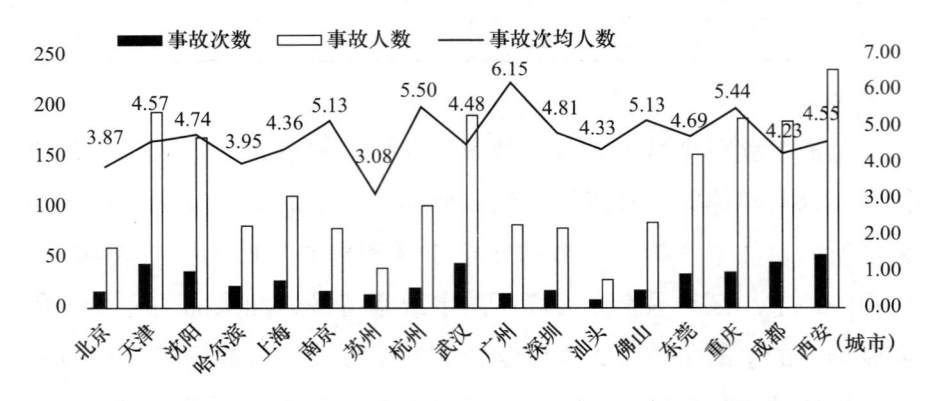

图 10　分城市电梯事故次数、人数和次均人数

2005—2015 年各个城市发生电梯事故次数和事故影响的人数见图 10。从图中可以看出，西安的电梯事故影响人数最多，达到 232 人，占 435 例事故影响人数（2019 人）的 11.49%，其次是天津的

192 人（占 9.51%），武汉的 188 人（占 9.31%），最少的是汕头 26 人（占 1.29%）。但在这里，事故次数（即案例数）和事故影响人数并不能直接反映城市的电梯安全水平，而应该审视事故次均人数。如图 10 所示，尽管西安的事故次数和影响人数都最多，但它次均人数为 4.55 人，排在所有城市的第十位。事故次均人数最多的是广州市，达到 6.15 人，其次是杭州市 5.5 人，重庆市 5.44 人。事故次均人数最少的是苏州 3.08 人。

A ｜ 安装阶段：13 例，占 2.99%

B ｜ 使用阶段：379 例，占 87.13%

C ｜ 维保阶段：43 例，占 9.88%

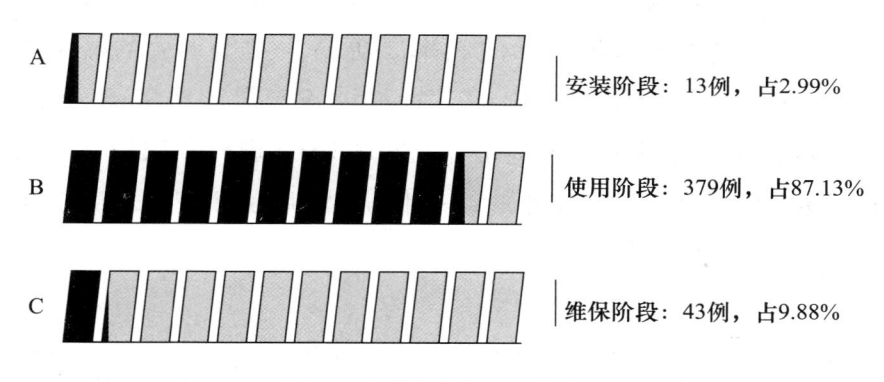

图 11　电梯事故发生环节分布

一台电梯的生命周期起始于新梯的安装，安装完毕且验收合格之后便进入使用期，在安装完毕的 12 个月后（最长不超过 30 个月）需要开始进行维修保养，进入维保期，自此维保期和使用期重叠，直至电梯的寿命终结被淘汰更新。[①] 因此，在电梯的安装、使用和维保三个阶段均存在发生事故的可能性。安装阶段的电梯事故多因不规范施工（如未设警示标识、非专业人士参与安装等）而造成安装工人和其他乘客遭受损失或伤害，使用阶段电梯事故的受害者主要是小区居民、写字楼员工等电

---

① 智研咨询集团：《2016—2022 年中国电梯市场运营评估与发展前景预测分析报告》，2016。

梯使用者，维保阶段的电梯事故受害者主要是电梯维保工人。

图 11 显示了电梯事故发生环节分布，其中安装阶段 13 例，占案例总数的 2.99%，使用阶段 379 例，占 87.13%，维保阶段 43 例，占 9.88%。可见使用阶段的事故率最高，其次是维保阶段和安装阶段。除了各个阶段诱发电梯事故的因素不尽相同之外，三个阶段接触电梯时间和频率的差异也是导致事故率不同的重要原因。与安装阶段相比，使用阶段和维保阶段的持续时间要更加长久，发生事故的概率也就更高；与维保阶段相比，使用阶段中人接触电梯的频率要更高，发生事故的概率也更大。2009 年 5 月 1 日实施的《特种设备安全监察条例》中，第三章第 31 条规定："电梯应当至少每 15 日进行一次清洁、润滑、调整和检查。"而电梯的维护保养周期还有季度保养、半年保养、全年保养等。

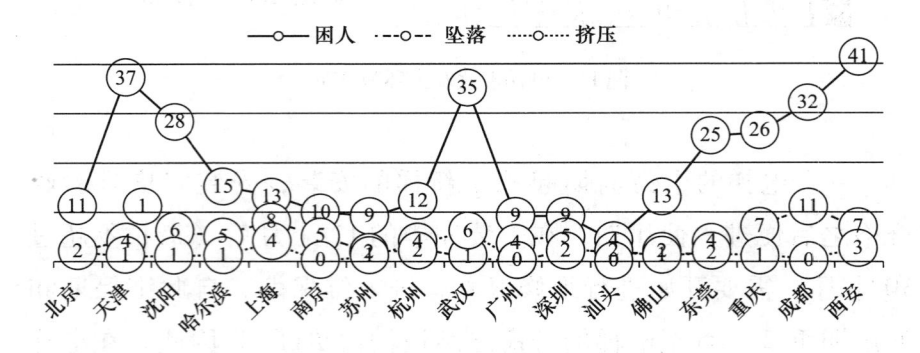

图 12　分布城市电梯事故形态分布（单位：例）

电梯事故的表现形态多种多样，例如陈华将电梯事故分为冲顶或蹲底事故、坠落井道事故、开门走梯溜梯事故、困人伤人事故四类。[①] 易风华、徐义则将其分为夹人、冲顶、蹲底、严重的伤人事

---

① 陈华：《电梯事故的救援和预防》，《武警学院学报》2008 年第 6 期。

故四类。① 通过对案例文本中描述的电梯事故形态进行分析和归纳，这里将电梯事故划分为困人事故、坠落事故、挤压事故三类。困人事故是指，由于各种原因导致电梯发生故障，将正在使用电梯的乘客幽闭于电梯轿厢之内；坠落事故是指安装、维保、乘客或其他人员由于某种原因跌落至电梯井道内的情形；挤压事故是指乘客被电梯门等部件夹住、拖拽等带来伤害的情形。

2005—2015 年，发生在特（超）大城市的 435 例电梯事故中，困人事故 329 例，占 75.63%，坠落事故 75 次，占 17.24%，挤压事故 31 次，占 7.13%。显然，困人是电梯事故中最常见的情形。尽管坠落和挤压事故发生较少，但是它们一旦发生，给安装、维保和乘客等人员带来的伤害程度要远远超过困人事故。

图 12 为分城市电梯事故形态分布。各个城市的电梯事故形态分布规律与整体规律一致，即困人事故数要多于坠落和挤压事故。通过计算各个城市内部三种事故形态所占的比例发现：（1）各个城市困人事故率平均值为 73.05%，超过平均值的有北京（73.33%）、天津（88.10%）、沈阳（80.00%）、苏州（75.00%）、武汉（83.33%）、佛山（81.25%）、东莞（80.65%）、重庆（76.47%）、成都（74.42%）、西安（80.39%），而上海的困人事故率最低，仅占上海电梯事故的 52%。可见，相较于其他城市，天津的电梯最易发生困人事故。（2）各个城市坠落事故率的平均值为 18.04%，最高的三座城市分别为南京（33.33%）、上海（32%）和深圳（31.25%），除了未检索到坠落事故案例的汕头市，武汉的坠落事故率最低，仅有 2.38%。（3）各个城市挤压事故率平均值为 8.91%，最高的三座城市分别为汕头（33.33%）、杭州（22.22%）、上海（16%），除了未检索到挤压事故案例的南京市、广州市和成都市之外，天津市

---

① 易风华、徐义：《电梯事故原因分析与预防措施》，《电力安全技术》2011 年第 6 期。

的电梯挤压事故率最低，仅有2.38%。

图13 分年度电梯事故形态分布

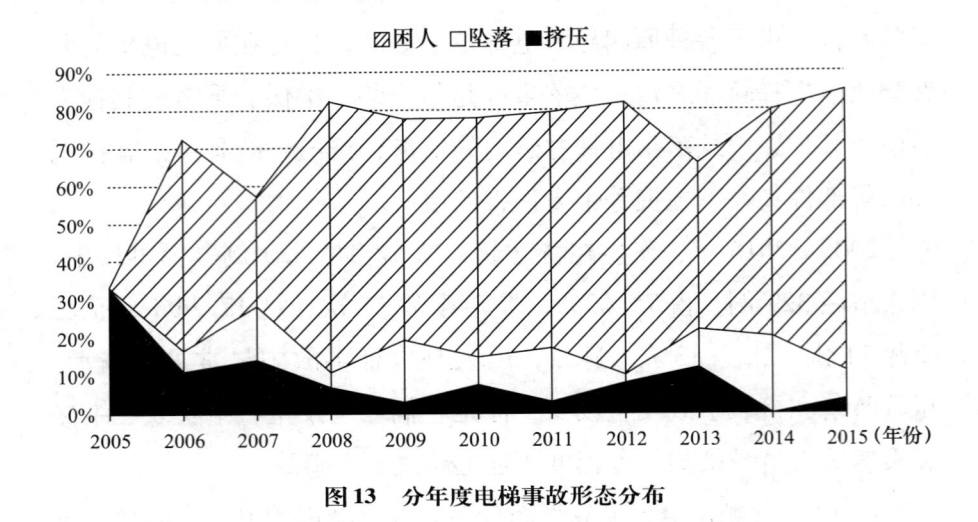

图13呈现出了分年度的电梯事故形态分布。在329例困人事故、75例坠落事故、31次挤压事故中，困人事故年均29.9例，坠落事故年均6.8例，挤压事故年均2.8例。

通过计算不同年度内部困人、坠落和挤压事故占该年度事故总数的比例发现：（1）困人事故率年平均值是71.91%，最高的三个年份是2015年（84.91%）、2008年（82.14%）、2012年（81.63%），最低的年份是2005年，仅有33.33%。（2）坠落事故率年平均值是18.63%，最高的三个年份是2005年（33.33%）、2007年（28.57%）、2013年（21.92%），最低的年份是2012年，仅有10.20%。（3）挤压事故率年平均值是9.46%，最高的三个年份是2005年（33.33%）、2007年（14.29%）、2013年（12.33%），除了未检索到挤压事故案例的2014年，最低的年份是2011年，仅有3.17%。

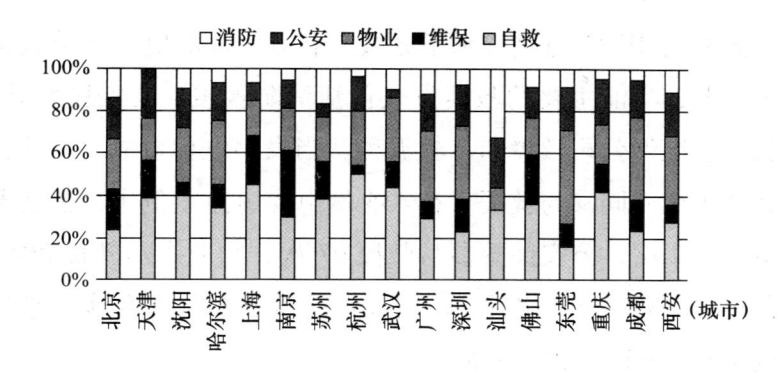

图14 分城市电梯事故救援主体分布

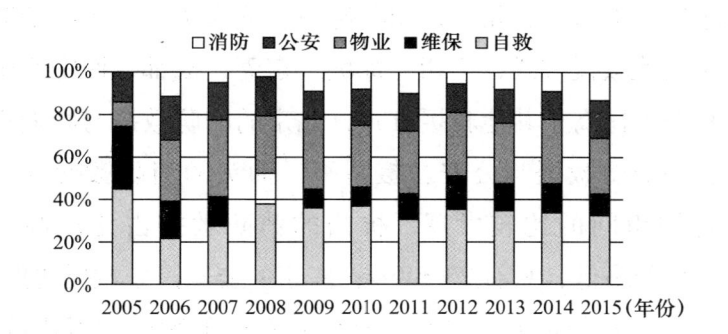

图15 分年度电梯事故救援主体分布

那么，三种事故形态在年度之间有何变化趋势呢？通过观察图13不难发现，困人事故率呈现上升趋势，坠落和挤压事故率则呈现下降趋势。如若以2010年为界限，2005—2009年五年为第一组，2011—2015年五年为第二组，则会发现：（1）困人事故率方面，第一组的年平均值为64.45%，第二组的年平均值为78.26%；（2）坠落事故率方面，第一组的年平均值为21.73%，第二组的年平均值为16.25%；（3）挤压事故率方面，第一组的年平均值为13.82%，第二组的年平均值为5.49%。显然，困人事故率在上升，坠落和挤压的事故率在下降。

电梯事故应急救援是保障乘客人身安全，减少事故影响的重要机制。图 14 和图 15 分别显示了分城市和分年度的电梯事故救援主体分布情况，当前主要的救援方式包括消防救援、公安民警救援、物业救援、维保公司救援和自救五种。当发生电梯事故时，往往是多种救援主体共同参与救援。在 435 例电梯事故案例中，消防部门参与救援 242 次，公安民警参与救援 97 次，物业参与救援 204 次，维保公司参与救援 119 次，乘客自救 57 次，共计 719 次，平均每次事故中有 1.65 个救援主体。

从图 14 各种救援在城市内部所占的比例可以看出，天津、沈阳、哈尔滨、上海、苏州、杭州、佛山、重庆 9 个城市的消防救援占比高于其他救援方式，广州、深圳、东莞、成都、西安 5 个城市的物业救援占比高于其他救援方式，北京的消防救援与物业救援持平，南京的消防救援与公安救援持平，汕头的消防救援与自救持平。进行城市间的比较发现，杭州的消防救援占比最高，达到 50%，成都的最低，只有 23.68%；南京的公安民警救援比例最高，达到 30.3%，杭州最低，只有 3.85%；东莞的物业救援比例最高，达到 44.64%，汕头最低，只有 11.11%；维保公司救援中，最高的是天津（23.17%），最低的是武汉（3.39%）；自救中除了未检索到自救案例的天津市之外，最高的是汕头（33.33%），最低的是杭州（3.85%）。

从图 15 各种救援方式在不同年度内的占比中可以看出，除了 2006 年和 2007 年物业救援占比高于消防救援占比外，其他年份均是消防救援占比最高，为最主要的救援方式。通过计算，各种救援方式的年平均占比分别是 33.47%、14.53%、27.98%、16.80%、7.22%。在救援方式年度变化趋势方面，消防救援始终是最主要的救援方式，公安民警救援则逐渐降低，物业救援和维保公司救援则逐渐升高，乘客自救的方式也有增长。

表 5　　　　　分城市电梯事故救援时间情况　　　　（单位：分钟）

城市	事故次数（次）	平均被困时长	平均救援到达用时	平均现场施救用时
北京	12	36.42	16.33	19.17
天津	42	33.79	7.83	22.33
沈阳	30	43.97	10.9	20.67
哈尔滨	18	42.56	7.61	29.39
上海	22	44.86	9.05	26.09
南京	12	121.5	21.67	43.58
苏州	9	41.44	8.56	13.56
杭州	17	29	11.29	12.53
武汉	34	44.24	9.68	18.21
广州	10	29.2	5.5	18.2
深圳	14	47.36	8.86	38.5
汕头	3	18.33	7	11.33
佛山	14	40.57	9.36	15.43
东莞	26	27.15	6.15	17.31
重庆	31	47.48	6.58	31.68
成都	40	63.15	12.55	29.65
西安	41	48.12	7.93	24.88
平均值	22.06	44.66	9.81	23.09

注：由于采取自救的事故案例中不存在救援到达用时，故不在统计之列；少许因未能及时发现而受困超过一天的极端案例也不在统计之列。所以，这里的统计的案例总数为 375 例。

多个城市就救援效率专门出台相关规定，例如北京市的《北京市电梯日常维护保养合同》中规定：对于接到故障通知后维保单位工作人员赶到现场的时限，最长不得超过 30 分钟。杭州市的《杭州市电梯安全管理办法》规定：接到电梯乘客被困报警后，维护保养单位应当在 30 分钟内到达现场并实施救援。电梯处以边远或者交通不便地区的，应当在 60 分钟内到达现场并实施救援，救援不及时最高罚 10 万元。

表 5 呈现了各个城市电梯事故救援时间情况。从表 5 中可以看

出：(1) 在平均被困时长方面，17个城市的平均值是44.66分钟，除南京市[①]外，平均被困时长最长的城市是成都（63.15分钟），其次是西安（48.12分钟）、深圳（47.36分钟），最短的城市是东莞（27.15分钟）和汕头（18.33分钟）。(2) 在平均救援到达用时方面，17个城市的平均值是9.81分钟，用时最长的是南京市（21.67分钟），北京、杭州和成都均在10分钟以上，用时最短的是广州（5.5分钟）。(3) 在平均现场救援用时方面，17个城市的平均值是23.09分钟，用时最长的是南京（43.58分钟），最短的是汕头（11.33分钟）。

表6　　　　　　　　　分年度电梯事故救援时间情况　　　　　　（单位：分钟）

年份	事故次数（次）	平均被困时长	平均救援到达用时	平均现场施救用时
2005	12	28.42	8.17	19
2006	14	73.93	11	49.64
2007	13	49.23	9.08	37
2008	27	67.41	10.44	38.96
2009	27	39.11	11.78	14.81
2010	36	45.56	11.56	19.06
2011	53	43.96	8	22.19
2012	43	51.95	8.91	23.07
2013	62	41.16	9.44	26.03
2014	45	37.6	7.14	19.38
2015	43	38.86	10.91	18.16

注：由于采取自救的事故案例中不存在救援到达用时，故不在统计之列；少许因未能及时发现而受困超过一天的极端案例也不在统计之列。所以，这里的统计的案例总数为375例。

---

① 在统计的南京的12个案例中，有四个较为极端的案例，由于未能受困信息未能及时送出，导致受困分别长达140分钟、300分钟、480分钟、120分钟，使得南京市的平均受困时长高达121.5分钟。

表 6 呈现了分年度电梯事故救援情况。从表中不难发现，我国特（超）大城市电梯事故救援的效率呈现上升趋势。以 2010 年为分界线，2005—2009 年五年为第一组，2011—2015 年五年为第二组，进行比较两组的年平均事故救援时间。在年平均被困时长方面，两组的数值分别为 51.62 分钟、42.71 分钟；在年平均救援到达用时方面，两组的数值分别为 10.09 分钟、8.88 分钟；在平均现场施救用时方面，两组的数值分别为 31.88 分钟、21.77 分钟。这表明，与 2005—2009 年五年相比，2011—2015 年五年在救援到达用时方面效率提升 11.99%，在平均现场施救用时方面效率提升 31.71%。效率的提升直接促进了电梯事故平均被困时长缩短了 17.26%。

在事故结果呈现方面，这里结合事故的发生形态，按照事故的严重程度将事故结果划分为挤压致死、坠落致死、重度受伤、轻度受伤、安然脱困五种类型。在 435 例电梯事故中，挤压挤压致死发生 19 次，死亡 22 人，次均 1.16 人；坠落致死发生 57 次，死亡 68 人，次均 1.19 人；重度受伤发生 28 次，受伤 39 人，次均 1.39 人；轻度受伤发生 34 次，受伤 102 人，次均 3 人；安然脱困发生 297 次，共计 1788 人，次均 6.02 人。

表 7　　　　　　　　电梯事故结果在不同群体的分布

事故结果	总人数	安装工人	维保工人	物业保安	小区居民	其他
挤压致死	22	3	7	0	5	7
坠落致死	68	18	12	14	13	11
重度受伤	39	7	7	5	10	10
轻度受伤	102	0	0	1	25	76

注："其他"项包括发生在商业场所、政府机关、医院学校、写字办公等场所的电梯事故中的普通乘客。

如表 7 所示，挤压致死中维保工人数量最多，占 31.82%，安装工人和维保工人合计 10 人，占 45.45%；坠落致死中安装工人最多，占 26.47%，物业保安其次，占 20.59%；重度受伤和轻度受伤中均是小区居民数量最多，分别占 25.64%、24.51%。可见，相比于小区居民和普通乘客，安装工人和维保工人的电梯危险系数更高，更容易发生致命的危险。

二 电梯安全风险关键问题识别

在城市中运转着的电梯承载着多种属性：技术属性，电梯是由多种元器件组成的机器设备；社会属性，电梯的安全使用与人们的安全教育和意识密切相关；经济属性，电梯的生产、使用和服务是一个独立的产业体系；公共属性，电梯在公共生活中扮演着重要的角色；管理属性，电梯的正常运转离不开安监、质检、消防等多个行政主体的监督与管理；自然属性，如电梯运行环境的温度、湿度、污染物等。所以，电梯事故发生的原因也是纷繁复杂，见仁见智。

陈华指出，电梯事故的发生原因与生产过程中的事故有所不同，一是电梯本身有故障，即机械的或物质的缺陷引起的风险，比如超速冲顶或蹲底等。二是管理方面存在缺陷造成，即使用或维保人员的操作失误。三是意外事故，如火灾、停电等原因引发。[1]

易风华等认为电梯事故原因主要体现在三个方面：设计制造原因（设计落后、使用劣质配件等），安装原因（安装人员缺乏资质、安装未经检验便投入使用等），使用与维护原因（监管疏漏、

---

[1] 陈华：《电梯事故的救援和预防》，《武警学院学报》2008 年第 6 期。

维保不到位等)。①

国家质监总局特种设备监管处专家则表示,电梯维保不到位,80%都要出问题,或者反过来说,电梯出问题80%都是维保不到位,包括使用劣质配件、保养不到位、保养的人员素质不到位。②

董幼鸿依据脆弱性理论指出,目前的电梯安全是系统脆弱性综合作用的结果,这种脆弱性体现在:居民电梯安全使用意识薄弱和知识缺乏、电梯安全使用年限缺乏制度性规定、电梯维修保养单位和人员素质参差不齐、电梯维修保养资金缺乏有效保障、政府主管部门对电梯安全监督管理力量有限、电梯安全责任分担缺乏市场主体参与。③

李旭等则从电梯设计与制造、安装、使用与维护等七个方面指出,发生事故的原因主要是使用环节的企业安全主体责任不落实,安全管理不到位,具体体现在某些企业安全防范意识淡薄,安全管理制度不健全或形同虚设;设备未注册登记,超期未检,存在严重安全隐患;个别作业人员无证上岗,违章操作;非法制造、非法安装、非法使用的"三非"情况依然存在等。④

研究者们从不同的理论视角、实践经验出发提出的电梯事故归因,可以归置进两个分析视角:电梯生命周期的视角和电梯安全相关主体的视角。从电梯生命周期进路出发,其原因分布在制造阶段、安装阶段(违规操作等)、使用阶段(使用不当、设备故障、停电等)、维保阶段(违规操作、设备故障等);从电梯安全相关主体出发,其原因肇发于安装工人、维保工人、普通乘客、监管部门(质监等政府部门、维保公司、电梯公司、物业公司等)。

---

① 易风华、徐义:《电梯事故原因分析与预防措施》,《电力安全技术》2011年第6期。
② 李健辉:《"电梯事故,物管先赔"被否的五点理由》,《城市开发》2015年第5期。
③ 董幼鸿:《城市公共安全治理对策——以住宅小区电梯安全治理为例》,《行政管理改革》2015年第1期。
④ 李旭:《电梯支撑城市公共安全运转的实证研究》,《中国公共安全》2012年第2期。

由于电梯事故案例文本中较少呈现出电梯事故中生产制造方面的归因，故这里结合生命周期和安全主体两种视角将电梯事故原因分为使用不当、设备故障、违规操作和其他原因四类。使用不当是指乘用电梯的乘客未遵守电梯使用规范，如踢踹轿门、随意丢弃垃圾、运送沉重的装修材料、超载等，而引发的电梯事故；设备故障是由电梯的门系统、轿厢系统、控制系统、电气系统、导向系统、拽引系统和安全保护装置等发生故障而引发的事故；违规操作是针对电梯安装和维保两个阶段的事故，指安装人员和维保人员未能严格遵守电梯安装和维保的程序规范而引发的电梯事故；其他原因主要是非人为、非设备方面的归因，例如突然停电、遭受雨浸等。

图16为电梯事故发生原因分析图，在435例电梯事故中，违规操作35例，占8.05%，使用不当43例，占9.88%，设备故障322例，占74.02%，其他原因35例，占8.05%。尽管设备故障"一骑绝尘"，远远领先于其他归因，但是正如前述国家质检总局专家所言，80%的事故是由于维保不到位的原因所致。那么诸多的监管主体为何不能充分保障一台小小的电梯的安全呢？

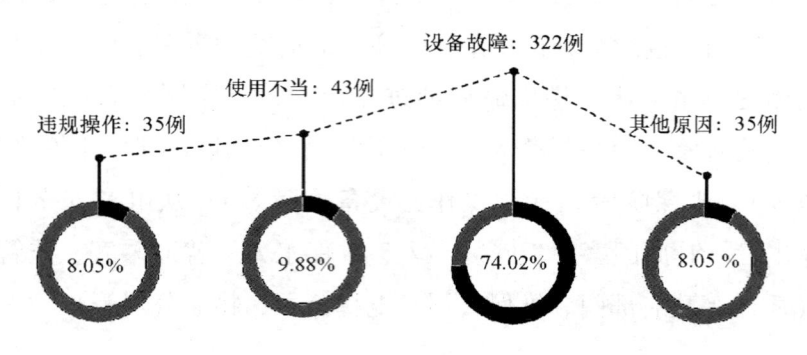

图16 电梯事故发生的原因

首先，监管体系碎片化。电梯的权利属性中，所有权、使用权、物业管理权、技术管理权、监管权分属不同的主体，例如住宅小区的电梯，所有权归属居民，使用权归属居民，物业管理权归属物业，技术管理权归属维保公司，监管权归属质监局，而学校电梯，医院电梯，写字楼电梯，酒店电梯，政府机关，商场超市的所有权又分别归属学校、医院等不同的主体，对这些主体的监督管理涉及教育部门、文化部门、卫生部门、工商部门、公安部门、住建部门和街道办等职能机构。在电梯的检验方面，质监部门负责电梯的检验管理，质量监督检验技术研究院负责具体的检验工作，当事故发生后，质监局又组织开展事故调查处理工作。在权利行使中，各部门缺乏明确的职责分工和有效的协调机制，导致对电梯生产、制造、维保缺乏整体性，重视对事前资质的管理和事后结果的处理，但缺乏对电梯日常运作的监控。同时，监管体系的碎片化使得电梯安全责任的链条模糊，当事故发生后，不同的主体相互扯皮、推卸责任。

其次，救援体系碎片化。电梯事故救援中，除了自救之外，主要的救援主体包括消防、民警、物业、维保。但不同的救援主体间缺乏明确的分工和有机的配合，当发生电梯事故后，受困人员有的呼叫119，有的呼叫110，有的呼叫亲友，有的呼叫维保和物业，这种碎片化的救援模式严重制约着救援的效率和效果。一方面，救援资源的不均衡配置。电梯事故可能是并发的，多个地方同时发生事故，而救援资源（尤其是消防、民警等公共救援资源）却是稀缺的。在碎片化的救援体系下，可能出现一个事故现场有多个救援主体，救援富余，而另一个事故现场却仅有一个或是没有救援主体，救援匮乏。另一方面，救援的精准性和及时性不足。获知救援信息的救援主体并不一定是距离事故电梯最近的主体，而距离最近的主体却未能获得救援信息，或是获得信息却不属于自身的维保责任区域，导致救援发生时滞。

最后，信息体系碎片化。电梯安全关涉的信息包括：电梯身份信息（电梯型号、安装日期、维保单位、维保人员、使用单位等）、电梯检验信息（使用前检验、半年检验、年度检验等）、维保信息（维保技术信息和维保费用信息）、故障信息（故障时间、次数、类型、排除等）、救援信息（地理位置、救援主体、救援方法、救援结果等）。这些信息分属于不同的主体所掌控，而主体间又缺乏信息交流沟通的渠道和机制，降低了信息的价值，增加了电梯事故的风险。例如，由于对维保技术信息不了解，导致居民等电梯使用者无法对维保单位进行监督，维保单位缺乏提升维保质量的社会监督机制；对维保费用信息不了解，导致居民等电梯使用者无法对物业单位进行监督，物业对电梯的日常维护缺乏足够的动力和责任感；当仅仅依靠市场的价格机制来配置维保服务与物业服务时，在电梯维保中容易出现以次充好、投机取巧的不良现象，甚至形成"劣胜优汰"的恶性循环。

三　降低电梯安全风险的对策建议

从所搜集到的电梯安全事故的案例中可知，导致电梯安全事故的直接原因既有事故受害人之外的原因，也有受害人自身（如操作不当等）的原因。但无论哪方面的原因，安全事故本身都是一个悲剧。而减少这种悲剧，也是公共管理的职责所在。为此，我们从公共管理的视角，提出降低电梯安全风险的对策建议。

（一）强化电梯的生产（含设计）质量监管，从源头降低电梯的安全隐患

如前所述，在435例电梯事故中，设备故障322例，占74.02%。也就是说，在每4起电梯事故中，有3起是由电梯设备故障所致。

而电梯故障之所以发生,固然与电梯的使用和维护有关,但也与电梯自身的质量(包括设计)密切联系,甚至可以说有最密切的关联。因此要降低电梯安全风险,首要的就是从源头做起,即从电梯的生产设计环节做起,改进或提高电梯的安全标准,严格加强对电梯生产设计的质量监管和行业监管,杜绝使用劣质配件,从源头上减少电梯的安全隐患。

(二)加强对电梯维护保养的监管,减少或杜绝电梯的"带病运行"

如国家质检总局专家所言,在设备故障中,80%的事故是由于维保不到位所致。再可靠的电梯生产质量,也需要通过维护保养来确保其运行安全。为此,政府有关部门应该加强对电梯维护保养的监管,督促电梯厂家及电梯物业管理者按期保质地对电梯进行维护保养。如有必要,要求其增加维护保养的频次(即缩小维护保养的间隔)、增加维护保养的内容,以减少或杜绝电梯的"带病运行"。

(三)强化对电梯维修人员及物业管理人员的电梯安全培训,提高其电梯安全意识和操作技能

在 435 例电梯事故中,违规操作 35 例,占 8.05%。违规操作是针对电梯安装和维保两个阶段的事故,指安装人员和维保人员未能严格遵守电梯安装和维保的程序规范而引发的电梯事故。违规操作引发的事故在全部事故中所占的比例并不大,仅占 8.05%,但其所造成的后果却极为严重。如表 7 所示,挤压致死中维保工人数量最多,占 31.82%,安装工人和维保工人合计 10 人,占 45.45%;坠落致死中安装工人最多,占 26.47%,物业保安其次,占 20.59%。尽管上述致死后果并非完全由于违规操作所致,但违规操作却是其主因。因此,加强强化对电梯维修人员及物业管理人员的电梯安全培训,提高其电梯安全意识和操作技能,杜绝其对电梯的违规操作，是减少我国电梯恶性事故的重要保障。

（四）加强对乘梯人的安全警示提示及安全意识培训，完善电梯内的摄像监控及通信设施，及时对电梯乘客的不文明乘梯行为予以制止或告诫

如图16所示，在435例电梯事故中，使用不当43例，占9.89%。这里的使用不当，是指乘用电梯的乘客严重违反电梯使用规范，如在电梯内蹦跳打闹、乱按电梯按键、踢踹轿门、随意丢弃垃圾、运送沉重的装修材料、超载等。为此，我们建议有关方面尤其是物业公司、学校等应加强对乘梯人的安全警示提示及安全意识培训，完善电梯内的摄像监控及通信设施，禁止电梯内的各种广告覆盖本该有的乘梯安全告示，及时对电梯乘客的不文明乘梯行为予以制止或告诫，减少因电梯的使用不当而导致的电梯安全事故。

（五）政府牵头整合电梯事故信息，定期发布电梯安全的排名和黑名单

在本课题的研究过程中，我们深感电梯安全信息的搜集之难和透明度之低。我们绝对有把握地断定，我们所搜集到的435例电梯事故，只是我国特（超）大城市电梯安全事故的冰山一角。为此，我们建议国家有关部门（主要是质监部门）牵头，整合医院和法院涉及电梯伤亡事故的信息，并定期发布电梯安全的排名和黑名单，通过市场倒逼电梯厂商及物业公司提高电梯的生产及维护质量，确保电梯安全。

结　语

刘　鹏[*]

一　特（超）大城市的风险揭示与问题分析

本报告通过对消防安全、电梯安全、公共卫生与食药安全、道路交通安全以及社会治安五大典型领域的风险描述和分析，发现虽然这五大领域的风险分布、趋势和特征都有着各自的特点，但自2003—2014年以来我国特（超）大城市在公共安全风险及其治理方面也存在一些鲜明的共性特征。本报告结合风险治理中"风险预防—风险管理—风险应对—风险沟通"的闭环系统结构，将这些特征具体归纳如下：

1. 从总体形势分析，自2003年以来，我国特（超）大城市的公共安全风险形势总体上趋于平稳并有所降低

以消防安全为例，从17座特大城市火灾发生的总体数量、平均数量状况和火灾年度、地域分布状况看，火灾发生呈现高位—持续下降—骤然增长—缓慢下降的趋势。再以交通安全为例，虽然机

---

[*] 刘鹏：中国人民大学公共管理学院行政管理学系教授、博士生导师。

动车保有量在不断递增，但是在 2002—2013 年，中国道路交通发生数、死亡人数、受伤人数和直接财产损失四项指标都出现了逐年递减的趋势。此外，从公共卫生角度分析，自 2003 年以来，全国大部分特大城市的传染病例数量总体上呈下降趋势，报告发病率和致死率总体上也呈现出稳中下降的趋势。电梯安全和社会治安的总体趋势也大致相同。这说明，自 2003 年以来，我国特（超）大城市的公共安全风险形势总体上更加可控，安全形势总体处于缓和状态。

2. 从城市分布分析，我国特（超）大城市的公共安全风险形势跟城市空间和人口规模总体上具有相关性

从各种类型风险在特（超）大城市的分布来看，虽然各个城市在风险分布上具有各自的特征和问题，分布的规律并不十分明显，但总的看来，一个特（超）大城市所面临的公共安全风险形势跟其空间和人口规模是密切相关的。从目前分析的结果来看，一般而言，空间和人口规模较大的城市，所面临的公共安全风险相对就会越高，北京、上海、广州、深圳、天津和重庆，这两个一线城市加四个直辖市空间和人口规模相对较大，因此在各种公共安全风险系数分布上都比较高，例如，北京、重庆和上海火灾数量排在全国前三位，同时重庆、广州和上海的交通事故数也比较多发；而武汉、南京、西安等副省级特大城市，空间和人口规模居中，因此风险水平也处于中等水平，其他一般的省会城市或非省会特大城市风险明显偏低一些，例如，汕头和佛山火灾数量在特（超）大城市中列倒数第三、二名，同时汕头还是特（超）大城市中电梯事故发生最少的城市，而苏州和佛山在食品中毒事件数量和饮用水安全合格率方面表现都比较好，处于相对领先位置。当然，这种趋势也不是绝对的，例如汕头和佛山的交通事故发生情况不容乐观，反而深圳的交通事故率相对较低。

3. 从城市特征分析，不同特（超）大城市所面临各自突出的公共安全风险问题呈现明显差异的特征

以上两点总结的是我国特（超）大城市公共安全风险所面临的共性，而在研究过程中，我们发现这些城市之间所面临的安全风险差异，要远远大于其共性，也就是说每个城市都面临着自己独特的公共安全风险挑战。例如北京的火灾、公共卫生事件问题相对比较突出，广州的社会治安和传染病问题是短板，重庆的火灾、交通安全和社会治安治理比较薄弱，西安的电梯安全事故和饮用水安全需要引起重视，而汕头和佛山则需要加强对交通安全的治理等。为了凸显每个特（超）大城市的风险特征，我们结合分析数据制作了表1来总结各个不同城市的风险分布状况。

表1　　我国17个特（超）大城市公共安全风险分析表

城　市	相对高位的风险种类	相对低位的风险种类
北　京	火灾、传染病和公卫事件	电梯安全、社会治安、交通安全
天　津	电梯安全、交通安全、饮用水安全、传染病	火灾、社会治安
哈尔滨	交通安全、食品安全	火灾、电梯安全、社会治安
沈　阳	火灾、电梯安全、社会治安	交通安全、饮用水安全
上　海	火灾、电梯安全、交通安全	社会治安、食品和饮用水安全
南　京	社会治安、食品安全	火灾、电梯安全
苏　州	交通安全	火灾、电梯安全、社会治安
杭　州	火灾、交通安全公卫事件和饮用水安全	电梯安全、社会治安
武　汉	火灾、电梯安全、社会治安	交通安全、公共卫生
广　州	火灾、社会治安、传染病和公卫事件	电梯安全、交通安全
深　圳	社会治安、传染病	火灾、电梯安全、交通安全
汕　头	交通安全、社会治安、传染病	火灾、电梯安全
佛　山	交通安全、社会治安、传染病	火灾、电梯安全
东　莞	电梯安全、交通安全、社会治安	火灾、传染病
重　庆	火灾、电梯安全、交通安全、传染病	社会治安

续表

城市	相对高位的风险种类	相对低位的风险种类
成都	火灾、电梯安全、传染病、社会治安	交通安全
西安	火灾、电梯安全、饮用水安全、社会治安	交通安全

4. 从风险预防角度分析，我国特（超）大城市基本都存在公共安全风险预防机制流于形式、缺乏实效的问题

凡事预则立，不预则废，这句古话虽然很容易理解，然而在特（超）大城市的公共安全风险治理过程中却难以完全实现。我国特（超）大城市在以上五个公共安全领域一个共同的短板问题就是风险预防工作，例如，在消防预防工作中，企事业组织等社会单位消防安全意识不强，为降低成本，常对火灾隐患置若罔闻，员工的消防安全意识比较薄弱，消防基本常识不掌握，导致火灾发生后不能在第一时间得到有效控制；在电梯安全方面，发生事故的原因主要是使用环节的企业安全主体责任不落实，安全管理不到位，具体体现在某些企业安全防范意识淡薄，安全管理制度不健全或形同虚设；设备未注册登记，超期未检，存在严重安全隐患；在公共卫生方面，由于突发公共卫生事件发生的不确定性，相关管理部门及一般民众容易存在思想松懈的倾向，"重治轻防"思想较为普遍；在交通安全方面，现有的工作重点更加强调对于交通事故的处置和善后，而对于包括交通知识学习、文明驾驶习惯培养、道路交通标示在内的科学设置等预防工作相对重视不够。

5. 从风险管理体制角度分析，公共安全风险管理体制的碎片化与缺乏协调是共同存在的问题

公共安全风险往往具有突发性、不确定性和系统性等特征，因此往往需要更加紧密合作、有机协调的管理体制来加以综合应对，然而应该看到我国特（超）大城市的公共安全风险管理体制仍然存在比较严重的碎片化与协调不力的问题。例如在消防管理中，消防管理体制涉及纵向不同层级、横向消防部门与其他政府部门、消防条条与属地块块、消防组织与社会公众等多元管理主体之间的权力划分和责任配置关系，而这些关系维度显现的权责分配并不均衡，主体间责权配置边界不清，条块分割，呈现高度的"碎片化"特征；在电梯安全管理中，电梯的所有权、使用权、物业管理权、技术管理权、监管权分属不同的主体，例如住宅小区的电梯，所有权归属居民，使用权归属居民，物业管理权归属物业，技术管理权归属维保公司，监管权归属质监局，而学校电梯，医院电梯，写字楼电梯，酒店电梯，政府机关，商场超市的所有权又分别归属学校、医院等不同的主体，对这些主体的监督管理涉及教育部门、文化部门、卫生部门、工商部门、公安部门、住建部门和街道办等职能机构；在道路交通安全中，不同部门的数据"打架"问题值得特别关注，其中公安部门和卫生部门统计的交通事故死亡人数存在巨大差距，这在本质上也反映出交通安全管理体制中的碎片化问题。

6. 从风险应对机制角度分析，基层人力资源缺乏、专业化程度不高、技术能力储备不足、过度依赖"运动式"治理等都成为制约我国特（超）大城市风险治理能力的因素

城市基层是整个城市系统公共安全风险把控的最后一道关卡，也是风险应对的重中之重，因此必须加强特（超）大城市基层风险应对机制和能力建设。然而，必须看到目前我国特（超）大城市基层风险应对机制和能力建设存在诸多制约因素，不仅人财物资源投入不足，而且治理方式上也存在制度化水平薄弱的问题。例如在公共卫生中，基层的传染病防治人员数量存在不足，使其难以及时通过流行病学调查、现场采样发现、快速甄别辖区内出现的传染疾病，基层的防治人员资质水平有限，难以应对更加频繁、复杂、多变的传染病传播形势；在社会治安方面，很多特（超）大城市不同程度存在基层警力配备不足、缺口较大的问题，在大幅度增加警力编制异常困难的情况下，民警普遍长期超负荷工作，透支身心健康，影响了基层一线战斗力；在消防管理中，消防的"运动式"管理给消防制度建设带来损失，导致火灾数量呈现出整治—降低—反弹—再整治—再降低—再反弹的循环状态，降低了消防管理理性的、系统性的思考，增加了管理的非规范性，抑制了规范化的制度创设。

7. 从风险沟通角度分析，我国特（超）大城市政府与公众开展风险交流与教育的水平和效果都亟须提高

风险沟通是个体、群体以及机构之间交换信息和看法的相互作用过程；这一过程涉及多侧面的风险性质及其相关信息，其目的在于能够让与风险过程各种不同的利益相关主体能够在主观上尽量形成对风险认知的一致判断，言下之意就是要让各种不同对象重视风险的科学属性，既不夸大，也不忽视。而现实的情况是，我国大部分的特（超）大城市仍然秉持的是旧式的宣传工作思路，缺乏对公共安全风险交流和教育工作效果的提升。例如，在消防安全中，公众对公共消防安全基本知识及应承担的法律责任认知普遍低下，对社区共同生活的公域和邻里意识淡漠；在电梯安全中，居民电梯安全使用意识薄弱和知识缺乏、电梯安全使用年限缺乏制度性规定、电梯维修保养单位和人员素质参差不齐都是重要的原因；在食药安全中，由于社会群众对于食品药品安全的敏感程度较高，而对于食品药品安全科学知识的掌握又非常有限，导致关于食品药品安全的谣言充斥各种自媒体，真假难辨，人心惶惶。

8. 从风险的发展过程来看，我国特（超）大城市所面临的一些公共安全风险还有进一步更新与升级的趋势

由于互联网技术、大数据、云计算以及新媒体等新技术的发展，传统的特（超）大城市所面临的公共安全风险也开始与新技术新业态相结合，出现了更新与升级的势头，这是我国特（超）大城市公共安全风险治理面临的新挑战。例如在食药安全中，跨境电商和贸易商，微信朋友圈食品销售等现象在法律上还难以充分认定，第三方平台监管责任如何界定等，也需要司法实践来加以明确，在互联网第三方平台药品零售交易中，也存在诸多隐患；在社会治安中，在新时代科技发展的背景下，新型的以网络犯罪、电话诈骗等匿名犯罪方式正在凸显。而特大城市作为全国经济发展的领头羊，更是首当其冲，成为此类犯罪案件发生的焦点等。

二 特（超）大城市风险治理的政策含义与建议

1. 高度重视公共安全风险预防工作，将安全考核重点转移到风险预防工作中来，充分发挥市场和社会组织的积极性，推动风险善治格局的形成

公共安全风险预防与治理是一项社会系统工程，需要充分发挥政府、市场和社会组织多方面的积极性，但在我国目前的环境下，又必须看到政府的作用居于主导地位。因此建议，一方面能够将安全工作考核的重点从事故处置和应对逐步转移到风险预防工作来，通过正面激励和负面约束的方式引导各级政府更加重视风险预防工作；另一方面注重运用市场机制（例如保险杠杆）、社会专业机构、多中心协同的条件，互联网工具和智慧城市的技术能力，推动着风险治理合作机制的生成，可以通过评优表彰、树立示范典型、予以其他政策优惠等方式激励市场和社会组织在公共风险预防中的积极性。

2. 树立"总体安全观"，强化公共安全风险治理中的政府间协调工作，推进风险治理的整体性政府建设

习近平总书记提出要树立"总体安全观"，即要从系统、全面和战略高度来看待公共安全问题，这就启示我们公共安全风险治理必须打破旧式的仅靠专业分工、各自为战的碎片化管理体制，完善风险信息管理系统，在顶层设计上做实国家安全委员会的作用和功能，并尽快推动地方政府成立相应议事协调机构，制定好公共安全风险治理中央与地方以及各个相关横向部门之间的事权与责任清单，提高政府部门协调之间的制度化，以"整体性政府"建设来推进特（超）大城市的公共安全风险治理过程。

3. 加强对特（超）大城市基层风险治理资源的投入，全面提升基层风险治理的能力，提高风险治理的制度化水平

我国特（超）大城市虽然经济发达，财力也比较雄厚，但在资源投入方面往往比较重视更高层面的机构，而在一定程度上忽视了对基层的投入。有基于此，我们建议特（超）大城市政府在下一阶段的安全工作投入中能够进一步向基层单位倾斜，包括充分保障的财政经费投入、参照国际标准的人员编制设置、高质量的专业化人才队伍、齐全的风险治理设施配备、共享共通的风险信息系统建设以及激励充分的人力资源管理体系等，以 ISO 9000 体系来建设公共安全风险治理的标准化街道和社区。同时，部委机关应当率先垂范，主动减少发动各类专项整治的频率和次数，而将原有"运动式"治理的执法内容更多地融入年度季度工作重点等常规性工作模块中，或者直接将重要的专项整治制度化、常规化，而地方政府也应当逐步减少对监管部门的临时性指令任务，而将以前的临时性监管任务尽可能地在年度工作计划中予以常态化体现出来。

4. 以风险沟通理念取代旧式的宣传理念，重视风险沟通与公众教育工作，将风险沟通工作纳入安全目标考核中

旧有的宣传工作思路更多的是强调单向信息发布和自上而下的口径统一，这种思路在复杂化和不确定性增强的风险社会中已经显得落后，为此我们建议各级政府与相关部门都应当以风险沟通作为新的工作理念，并将风险沟通工作效果纳入安全目标考核中：一方面，在平时要加强风险安全管理的教育与普及，普及风险预防和应对的科普知识，增强大众风险意识，刻不容缓，对于公众和社区而言，不仅要拓展宣传渠道，运用基层自治组织和志愿者力量，利用民众喜闻乐见、贴近生活的新媒体传播方式展开风险预防的宣讲和演示，对不同人群建立差异化的学习和实验小组，而且要建立跨部门的合作机制，运用社区文化建设、远程教育系统、广播电视传媒、报刊信息亭，提高消防安全宣传的覆盖度；另一方面，在风险到来和事故爆发之后，要加强对于风险信息发布的透明度和一致性，避免谣言和不实传言的迅速传播。

5. 针对具体风险的问题和因素差异，各个特（超）大城市应当采用差异化的治理措施

除了以上共性的对策之外，我们认为，17个特（超）大城市由于自身的规模和发展特征存在差异，因而导致其在各自面临突出公共安全风险的问题上也存在一定的个性化差异，所以应当采用差异化的治理措施。例如，一线城市、直辖市和省会城市的火灾和电梯安全风险往往较高，需要重点加以防范，而非省会城市的交通安全和传染病预防则往往比较薄弱；北方城市的饮用水安全、食品安全风险相对较高，而南方城市的社会治安、传染病预防的挑战更为艰巨，西部几个特（超）大城市则呈现出风险聚集的特征，而这些都需要每个城市针对自己的情况，建议每个城市能够结合表1中的城市风险分布状况，因地制宜地制定符合本城市特征的风险治理规划方案，当然同一区域或风险谱特征类似的城市之间可以加强交流学习，从而形成共同应对的局面。

6. 要对传统公共安全风险的更新与升级引起足够重视，推进风险治理工作同步前进

公共安全风险不断更新与升级的特征，要求我们的风险治理工作不能仅仅紧盯安全风险的现在特征，还需要有一定的前瞻性，针对更新与升级后的公共安全风险也必须加以警惕与预防，例如，要加强对于网络食品销售、互联网售药、电信和互联网金融诈骗、网络欺诈与犯罪、共享单车交通安全等新问题新风险的识别、评估与预防，推进风险治理工作跟随市场经济和社会发展同步前进。

7. 充分利用"互联网＋"、云计算等大数据技术，努力推进公共安全风险的智慧治理

一方面，规范相关部门的数据报送和披露机制，使真实可靠的数据得到记录和公开，是公共安全风险治理的第一步，同时推进跨部门的数据共享和信息互通。另一方面，大数据技术指利用海量、实时、多维和细颗粒度的行为数据，在高级复杂算法的支持下，对某个现象得出规律性的认识，并辅助管理和决策，例如，在交通安全、社会治安以及公共卫生领域，大数据技术对于科学决策的作用都具有非常重要的意义和价值，从而确保我国特（超）大城市的公共安全风险治理能够变得更加智能化、精准化、科学化。

子报告

中国特（超）大城市公共安全风险治理实践与制度创新

子报告一　围墙与安全：推行街区制的挑战与对策

郑　国　李东泉*

一　空间与安全

安全是人类的基本需求，在生理需要获得适当满足之后，就产生了安全的需要，包括生命、健康和财产不受侵害等方面的内容。安全受自然、经济、政治、社会、法律等多种因素影响，是一个复杂的巨系统。由于空间是人类社会存在的基本形式，万事万物都在具体的空间中存在与发展，因此空间与安全也具有紧密的相互关系。

（一）空间与犯罪

犯罪是威胁安全的第三大原因，仅次于灾害与战争。任何一种

---

* 郑国：中国人民大学公共管理学院城市规划与管理系副教授、博士；李东泉：中国人民大学公共管理学院城市规划与管理系教授、博士生导师。

犯罪行为都是在特定的空间进行的，罪犯通过各种方式获取犯罪空间信息，构建犯罪空间意象地图，在此基础上做出犯罪行为[①]。国内外的大量研究表明，谋利型犯罪（盗窃、抢劫、诈骗等）和情境型犯罪（强奸、凶杀、斗殴等）在空间上都呈现出一定的规律性。情境型犯罪具有明显的距离衰减规律，而谋利型犯罪呈现出倒U形规律，即犯罪分子会到与自己日常生活有一定距离的地方作案（见图1）。

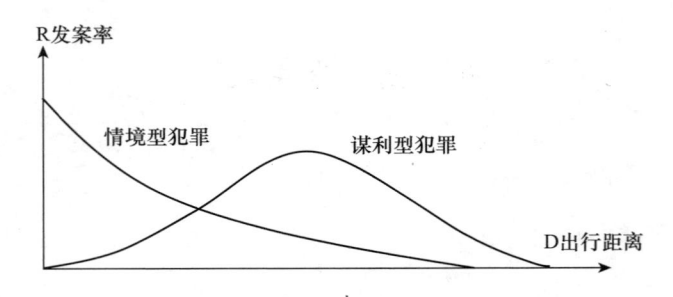

图1 谋利型犯罪和情境型犯罪发案率与出行距离关系示意

在城市的不同区域，犯罪行为也有一定的空间规律。在美国等西方发达国家，城市中心区犯罪率最高，其次是城市社会结构复杂且不稳定的过渡区域，包括靠近城市边缘的购物和工商业地区。在我国，车站、码头、旅馆、饭店以及公共交通沿线以流窜作案为主，主要犯罪类型是盗窃、诈骗、拐卖人口、抢劫等；在商业区和各类开发区，经济犯罪行为发生概率较高；娱乐区和旅游区是伤害、抢劫、强奸等犯罪行为的高发区。

在不同形式的建筑中，犯罪行为的发生也存在明显的空间差异。实证研究表明，对于平房结构的民居而言，独院犯罪率最高，排院和门脸房次之，杂院最低。对于楼房结构的民居而言，中间层

---

① 王发曾：《城市犯罪的空间防控》，《河南大学学报》（自然科学版）2012年第5期。

和底层是罪犯实施犯罪的首选场所,而顶层犯罪率相对较低。在高层住宅楼里,入口处、电梯间和走廊是罪犯最易选择的犯罪场所。高层住宅的犯罪率明显高于低层住宅,而且犯罪率几乎是按比例随楼层的高度增加而上升①。

空间既是构成犯罪行为的一个要素,也是分析犯罪特征的一个视角和防控犯罪的一条途径。关于犯罪与空间的研究,最早源于19世纪30年代在西欧一些国家出现的"制图学派"。该学派起源于法国,使用地图描述犯罪的地域空间差异,探讨形成这种差异的自然与社会原因。到20世纪20年代至30年代,美国芝加哥生态学派以犯罪地图为基础,进一步开展了犯罪的空间生态研究。他们以芝加哥为对象,利用库克县法院的统计资料,系统分析了青少年犯罪的特点、空间分布和社会根源②。20世纪70年代后,随着犯罪预防思潮的兴起,城市规划、地理学、建筑学、环境学等学科对犯罪与空间环境的关系研究倾注了极大热情,并逐渐将研究的视角转向城市犯罪预防的空间研究上。在此过程中,形成了日常活动理论、情境犯罪预防理论、死角理论和犯罪预防性环境设计理论四个具有代表性的理论。

1. 日常活动理论

该理论认为,犯罪行为的发生存在3个关键要素:①行为空间。每个人都有自己的日常生活空间和相对固定的日常出行线路,这样的线路由于个体的生活习惯很少发生变化。不同的个体由于社会状况、经济状况不同,日常生活空间和出行的路线存在较大差异。②机会。犯罪分子会根据不同的犯罪意图,不同的对象,选择合适的行动目标。③保护力量。犯罪活动能够发生,都是在保护力

---

① 孙峰华、李世泰、黄丽萍:《中外犯罪地理规律实证研究》,《人文地理》2006年第5期。

② 徐大慰:《国外城市犯罪的空间理论综述》,《山东警察学院学报》2015年第5期。

量比较薄弱的地点。当这三者同时具备时，犯罪活动便产生。日常活动理论从个体层面上解释了犯罪活动与空间环境之间的关系，尤其对重复受害现象能够做出了很好的解释，即因为个体的行为空间受社会、经济地位、个人偏好、房屋位置、街道形态的影响，并且个体的经济、社会状况在没有明显改变的情况下，其行动路线不会有明显改变。如果这样的行为空间与犯罪分子的行为空间重叠，那么受害者就会不止一次受害①。

2. 情境犯罪预防理论

情境犯罪预防理论源于英国内务部调查局在 20 世纪 70 年代后期开展的一项针对青少年犯罪与成长环境关系的调查研究。该理论认为，城市青少年是否从家庭出走进而有越轨行为，主要与他们居住环境当时的"情境"有关，因此主张把"消除产生犯罪机会的情境"作为预防犯罪的重点。倡导在犯罪预防中的全面预防，不留空白点，包括三条途径：（1）增加犯罪的难度。通过设置物理性障碍物，设计小区或建筑的出入通道，转移和引导潜在犯罪人对犯罪场所的认知，通过增加犯罪实施的困难程度，使犯罪人不好轻易下手。（2）增加犯罪的危险性。通过检查出入人员的身份与携带物，强化专业人员和其他工作人员以及专门器材的监视作用，拓展环境的监督视野等，来增加犯罪的危险程度，使犯罪人不敢轻易下手。（3）降低犯罪后果的收益。通过隐匿可能成为犯罪目标的物品与设施，在可能成为犯罪目标的物品上标记易于辨识的符号，不随身携带或保管好贵重物品，制定严格的内部管理规则等，来降低犯罪得手后可能的收益，使犯罪人不值得轻易下手。

3. 死角理论

死角理论是日本学者在研究城市与犯罪及其预防的关系中提出

---

① 严小兵、焦华富：《犯罪地理国际研究进展》，《地理科学进展》2012 年第 10 期。

的一种解释犯罪原因、设计预防策略和措施的理论。该理论认为，城市中存在的各类"死角"是诱发犯罪的危险因素，包括时间死角、空间死角、社会死角和心理死角等，它们相互联系、互相重合，共同影响犯罪。其中时间死角是指各种情况下出现的无人目睹犯罪行为的空白时间。空间死角就是指因视线被墙或建筑物遮挡，或是因管理人员一时或长时间不在现场形成的物理性死角。社会死角则是指由于居民相互不关心、互不联系，缺乏应有的责任感，削弱了社会关系中的区域性控制和监视作用，而形成的犯罪环境条件。心理死角是指人们头脑中对犯罪危险的忽视，丧失必要的警惕性。任何一类死角都是一种诱发犯罪的危险因素，但发生犯罪危险性最大的是四种死角重合的地方。根据这一理论，应尽量减少城市环境中的各类死角，加强监视作用和区域性控制，以此预防犯罪行为的发生[①]。

4. 犯罪预防性环境设计理论

由于犯罪行为与空间环境存在紧密的关系，西方规划师试图通过改善空间环境质量来提升居住区的安全性，由此产生了犯罪预防性环境设计（Crime Prevention Through Environmental Design，CPTED）理论。该理论认为，对物质空间的合理规划及有效使用，可以减少犯罪行为的发生以及对犯罪行为的威慑。CPTED理论提出预防犯罪的措施包括6种要素：①领域感。强化领域感能够明确空间的所有权，让居民增强对陌生人的警惕性和监视性，提升犯罪目标空间的不确定性，减少犯罪概率。②自然监视。对空间内人的活动进行监视，使异常活动能够被及时发现，增加犯罪行为实施的风险。③出入控制。对接近潜在犯罪目标和逃跑的各种途径加以控制，增加实施犯罪的风险和难度，减少犯罪概率。④形象与维护。"破窗

---

① 孙晓雳：《犯罪预防中的情境预防》，中国政法大学出版社1993年版。

理论"认为：如果某地区的环境形象持续恶化而没有及时得到维护，那么该地区的环境便会在短时间内遭到进一步破坏。加强环境形象的维护，保持吸引力，减少破坏环境的行为，有利于犯罪预防。⑤活动支持。由于某种原因而造成人流量很少的地区，不利于犯罪预防，需要人为增加活动或场地功能引导人群的聚集，增强监视作用。⑥目标加固。对特定目标加强保护措施，如建设围墙、防护栏等。

（二）社区围墙的历史演进

社区是以居民日常生活和居住功能为主，具有一定人口和用地规模的生活聚居地。它不仅为居民提供生活居住空间和各类服务设施，而且承载着"家"的概念，是给人们提供归属感和安全感的精神家园。因此，安全是社区最基本的功能，是人们居住生活满意的首要条件和关键要素。

1. 中国传统城市社区围墙的演变

（1）中国里坊制度的形成

墙又称墉或壁，《释名·释宫》曰："墙，障也，所以自障蔽也。"《疏曰》："墙者，室之防也。"围墙在建筑学上是指一种垂直向的空间隔断结构，具有防扰保安、划分地界、隔离内外、宗教（精神）界限、社会控制等多种功能，但安全保障功能是其最基础和首要的功能。出于对野兽和外来侵略者的恐惧，世界上早期的居民点基本都有墙或沟壑等防御性设施。古代城市的兴起也一定程度上是出于防御上的需要，在居民和统治者集中居住的地方修筑墙垣城郭，以抵御和防止别的部落、氏族、国家的侵犯，保护居民的财富不受掠夺，即"筑城以卫君，造廓以守民，此城廓之始也"（《吴越春秋》）。

在2000多年封建社会里，我国逐渐形成了"国有封闭城，家有封闭院"的传统观念和生活习俗,"住防合一"也是中国传统聚落的一个重要特征。自先秦以来,出于社会治安与社会控制的需要,封闭的里坊成为中国古代城市的基本模式。从先秦一直到唐代中期,中国城市的居住区都是封闭型的。城市的居住区最早被称为"里",本是一个基本的农业生产组织单元,后被移植到城市成为基本居住单元。东汉后期开始,出现了"坊"(古同"防")的称呼,并逐步取代了"里"。无论是里还坊,周围都有围墙,围墙上的门称为"闾"。里坊具有防范盗贼、监管教化以及征收税赋和徭役等功能,安全功能是其最基本功能。

有基于此,《管子·八观》中第一观即为"大城不可以不完,郭周不可以外通,里域不可以横通,闾闬不可以毋阖,宫垣关闭不可以不修。故大城不完,则乱贼之人谋;郭周外通,则奸遁逾越者作;里域横通,则攘夺窃盗者不止;闾闬无阖,外内交通,则男女无别;宫垣不备,关闭不固,虽有良货,不能守也"。

(2) 唐宋之交里坊制度的变革

从中唐至北宋的唐宋之交是中国古代经济社会的一个大变革时期,也是中国古代城市从封闭里坊制转向开放街区制的大变革时期,这与我国从计划经济到市场经济转型过程中城市单位制的演变具有诸多相似之处。

第一,唐宋之交商品经济的发展与制度变革

引起唐宋之交国家与社会关系变化的原动力是商品经济的发展[①]。唐代前期国家免征商业赋税,这为商品经济的发展提供了宽松的政策环境。大运河的贯通、漕运技术的改进和农业生产水平的提高又为商品经济的发展提供了强劲动力,唐宋之交商品经济的广度和深度都因此得到了长足发展。农业商品化生产和乡村草市快速

---

① 参见林文勋《唐宋社会变革论纲》,人民出版社2011年版。

兴起、城市商业普遍繁荣、多种商业业态纷纷出现、货币和信贷制度变革等都是这一时期商品经济蓬勃发展的具体表征。

伴随着商品经济的发展，土地制度和赋役制度这两大农业社会最核心的制度也发生了巨大变革。从北魏至中唐的均田制是一种国家所有的土地制度，国家按人口分配土地，严禁土地买卖。但商品化的农业生产需要对土地进行长期投入和规模化经营，导致土地私下交易和土地集中，均田制由此逐步瓦解并在唐代中叶被废止，此后土地私有制开始占据主导地位。与此相对应，"有田则有租，有身则有庸，有户则有调"的租庸调制也被"唯以资产为宗，不以丁身为本"的两税法所取代。两税法又进一步促进了土地的兼并和集中，即"兼并者不复追正，贫弱者不复田业，姑定额取税而已"。

商品经济的发展和土地制度与赋役制度的变革进一步引发了唐宋之交社会经济的巨大变迁，并进而导致国家与社会关系的重构，这可以通过国家对社会控制的弱化和社会组织的蓬勃发展两方面来说明。

第二，国家对社会控制的弱化

在自然经济占主导的社会，土地和劳动力是最基本的生产资料，社会经济的生产、分配和再生产都主要局限在单个的经济组织内，社会具有很强的分散性和封闭性。因此，中唐以前，国家将人口严格控制在土地之上，限制人口的空间流动。同时通过尊卑贵贱的身份等级制度将社会各阶层与土地的关系进一步固化，限制人口的身份等级流动。而商品经济是一种以交换为目的的经济，需要独立的商品生产者和可以自由出卖劳动力的劳动者，商品经济的发展必然促进人口和其他生产要素的流动和重组，国家对社会的支配和控制难以为继，人口的空间流动和身份等级流动日益扩大。

在空间流动方面，由于土地私有化和两税法的施行，农民对地主和土地的依附关系弱化。商品经济的繁荣吸引大量农民自愿或被迫离开故土，进入城镇从事商业和手工业。城镇人口快速增加，这一时期城镇人口占总人口比重达到20%左右，是我国古代城镇化水平最高的时期。顺应这一变化，国家取消了之前严控工商业者职业和身份的市籍制度，而代之以坊郭户和乡村户实行城乡分治，以适应城镇人口管理的需要。

在身份等级流动方面，商品经济的蓬勃发展及其等价交换原则使得财富取代之前的出身而成为确定人们身份等级的主导力量。依靠商业和手工业致富的"富户"对"因贵而富"门阀士族的社会地位产生冲击，以致"富敌至贵"。再加上科举制度的成熟，身份等级流动更加频繁，士绅合流并取代之前的门阀士族，成为社会的主导阶级，为宋代"皇帝与士大夫共治天下"奠定了基础。

第三，各类社会组织的广泛兴起

唐宋之交的社会组织可分为两类，一类是经济领域的行会，一类是民间的会社，这两类社会组织在这一时期都得到了快速发展。

行会不仅在数量上迅速增加，其性质和功能也有所变化。《长安志》记载唐代长安东市有二百二十行，《武林旧事》记载南宋都城临安已有四百四十行。中国的行会最初是因国家对工商业分门别类管理和收税的需要而设置，但随着商品经济的发展，行会防止竞争、排斥异己、垄断市场、规范秩序等民间同业社团的功能开始增强。国家利用行会管理工商业，行会也积极为本行业争取利益，甚至不惜与国家进行对抗①。唐德宗建中三年（782年）和宋太祖开宝七年（974年）的罢市运动就是当时行会自主性增强的具体体现。

民间结会和结社也是这一时期较为普遍的社会现象，其发展速度和发育程度都远超之前的任何朝代。直到唐代初期，我国民间会

---

① 曲彦斌：《行会史》，上海文艺出版社1999年版。

社现象比较单一、孤立，对社会生活的影响不大。唐宋之交随着商品经济的发展、国家对社会控制的弱化、人口流动的增加和城镇的蓬勃发展，各类基于政治、军事、经济、文化、宗教、志趣乃至慈善的会社纷纷兴起，史书有正式记载的会社类型就多达百余种，结社结会已遍布社会生活的各个层面并存在于社会各阶层[①]。这些民间会社通过自身的资源和机制对国家产生影响，呈现出社会与国家互动的良好态势。

总之，随着商品经济的发展和制度变革，等级森严的身份性社会开始松弛，人口和生产要素的流动性增强，国家对社会的强制性管控开始弱化，各类社会组织广泛兴起。国家对社会已经不是传统意义上的支配与控制，而是从"国家凌驾于社会之上"向"国家与社会互动"变迁，但这一态势随着后来的朝代更替而受阻。还特别值得一提的是，唐宋之交国家与社会关系的变化并非一帆风顺，也经历了反复和曲折的过程。尤其是宋代初期的几位皇帝担心其成为继短命"五代"的"第六代"，试图效法汉代和唐中叶之前的典章制度，处处以汉唐为典范，极力强化对社会的控制，多次下诏禁止民间结社。但最终未能成功，到宋仁宗以后正式放弃了这一努力[②]。

第四，里坊制的解体与街巷制的形成

中唐以前，与国家对社会的支配相一致，里坊是国家征兵、徭役、税收和社会控制的基础，国家权力通过里坊渗透到城市的每一个角落和每一个家庭。坊正是国家在里坊设置的基层官职，其职责是"掌坊门管钥"和"按比户口，课植农桑，检察非违，催驱赋役"。城市内官民分居，平民根据职业居住在不

[①] 史江：《宋代会社研究》，博士论文，四川大学，2002年。
[②] 牟发松：《"唐宋变革说"三题》，《华东师范大学学报》（哲学社会科学版）2010年第1期。

同的里坊。里坊内严禁商业交易，一般民户不能临街开门，城市街道严禁侵占，"诸侵巷街、阡陌者，杖七十"。坊门昼开夜闭，禁止市民夜行，"诸犯夜者，笞二十"。坊墙损坏，由本坊居民负责修缮①。

中唐以后，里坊制开始受到冲击并逐渐瓦解。由于商品经济的发展和城市规模的扩大，城市中原有的封闭市场不能满足规模日益扩大的商品交易的需要，出现了"侵街打墙，接檐造舍"和坊内开店的现象。在唐代宗大历二年（767 年）和唐德宗贞元四年（788 年），曾先后两次下诏对此进行制止，但未能如愿。与里坊制度相配合的"夜禁"制度也被破坏，一些里坊"或鼓未动即先开，或夜已深犹未闭"。

北宋城市商业更加繁盛，封闭的里坊制已经成为城市经济和社会发展的障碍。但由于宋初三代试图效法汉代和中唐之前的典章制度，因此也试图恢复隋唐的里坊制，重建坊墙，严禁侵街行为的发生。国家与社会对此展开了激烈斗争，谢德权奉召拆除侵街造舍的曲折过程就是其生动体现。但国家最终认识到"侵街"潮流势不可当，于是在宋徽宗时期开始征收"侵街房廊钱"，承认了其合法性②。坊墙逐步被废除，商业店铺纷纷沿街而建，街巷最终取代了里坊，形成《清明上河图》中描绘的景象。与此相对应，北宋初期城市中"坊正"社会管理的事务逐步弱化。北宋后期和南宋，宋政府在汴京和临安等城市新设"街道司"来掌管街巷的相关事务。此后，坊作为一个基层管理单位依然存在，但其作为国家控制社会的功能已经大大弱化。

从里坊制到街巷制度，反映了国家与社会关系的变化，同时也促进了这一关系的变化。坊墙的倒掉解除了城市中人口和经济要素

---

① 郑卫、杨建军：《也论唐长安的里坊制度和城市形态》，《城市规划》2005 年第 10 期。
② 包伟民：《宋代城市研究》，中华书局 2009 年版。

流动的障碍，拓展了商业和手工业的发展空间和经营时间，进一步促进了城市经济的发展；里坊制度的松弛使得城市中各行业和各阶层人口混居，强化了城市居民互动和交流，因而进一步促进了城市文化的繁荣和市民等级身份的流动；里坊制度的松弛也使得各类社会组织从最初的"里社（会）合一"走向"里社（会）分离"，并进一步促进各类社会组织的蓬勃发展。国家与社会的互动因里坊制度的变化而进一步强化，也由此使得宋代成为中国历史上经济最繁荣、科技最发达、文化最昌盛的朝代。

（3）近现代我国城市社区的演变

鸦片战争以后，西方列强在中国强占了一些沿海城市和租界。西方规划师将欧洲的联立式住宅和中国传统的院落相结合，创造出中西合璧的里弄（如上海）或里院（如青岛）。围墙围合是里弄和里院的基本空间形态，这种形态给居民带来较强的安全感，因而广受欢迎，形成中国近代城市的基本空间格局[①]。

新中国成立后，我国在20世纪50年代初期新建的企事业单位一开始大多没有围墙，各地新建的工人新村等居住区也是如此。并且在一些单位开始修建围墙时，政府也一度发文禁止。但在计划经济时期，我国构建起总体性社会以加速实现富国强兵的目的。国家几乎垄断全部重要资源，并以这种垄断为基础对社会生活进行严格而全面的控制，严格限制人口的空间流动和身份流动。国家与社会合为一体，几乎不存在独立于国家的社会组织。在城市中，正如中唐之前的里坊一样，单位成为城市最基本的经济单元和社会生活的基本场域。单位集政治、经济和社会控制等种种功能于一体，通过个人对单位的依附与单位对国家的依附，国家对城市社会实现全面整合和控制。城市中各个单位大院以封

---

① 宋伟轩：《封闭社区研究进展》，《城市规划学刊》2010年第4期。

闭围墙划定边界，内部空间与公共服务自成体系，形成一个个蜂窝状的"小社会"。

改革开放以后，我国的国家与社会关系再次重构。引发这次国家与社会关系重构的原动力是市场经济，它是通过市场调节实现社会资源配置的经济体制，是商品经济的高级形态。随着国家垄断资源的减少和新生社会力量与社会组织的出现，国家对社会控制范围缩小，对社会生活的干预逐渐减弱，干预的手段也发生变化。党的十八届三中全会将"推进国家治理体系和治理能力现代化"作为全面深化改革的总目标，也预示我国国家与社会的关系将进一步朝着"合作共治"的方向转变。作为联结国家和社会关系的纽带，单位制也随着市场经济的发展和国家与社会关系的转变而逐步消解。伴随着企业产权制度、土地制度、住房分配制度、人事制度、医疗制度、就业制度等一系列制度变革以及城镇化、国际化的快速推进，单位制已经失去存在的基础。封闭、分割、僵化的单位大院已经或多或少成为现代城市持续健康发展的障碍，因而正在解体或转型，这一过程与唐宋之交里坊制的变化具有非常强的相似性。

但与此同时，由于城镇化的推进和贫富差距的拉大，城市新开发的住宅小区却广泛兴建围墙，门禁制度开始在我国现代住区中广泛出现，安全正是其产生的一个重要原因。

2. 国外封闭社区发展基本情况

20世纪60年代以后，封闭社区在美国和西欧等国家兴起并逐步成为一个全球现象。在西方传统观念里，在城市中建设封闭围墙本身就意味着冒犯。但根据2001年美国住房调查，有700万个家庭、占总人口6%的人住在门禁社区中。2003年的数据表明11%的美国新建住房在门禁社区中，在加州，这一数字达到了40%。随着封闭社区的广泛兴起，封闭社区也逐步成为全球学术界探讨的一个热点话题。美国和其他西方国家的研究主要集中在安全感、社会隔离、私有化政府、生活方式、身份与名望等，并形成了相应的解释模型以及相应的封闭社区类型划分。

在这些研究中，封闭社区与犯罪或安全的关系是学者们探讨的一个热点话题。按照日常活动理论、情境犯罪预防理论、死角理论和犯罪预防性环境设计理论，围墙和门禁可以将诸多不确定性因素挡在外面，可以增加犯罪的难度、阻却犯罪分子和受害者的联系、减少情境型犯罪率等，因此是有利于增进安全感的。但是，也有一部分学者认为要素的空间隔离对于社区安全也有消极意义。过度依赖门禁、监控等设施容易使得居民放松警惕，导致犯罪发生。尤其是英国伦敦大学学院的希利尔教授的一系列研究成果对盛行的"门禁社区"的安全性提出质疑，认为"传统街道式居住形态"因兼具更多积极的空间因素，在安全性层面大幅优于"门禁社区"。简·雅各布斯提出的"街道眼"理论也认为：在街道上的人流越多，能产生的自然监视也越多。她指出较高程度的自然监控能够营造一个安全的环境，对居住区的街道采取多种用途（如布置足够的商店、酒吧和饭店等公共场所）可以提升这些街道的自然监控和非官方监控，从而增加潜在的安全系数。国外曾进行过一项针对管教所里的72名窃贼的调查，让他们从一些住房照片中判别哪些房子是被洗劫过的，发现很少有窃贼仅仅以住房是否坚固或有无安全系统来判断潜入住房的困难程度。而窃贼所判定的难以进入的住房，与邻居的反应高度相关。也就是说：窃贼在实施犯罪过程中最惧怕的是邻里的反应，而不是围墙和门禁等物理防范设施[①]。

---

① 陈惠芳：《变有形防御为无形防御——城市门禁住区的思考》，《建筑学报》2007年第4期。

二　推行街区制面临的挑战

2016年2月《中共中央、国务院关于进一步加强城市规划建设管理工作的若干意见》（以下简称《意见》）提出："加强街区的规划和建设，分梯级明确新建街区面积，推动发展开放便捷、尺度适宜、配套完善、邻里和谐的生活街区。新建住宅要推广街区制，原则上不再建设封闭住宅小区。已建成的住宅小区和单位大院要逐步打开，实现内部道路公共化，解决交通路网布局问题，促进土地节约利用。"

在该《意见》发布之前，中国城市中广泛存在的封闭式小区并未被公众认为是一个重要问题。《意见》发布后即刻引发社会争论和质疑，一派观点认为拆除小区围墙可以节省土地、共享公共空间、改善城市交通等优点，是城市社会进步的体现；而另一派认为，推广街区制意味着不可避免地要打破小区已有的对外隔离措施，并将小区内部的道路公共化，供城市所有车辆使用，社区安全和业主权益等难以保证。通过媒体对苏州市民的调查发现，针对开放街区，市民最担心的问题即是安全问题。中国指数院研究院苏州分院的资深研究员马荣霞就表示，不再建设封闭小区，实施难度较大，小区安全性会成为业主最先考虑的问题。① 因此，这个政策只是拍脑袋之举，难以真正贯彻实施。

安全问题主要包括小区业主的人身财物安全、交通出行安全两个方面。就人身财物安全来说，在现有的封闭式小区模式下，小区外的人员不得随意进入小区，并且有专门的保安人员负责日常治安

---

① 《苏州市民热议"开放式街区"最担心安全问题》，2016年2月，腾讯·大苏网（http://js.qq.com/a/20160224/042070.htm）。

的维护。居民在购房的同时也会将治安管理水平作为是否购买的主要依据,而开发商与物业公司也会将其作为提高楼价以及收费标准的理由之一。即使在这种情况下,依然难以百分之百地保证业主的人身财物安全,那么在街区开放后,在物业管理以及保安人员职责不明确,履职范围不清晰的情况下,小区业主对自身的安全问题的担忧不无道理。其次,就交通出行安全来说,小区开放后将会实现内部道路的公共化。在这种情况下,交通车辆会在居民区内行驶,对居民的出行,尤其是孩子、老人的安全构成一定的影响。

居住小区和单位大院是我国城市中广泛存在的两类封闭小区,两类小区由于形成背景和内在机制存在巨大的差异,从封闭走向开放的过程中引发的矛盾也存在较大差异,具体对策也不一样。因此,本研究分别对居住社区和单位大院在此过程中遇到的安全及其他相关挑战进行分析,然后分别提出对应的政策建议。

(一) 推行街区制过程中居住社区面临的挑战

由于安全是封闭管理的主要目的,这一手段究竟是否达到了它的目的呢?从媒体及政府报告中发现的回答是不一致的。一方面,一些社区声称在采取了封闭及其他安全措施后,盗窃案发案率下降达45%—85%。大多数居民也乐于封闭自己的小区,因为这不仅增加了安全感,同时也防止了无照摊贩的吆喝、过境交通的噪音、不请自来的推销员或门缝下塞进来的广告。但另一方面,非官方的报告显示封闭式小区的居民私下里常抱怨围墙只是制造了一个安全环境的幻象。如北京西城区在1997年开始建封闭小区,但1998年在已封闭的小区中仍然发生了228起入室盗窃案。不少广为报道的盗窃凶杀案发生在封闭式小区中①。

---

① 缪朴:《城市生活的癌症——封闭式小区的问题及对策》,《时代建筑》2004年第5期。

为把握围墙与社区安全感的关系和居民对围墙的态度,课题组在北京分别选取东城区东总布胡同居住组团、朝阳区光辉南里、朝阳区盛世嘉园三个典型的开放式、半开放式和封闭式小区作为研究案例,于 2016 年 12 月通过问卷调查和深度访谈对三个小区进行了调查。

1. 三个小区基本情况

东总布胡同居住组团(以下简称总布胡同)位于北京市东城区建国门街道东总布胡同中段,由三栋 6 层板楼组成,即小羊宜宾 3 号楼、小羊宜宾 4 号楼及东总布胡同 2 号楼。该居住组团始建于 1979 年(之前是胡同和杂院),由人民美术出版社、赵家楼饭店、金帅物业共同出资建设,最初为职工福利房,房改后产权已归属个人。三栋楼自然围合,无围墙和大门,人、车自由出入,也无物业管理,公共区域的绿地由园林局负责维护,属于典型的开放式居住小区。

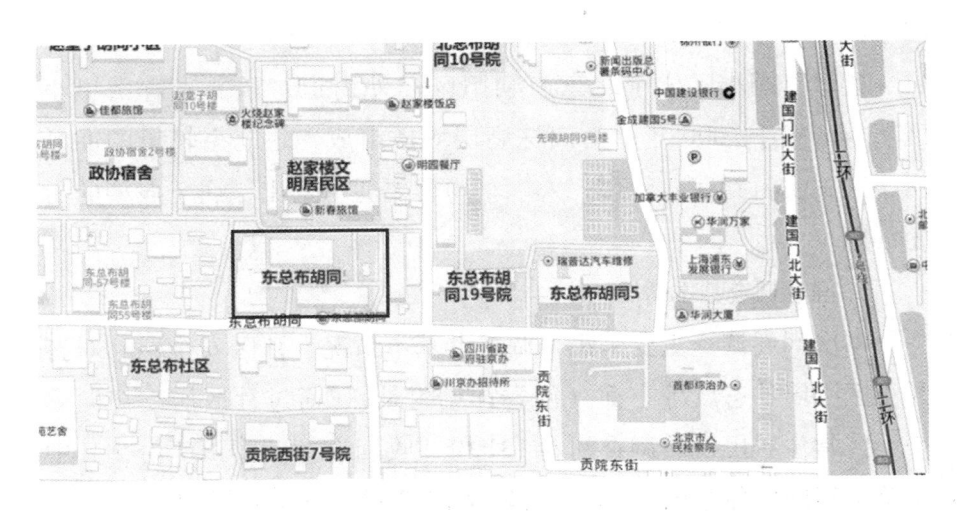

图 2 总布胡同位置示意

图 3　总布胡同现状相片

光辉南里小区位于北京市朝阳区建外街道，紧邻盛世嘉园小区。该小区建于 1990 年前后，由六栋板楼组成，最初为印刷二厂单位职工福利房。原单位聘请维修和保洁人员承担日常维护，向居民收取卫生费（6 元/月）。小区内划定固定车位，居民缴纳停车费。小区有围墙和铁门，但管车不管人，行人可自由出入，属于典型的半封闭小区。

盛世嘉园小区位于北京市朝阳区建外街道，紧邻光辉南里小区。小区建于 2000 年，由四栋高层塔楼组成，是北京较早的商品房小区，实行封闭式管理，人、车均需要凭卡进出，属于典型的封闭小区。

2. 问卷调查基本情况

本次问卷调查主要采集了调查者基本情况、社区安全感和对打开小区围墙的态度等方面（问卷详见附录），通过社区居委会向三个小区常住居民发放调查问卷 131 份，收回有效问卷 107 份，其中东总布胡同居住组团 47 份，光辉南里 22 份，盛世嘉园 38 份。

在 107 份有效问卷中，受调查者男性 44 人，占 41%；女性 63 人，占 59%。受调查者年龄主要集中在 40—70 岁，占 78%。

受调查者户籍以本小区或小区所在行政区为主，占 81%。分小

图 4　盛世嘉园与光辉南里位置示意

图 5　光辉南里现状

区来看，三个小区外省市户籍比重都很低且大致相当，总布胡同和光辉南里的受调查者以本小区户籍为主，但盛世嘉园 60% 的受调查者存在人户分离现象。受调查者的房屋产权以自有产权为主，但三个小区差异较大，盛世嘉园和光辉南里的自有产权比重非常高，其

图6　盛世嘉园现状

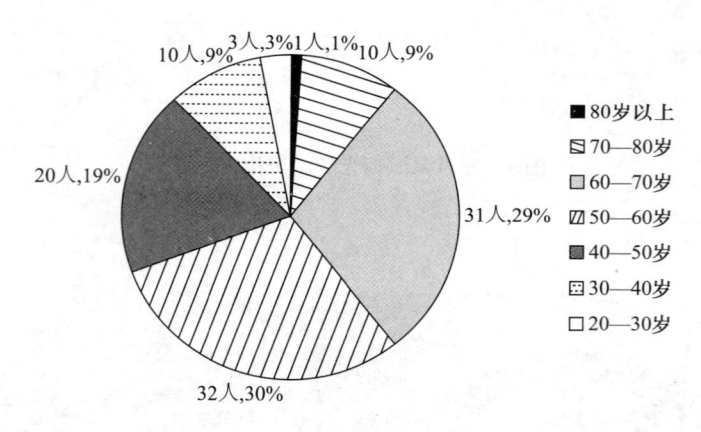

图7　受调查者的年龄结构分布

他类型产权房屋比重都很低。总布胡同房屋产权结构比较复杂，自有产权比重相对较低，单位公房比重较高。受调查者为租户的比重都很低。受调查者的学历主要集中在高中至本科段，占总体的78%。三个小区差异较大，盛世嘉园的受调查者学历结构相对较高，大专以上占71%。光辉南里的学历结构相对较低，初中及以下占18%。

受调查者的收入结构以中低收入为主，这与调查时间有关。三个社区收入结构差异较大，盛世嘉园的中高收入者比重较高，年收

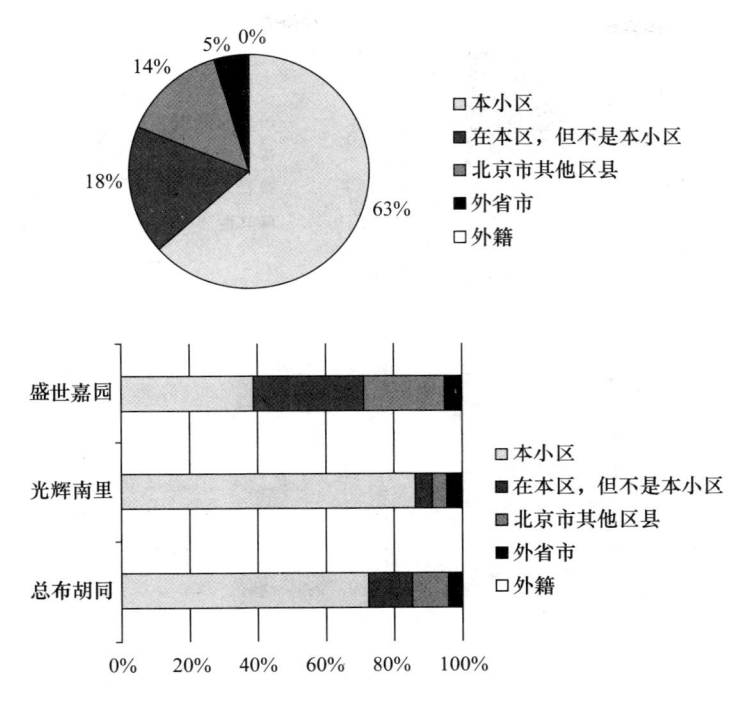

图8 受调查者总体及分小区户籍所在地分布

入 12 万元以上的达到 58%，而光辉南里和总布胡同两个社区的中高收入者比重都很低。

3. 受调查者的社区安全感

在"您觉得您居住的小区安全吗？"一题中，选择不太安全的占 26%，非常不安全的占 6%，显示出社区安全感是首都城市发展中一个比较严峻的社会问题。三个小区受访者的安全感差异较大，盛世嘉园的受访者的安全感最差，18% 受访者感觉非常不安全，53% 的受访者感觉不太安全，而感觉比较安全的仅占 5%，感觉非常安全的没有。光辉南里的受访者有 18% 感觉不太安全，而感觉比较安全和非常安全的分别占 23% 和 9%。总布胡同的受访者安全感最强，只有 9% 的受访者感觉不太安全，感觉比较安全和非常安全

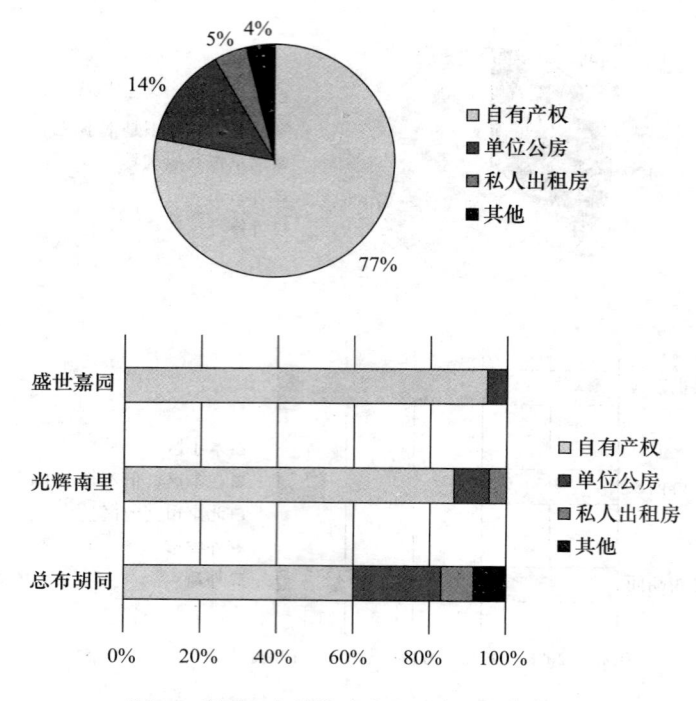

图 9　受调查者总体及分小区房屋产权情况

的分别占 55% 和 2%。

在"与三年前相比,您觉得小区的治安状况有什么变化?"一题中,安全感下降的占 41%,而安全感上升的占 39%,两者大体相当。分社区来看,盛世嘉园受访者的安全感严重恶化,选择显著下降和有些下降的分别占 42% 和 55%,仅 3% 的受访者认为没有变化,而认为安全感提高的受访者为零。总布胡同受访者的安全感普遍上升,选择有些下降的仅占 2%,而感觉有所提高和显著提高的分别占 62% 和 6%。

在"与小区内部相比,您觉得小区周边的治安状况如何?"一题中,盛世嘉园的受访者普遍认为小区治安状况优于周边,而光辉南里和总布胡同的受访者对此认识都不太一致。光辉南里有 45% 的

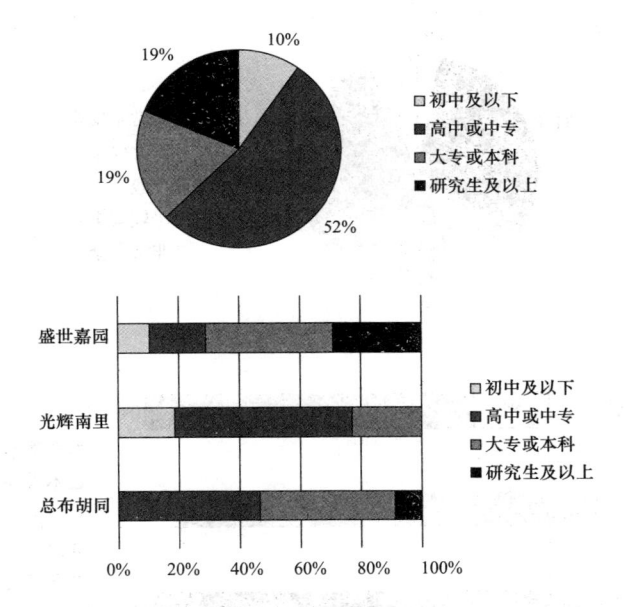

图 10　受调查者总体及分小区学历结构

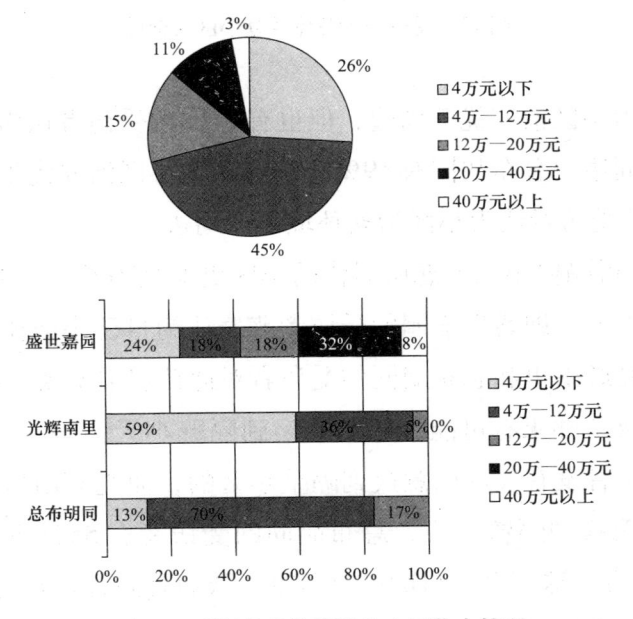

图 11　受调查者总体及分小区收入情况

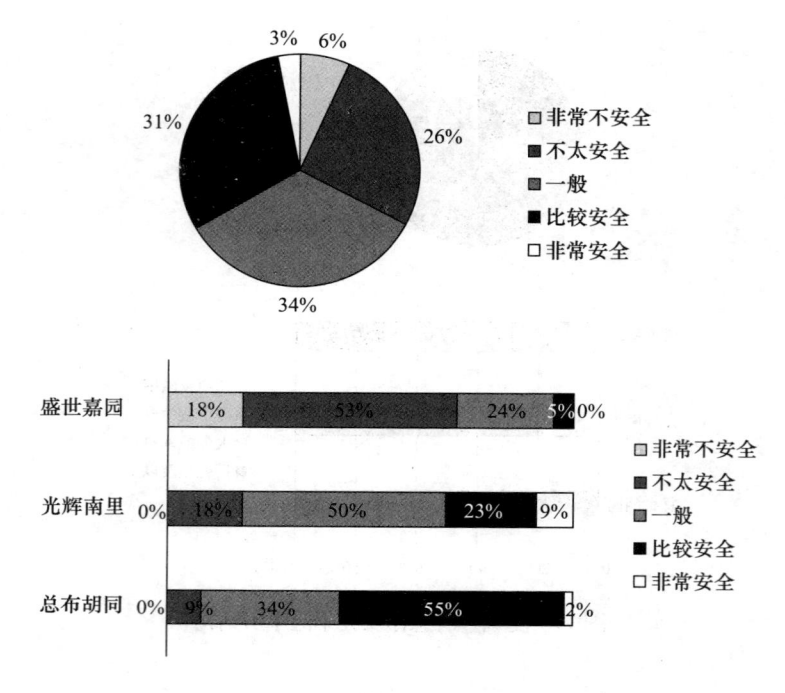

图中数据(饼图):非常不安全 3%、不太安全 6%、一般 26%、比较安全 34%、非常安全 31%。

条形图:
- 盛世嘉园:18%、53%、24%、5%、0%
- 光辉南里:0%、18%、50%、23%、9%
- 总布胡同:0%、9%、34%、55%、2%

图12　受调查者总体及分小区安全感

受访者认为小区治安优于周边,但也有23%的受访者认为小区治安环境不如周边。总布胡同有19%受访者认为小区治安优于周边,但也有6%的受访者认为小区治安环境不如周边。

"您觉得隔壁小区比您所居住的小区更安全吗?"一题的调查结果与上题类似,即盛世嘉园的受访者普遍认为自己小区比隔壁小区安全,而光辉南里和总布胡同的受访者对此认识都不太一致。

在问及"如果有可能,您愿意换到隔壁小区住吗?"时,盛世嘉园的受访者没有表示愿意换到隔壁小区的,而光辉南里的受访者有60%愿意换到隔壁小区,总布胡同的受访者有55%不愿意而有6%表示愿意。这三个题目的结果基本一致而且并且相互支持。

对于"您认为,下列哪些措施能够提升社区安全感,并按重要性从高到低排序"一题,总布胡同和光辉南里排名前三位

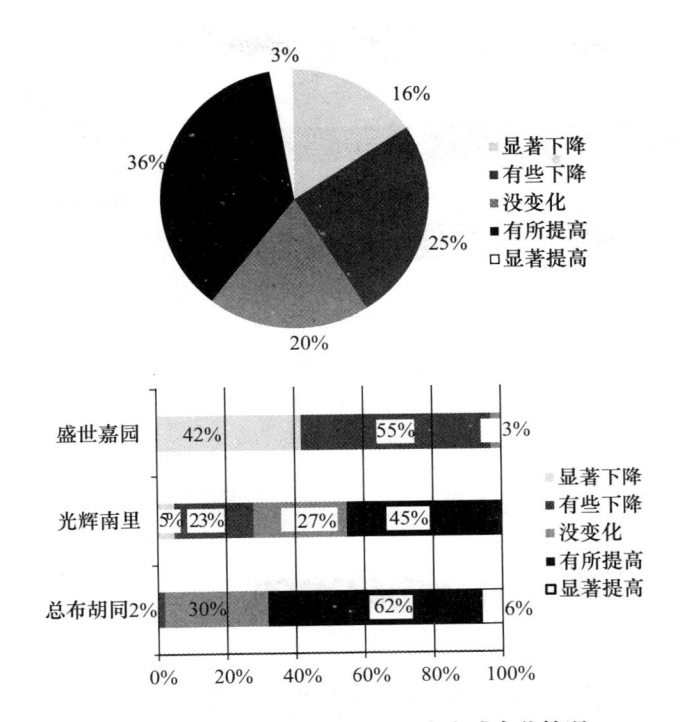

图13 受调查者总体及分小区安全感变化情况

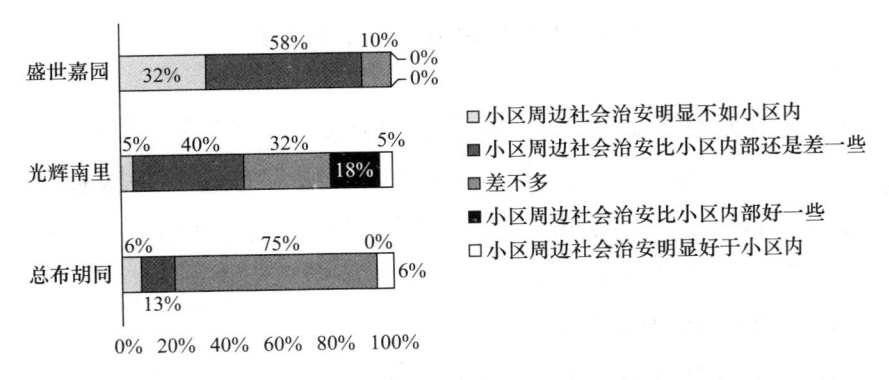

图14 各小区与周边区域安全感比较情况

的基本一致，分别是"增加保安流动巡逻""增加监控摄像头"和"加装围墙和栅栏"，而盛世嘉园受访者认为"增加治安志

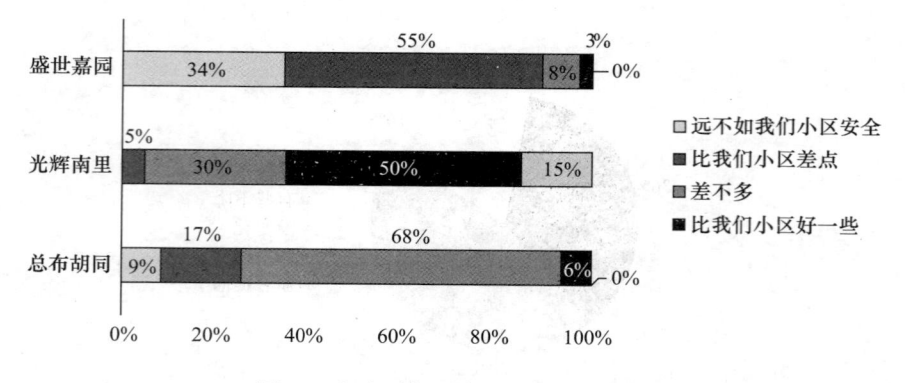

	远不如我们小区安全	比我们小区差点	差不多	比我们小区好一些
盛世嘉园	34%	55%	8%	3%—0%
光辉南里	5%—30%	50%	15%	
总布胡同	9%—17%	68%	6%—0%	

图15　各小区与隔壁小区安全感比较

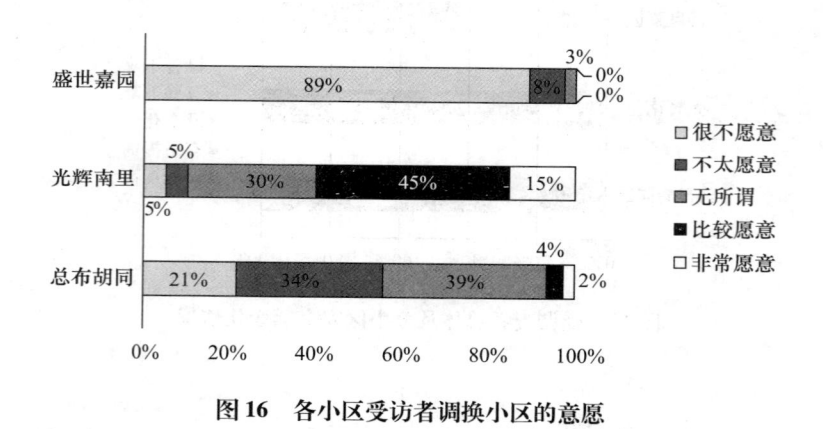

	很不愿意	不太愿意	无所谓	比较愿意	非常愿意
盛世嘉园	89%	8%	3%—0%—0%		
光辉南里	5%—30%	45%	15%	5%	
总布胡同	21%	34%	39%	4%—2%	

图16　各小区受访者调换小区的意愿

愿者""增加监控摄像头"和"增加保安流动巡逻"分别位于前三位。可以看出，对于围墙和门禁不健全的两个社区而言，居民虽然认为加装围墙和栅栏依然是应对治安安全的一个重要举措，但不是最重要的手段。

4. 对打开小区围墙的态度

在"您是否支持您居住的小区加建围墙或栅栏？"一题中，12%的受访者持反对态度，62%的受访者持支持态度。分社区来看，盛世嘉园的支持率最高，占92%；光辉南里有54%的受访者支持，但也有46%的受访者反对；总布胡同有41%的受访者支持，有17%的受访者反对。与上题对应的是"是否支持您居住的小区

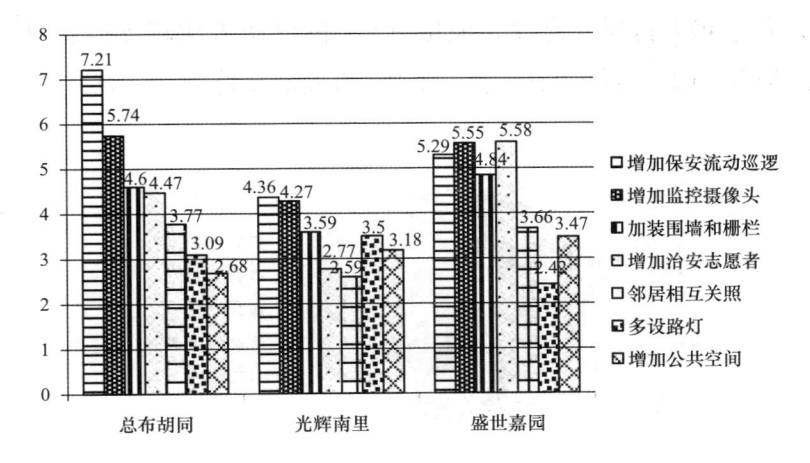

图 17　各小区增进安全感的措施评分

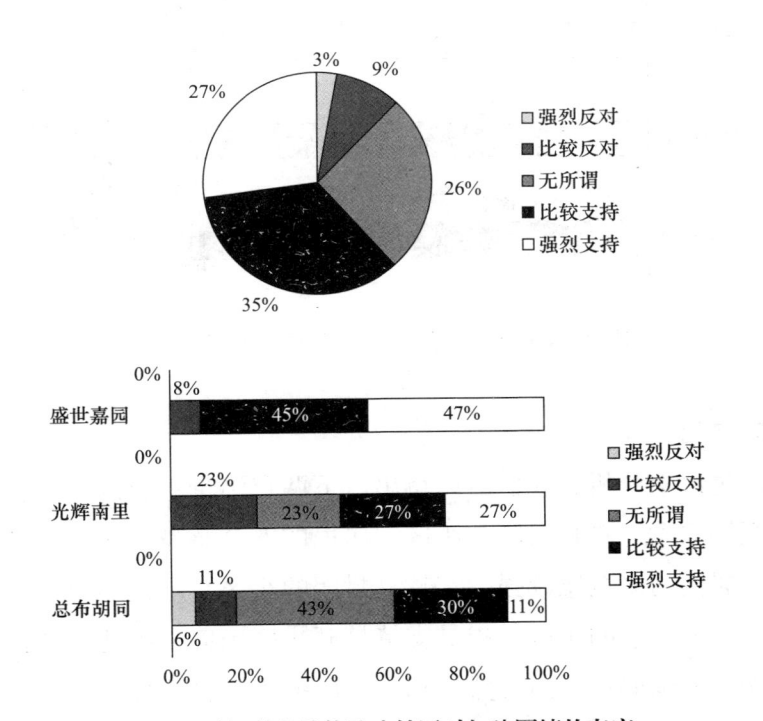

图 18　受调查者总体及分社区对加建围墙的态度

拆掉围墙或栅栏",持反对态度的受访者占65%,持支持态度仅占4%。盛世嘉园92%的受访者表示强烈反对,无人支持;光辉南里的受访者40%持反对态度,但也有9%的受访者比较支持;总布胡同有51%的受访者表示反对,有4%的表示支持。

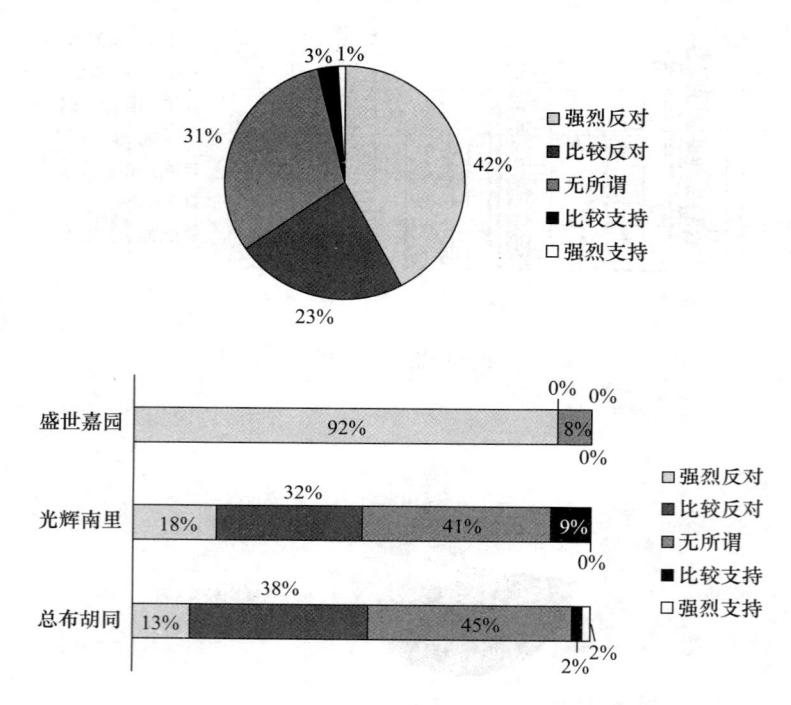

图19 受调查者总体及分社区对拆除围墙的态度

5. 结论

通过以上分析,我们可以得出以下两点结论:①围墙与安全感并无直接关系。越是封闭的小区,居民的安全感越差;越是开放的小区,居民的安全感越强。②越是封闭的小区,越是反对打开小区围墙;越是开放的小区,越是支持打开小区围墙。因此,若拆除已经建立起来围墙短期内必然受到小区居民的强烈反对。

(二)推行街区制对单位大院的挑战

在新中国成立以后所建立的土地制度下,单位通过划拨方式无偿得到城市土地,并根据单位自身需求和行政等级等条件,确定其相应的用地规模和建设内容。在这一过程中，单位本身未以任何形式支付土地租金就能获得具有增值性质的城市土地，并进行相对自由的开发建设。因此，课题组认为，在推广街区制这一符合公共利益的政策推行中，单位大院理应承担较私有化的住宅小区更多的公益性付出，率先开放。同时，单位大院的开放过程伴随着单位、规划管理者、居民等多个主体的博弈，能够更好地实现多元主体进行城市治理的美好愿景。在本课题的研究中，关注点聚焦于有条件开放的单位大院。对于那些特殊性质的单位，如军事大院、文保单位、保密单位等，以及本身具有不可开放性质的单位如中小学等，不在探讨之列。

1. 单位及单位大院

新中国成立初期，在计划经济体制下，我国建立了国家政治、经济和社会结构的基本组成细胞和运行单元——单位①，单位大院就是其落实在城市规划设计中的空间实体。

在已有文献中，我国学者已经对单位大院进行了一定程度的研究。从制度层面观察，单位是一个集社会调控、政治整合、资源配置、社会保障等众多功能于一身的万能组织②，单位体制成为整个社会运转的根基③；从社会管理层面观察，单位成为条块纵横体系之中的最基本管理层次④；从城市空间层面观察，单位大院是城市规划设计中的基本单元，是单位制度的空间体现，以单位为主体的住房实物分配体制的实行对中国城市空间的塑造产生了直接的影

---

① 乔永学：《北京"单位大院"的历史变迁及其对北京城市空间的影响》，《华中建筑》2004年第5期。
② 陈志成：《从"单位人"转向"社会人"——论我国城市社区发展的必然性趋势》，《温州大学学报》2001年第3期。
③ 路风：《单位：一种特殊的社会组织形式》，《中国社会科学》1989年第1期。
④ 郭虹：《从单位到社区——社会管理体制的变革》，《经济体制改革》2002年第1期。

响①，例如有学者提出的疆界痕迹②和龟裂城市③等概念；从个人层面观察，单位的实质是个人对国家的依附，单位对于我国的每一个就业公民（农村居民除外）具有异乎寻常的重要意义，离开单位意味着个人的许多社会活动无法进行。因此，从宏观制度到微观个人的视角，单位大院在中国的发展轨迹中都占有举足轻重的地位，是我们在推广街区制的道路上不可忽视的研究对象。

在城市建设初期，单位大院的建设原则是"先生产后生活"以及"最小化通勤距离"④，也由此带来了单位大院诸多显著的特点。单位社区被认为是以空间的封闭性、居民的同质性与稳定性、社区关系的单位内聚、社会网络的差序格局等级、社会生活的单位依赖与社区情感的单位情结为特征的现代版的"准乡土性"社区，是一种以业缘为基础的熟人社区⑤。而正是由于其空间的封闭性导致了单位大院具有高度自治权⑥、排他性和自足性，使得单位内部同质性强，而单位之间异质性强，形成大院内外空间的有限沟通性，包括城市居民个人与外部的沟通以及城市社会与单位大院内部的双向沟通。这也是我们今天探讨"打开单位大院"的原因之一。所以，从国家治理现代化和城市治理的角度看，单位及单位大院的瓦解意味着真正的现代化与城市化的实现。

---

① 王美琴：《城市居住空间分异格局下单位制社区的走向》，《苏州大学学报》（哲学社会科学版）2010 年第 6 期。

② 张鸿雁、殷京生：《当代中国城市社区社会结构变迁论》，《东南大学学报》（哲学社会科学版）2000 年第 4 期。

③ 张汉：《中国体制转型背景下的单位制社区变迁》，《南方建筑》2010 年第 1 期。

④ 王美琴：《城市居住空间分异格局下单位制社区的走向》，《苏州大学学报》（哲学社会科学版）2010 年第 6 期。

⑤ 塔娜、柴彦威、刘志林：《单位社区杂化过程与城市性的构建》，《人文地理》2012 年第 3 期。

⑥ 石洁、宋雨珈、孔令龙：《从计划到市场——转型时期南京企事业单位大院变迁研究》，中国城市规划年会论文，2013 年。

现实中，市场经济发展已经对大院空间形态产生影响，其主要趋势是大院开放性不断加强，大院空间更多地融合到城市空间中来。在物质空间层面的表现为大院院墙逐渐虚化，内部空间逐渐拥挤、生活设施不断增多等方面。同时，进入市场经济的企事业单位大院会在城市空间中呈现半社区化的"隐性大院"状态，而也有一部分大院的形态将完全消失，被新的开放式的城市街区和社区所代替①。可见，开放单位大院可谓大势所趋，及时建立评价标准，将有助于单位大院的有序打开。

2. 打开单位大院面临的挑战

正如前文中所言，单位大院作为一种独特的城市空间形式，其实是一种独特的政治、经济、社会管理制度，虽已不合时代发展需要，但要彻底消除也并非易事。因此，打开单位大院面临着与商品房小区不同的挑战。

（1）安全问题

如同封闭式小区一样，打开单位大院同样首先面临安全问题，包括人身财务安全和交通出行安全两个方面。单位大院通常有一系列的安全设施和制度管理，限制外来人员和车辆进入，以达到保障院内安全的目的。开放以后，无疑将会给单位大院的安全管理带来挑战。以大学这种基本开放的单位大院为例，就目前的情况来看，为保证学生和教职工的人身财务安全，有的采取进门登记方式（如北京大学），有的采取增加门禁的方式（教学楼、实验楼、图书馆等），有的两种兼有（女生宿舍楼）。为保证交通出行安全，校园里普遍增设限速设施、划定机动车限行区等。不论哪种方式，都提高了安全管理成本，且降低了校园环境质量。

---

① 乔永学：《北京"单位大院"的历史变迁及其对北京城市空间的影响》，《华中建筑》2004 年第 5 期。

(2) 现实障碍

单位大院大多建于20世纪50—80年代，之后我国的城市发展经历了翻天覆地的变化，这些大院多数处于错综复杂的城市内部空间包围之中，且涉及不同利益主体。因此，要开放这些单位大院，不仅面临单位内部管理的挑战，还有来自城市外部环境的挑战。

以中国人民大学为例，2016年年中一则新闻引发人大教职员工和学生的关注，《北京推广街区制首先从高校开始 人大北航等将试点"拆墙"》：

> 据《北京晚报》报道，规划部门表示，将在海淀区率先开展高校用地内城市路网规划研究管理工作。目前，人民大学、北科大、北理工、政法大学及北航等高校已经重新钉桩道路红线，以"优化街区路网结构"。《北京晚报》还称，此次打通高校"断头路"、畅通高校周边地区微循环，或将成为打开围墙的又一实施项目。规划部门表示，将按"优化街区路网结构"的要求，在海淀区率先开展高校用地内城市路网规划研究管理工作，主要是结合校园现状用地及周边区域交通情况，研究路网加密的可行性，打通各类"断头路"，建立地区道路的微循环系统，以提高道路通达性。——2016/7/27，刘诗蕾，界面新闻

课题组为此特别考察了人大北路和南路的情况（参见图20）：人大北路目前是单行道，宽度很窄，而且两侧校园内的建筑物离墙很近，拓宽应该有一定困难；人大南路从现状来看打通的可能性也比较小，校医院后面的一大片都是围起来的小社区，互相用围墙阻隔不能连通，居民楼相互错开，很难找到一条可以直接通到万泉河

路的线路。目前比较可行的走法是从三义庙北路通上北三环，但是那条路也很窄，而且南侧有小学，早晚高峰会很堵。总之，可行性基本没有。

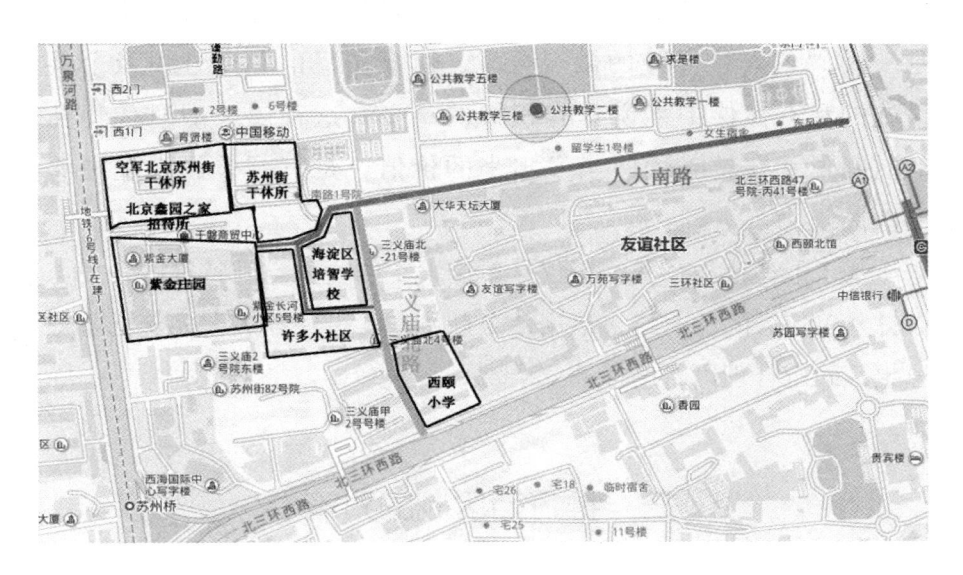

图20　人大南路现状

（3）制度障碍

单位制度作为社会主义计划经济体制和公有制的具体表现，在中国的出现和发展又结合了中国固有的传统文化心理，其所具有的封闭、社会排斥、等级意识等，即便是经历了改革开放和全球化的深刻影响，也依然难以根除。让单位管理者主动放弃既得利益，改变思维模式和行为方式，是像推动深化改革一样的难题。

（4）对单位大院价值认识上的改变

最后，单位大院这种城市空间形式，因为与单位制的密切关系，曾经受对单位制反思的牵连而受到批判。但随着城市空间不断扩张所带来的交通拥堵、高耗能、人情冷漠等城市病的出现，近年一些研究者重新发现了单位大院的价值，并推行新单位主义。单位大院在现代城市社会中的重要价值体现为，一是体现了"职住平衡"的理念，并与国际社会所倡导的低碳发展不谋而合；二是单位大院作为封闭式住宅区的一种，实际上是一种"熟人社会"的微观再现，对于居民的私密性以及公共设施的私有性保护来说具有积极的意义。这种属于旧时代特征的空间形式在新时代所焕发出来的价值，是打开单位大院更深层次的阻力。

基于上述挑战，我们拟仅从单位大院的物质空间特征的角度考虑打开单位大院的策略，根据"分门别类、循序渐进"实施的指导思想，确定合理可行的标准。

三　推行街区制的对策

（一）社区安全：从物理防控转向社会防控

著名的美国行为学家马斯洛，于 1943 年在其《激励和人》的论著中指出，人类最基本的需求是维持自身生存和延续的生理需求，以及安全保障的需要，其次才是社交活动、尊严地位、自我实现的需要。当代人的生理需求，必须受到安全需求和伦理道德的限制。在科学技术进步、文化繁荣和知识经济时代，"安全第一"、"安全为天"、"安全至上""安全超越一切"的理论，体现了 21 世纪人类发展和经济建设中的大安全观、安全系统观和安全人因工程观。这就是安全第一的思想和原则，就是简明的安全第一公理。21 世纪以来，我国现代化建设进入重要战略机遇期，也是社会风险高发期。社区作为城市最基本的组成单元，其公共安全状况是社会稳定和经济发展的基础，是人们生产安全和生活安全的基础，同时能直接影响到社区群众对社区安全感的信赖。而社区安全管理建设可以从一定程度上降低社会的暴力伤害、职业伤害、日常伤害以及有效地处理各种突发意外，为社区发展及居民生活提供安全、稳定的保障。因此城市社区公共安全管理是构建和谐社区的需要，是社区生存与发展的保障，是社区群众安居乐业的保障。如何搞好社区安全管理工作，是未来一段时间内社区建设的重中之重。不仅是一个社会问题，更是一个政治问题。

我国自改革开放初期就提出了社会治安综合治理的概念。1981年党中央就强调：解决社会治安问题，必须各级党委来抓，全党动手，实行全面"综合治理"。1991年《全国人民代表大会常务委员会关于加强社会治安综合治理的决定》强调："各部门、各单位必须建立综合治理目标管理责任制，做到各尽其职、各负其责、密切配合、互相协调"，同时也明确提出"加强社会治安综合治理，必须发动和依靠广大人民群众"。1992年10月，党的十四大把"加强社会治安综合治理，保持社会长期稳定"写入了新修改的《党章》的总纲，从而使社会治安综合治理成为全党的一项工作纲领。2001年9月，党中央和国务院下发了《关于进一步加强社会治安综合治理的意见》，提出了"打防结合，预防为主"的工作方针。2015年4月中办国办印发《关于加强社会治安防控体系建设的意见》的目标任务是："形成党委领导、政府主导、综治协调、各部门齐抓共管、社会力量积极参与的社会治安防控体系建设工作格局"，并在最后一节提出"积极扩大公众参与，坚持人民主体地位，进一步拓宽群众参与社会治安防控的渠道，依法保障人民群众的知情权、参与权、建议权、监督权……"1991年3月21日，中央社会治安综合治理委员会成立，2011年更名为中央社会管理综合治理委员会，2014年再次恢复为中央社会治安综合治理委员会。地方也成立了相应的机构，负责协调和指导相关部门落实中央和上级党委与政府关于社会治安综合治理的相关部署。

但受政府部门条条分割的影响，在实际执行中依然以少数几个部门为主导，仍然强调物理防控。改革开放以后，随着经济社会的巨大变革，社会贫富差距迅速扩大，基尼系数长期高于警戒线。城市化的快速推进又导致城市人口的快速和人口流动性增强，社区居民的凝聚力和归属感相比传统社会和单位大院时期显著下降，社会治安治理的复杂性和难度都显著增强。在此情况下，社会治安综合治理的重点往往不由自主地将末端防控置于首要位置，尤其是在一些治安问题高发区或特殊敏感时期。

城市社区围墙和门禁就是其中的一个典型。20 世纪 90 年代中期，针对城市居住区刑事案件增多的局面，在公安部门的提倡下，各地对已建住区采取封堵路口、建围墙、修栅栏和设传达室等措施，在居住社区建立门禁制度。但大量关于安全和安全感的研究表明，围墙和门禁系统对于社区犯罪行为的防控并无显著的作用，甚至还有可能产生负面和副作用，曾被公安部门和业主们寄予厚望的围墙与门禁系统在社会治安防控上常常失灵。

为此，必须真正认识到社会治安综合治理最核心的本质特征就是它的综合性。社会治安问题是社会各种矛盾的综合反映，仅靠物质或技术的防控措施不可能有效解决社会治安问题，必须实行综合治理，必须诉诸内在的以及和谐的合力的形成，尤其要借助社会多元主体的共同参与的力量，才能从根本上预防和减少违法犯罪，维护社会秩序，保障社会稳定。

西方国家也曾在此方面走过一段弯路。早在 1829 年伦敦都市警察建立时，以罗帕特·皮尔爵士就提出了著名的"皮尔原则"。该原则的核心思想是"警察即公众，公众即警察"，即"全民皆警"。认为警察应该把自己作为社区的一部分，通过社区公众共同抵御犯罪，向"让权于民""还权于民"的方向发展。然而，在很长一段时间里，该原则在英国并没有真正推行，而是继续沿袭了传统的治安管理模式，包括扩编警员、不断追求高科技和精良装备等方面。但遗憾的是，犯罪率不但没有下降，公众对警方的信任却产生了危机。20世纪80年代以后，西方国家积极按照"皮尔原则"，推进市民警务，依靠市民力量，已经取得了良好的效果。

1989年世界卫生组织（WHO）在第一届世界事故与伤害预防大会上首次提出"安全社区"概念，并指出安全社区的标准及有关指标。安全社区的概念和理论研究来源于安全管理，有学者提出安全社区建设是社会管理创新的新要求，而公众参与是社区管理的有效途径[①]。目前国内社区安全管理由政府主导，主要内容是为社区居民提供宽松、和谐、稳定的居住环境，保障社区群众的财产安全，并实施居住环境防火防盗、保护居民的各项权利、遏制各种不良事情的发生等，采取的大多是自上而下的行政化管理机制，即使是创新安全管理机制的探究，也多以政府、社区管理为主导。但是社区安全不单是政府的事务，不单是社区安全管理人员的工作，而是全体社区居民共同参与，共同努力的结果，广泛的社区参与是有效预防和应对社区公共危机的重要保证[②]。

公众参与是我国当前社会治安综合治理的薄弱环节。虽然中国共产党一直坚持群众路线，强调通过群众路线实现社会治安的综合治理，但它更多的是一种工作作风，而非制度规定。因此，实际的

---

① 钱程、何新平：《把"安全社区"建设作为社会管理创新的重要载体》，《中国公共安全》（综合版）2011年第9期。
② 谢一帆、古雯：《论公共危机管理中的社区参与》，《华东经济管理》2006年第11期。

社会治安综合治理中公众责任意识不强、主动参与积极性不足、参与的方式和渠道也非常有限。

为此，必须加强社会治安综合治理的宣传，主要是制造积极的舆论和气氛，使公众产生对社会治安及社会治安综合治理地位和作用的感性认识及良好的情感体验，激励公众产生一定的对社会治安及社会治安综合治理的需要及其行为，并使之长期化、经常化和固定化。同时，也要求政府加大政务公开的力度，畅通信息流通渠道，降低公众获取公共信息的成本①。以此促进城市社区安全防控从依靠围墙和门禁向社会防控转变，为推行街区制打下坚实的基础。

（二）单位大院：因地制宜，分类引导

鉴于单位性质的复杂性，本课题拟从单位大院的用地规模、内部功能分区、道路结构、边界围合程度以及安全敏感性5个维度对其可开放度进行评价与分类。

1. 单位大院已有的分类

除了参考中央文件的政策意图之外，考虑大院的现实情况是进行分类的重要基础。在计划经济背景下产生的单位大院也并不都是完全相同的，根据大院的性质可以将其分类为国家机关单位、事业单位、企业单位及军事单位大院②。其中企业类大院包括工业类、商业类、服务业类等；事业类单位大院包括行政类、教育类、医疗类等③。

---

① 刘德宏：《创新社会治安综合治理的公众参与机制》，《中外企业家》2011年第18期。
② 乔永学：《北京"单位大院"的历史变迁及其对北京城市空间的影响》，《华中建筑》2004年第5期。
③ 任绍斌：《单位大院与城市用地空间整合的探讨》，《规划师》2002年第11期。

表 1　　　　　单位大院生产经营区与生活服务区布局关系分析①

类型	特征	对城市路网密度的影响	示意图
相并	生产与生活区在城市道路同侧	二者联系紧密,城市道路不易穿行,路网密度小	
相对	生产与生活区在城市道路对侧	二者分区明显,对城市路网无较大影响	
核心	生产区为核心,生活区围绕其分布	城市道路分隔不同功能区,形成小街区,路网密度较大	
分离	生产与生活区分离	二者互不干扰,对城市道路无影响,有一定通勤压力	
图例	生产经营区　　　生活服务区　　　城市道路　　　联系		

多种类型的单位大院随着单位制度的解体和社会的发展也产生了一定程度的变化,逐渐从资源获取的正式渠道转变为以单位情结和区位惯性为特征的隐形机制,单位社区经历了从单位到社区、从大院到小区的演变过程。② 这些变化在物质空间层面有着明显的体

---

① 石洁、宋雨珈、孔令龙:《从计划到市场——转型时期南京企事业单位大院变迁研究》,中国城市规划年会论文,2013 年。
② 塔娜、柴彦威、刘志林:《单位社区杂化过程与城市性的构建》,《人文地理》2012 年第 3 期。

现：比如有人将单位大院的生活区与生产经营区的关系分为相并、相对、核心、分离四种模式，这也是本课题对单位大院进行分类的理论依据之一。

2. 打开单位大院的空间理论

按照日本著名建筑师芦原义信提出的概念，城市空间有内部秩序与外部秩序之分，当某一个单位依据自己的生产和生活需要进行布局与建设之后，这个单位就建立起一种内部秩序。随着城市的发展，如果一成不变地保持其内部秩序，那么内部的脉络组织会发生动脉硬化，效率迅速降低；这时如果内部化继续进行，则内部秩序会发生细胞分裂，即由一个单位空间分裂产生第二个内部秩序（随着我国城市空间规模的扩大，一些单位已经发生了分化）；假如一个内部秩序只是单纯内部化而又较大时，就会成为离心式的连贯不好的空间。因此，在现实城市中，经常有阻止进行内部化的因素，一是城市内被划细了的土地的理想状态，二是以土地利用规划、交通规划等为依据的外部秩序方法[①]。单位的形成有历史原因，恰恰是违背了城市土地应该被细划利用的理想状态，当前提倡的街区制，则是利用外部秩序的方法，重新将单位固有的内部秩序与其所在的城市空间秩序建立沟通。

3. 单位大院的分类标准说明

根据"优化街区路网结构"的政策目标，结合单位大院已有的空间特征，本课题将"打开单位大院"的实施重点放在城市交通的进入难度上。从单位大院的空间规模、功能分区、道路系统、边界围合程度和安全敏感性5个方面入手，构建"打开单位大院"的评价标准体系，并将单位大院分为可直接开放型、需适当改造型、需要较大改造型和暂时不适宜开放型四种。

---

① ［日］芦原义信：《外部空间设计》，尹培桐译，中国建筑工业出版社1985年版。

（1）空间规模。参考城市修建性详细规划编制单元的规模标准和城市支路分布间距的标准确定。城市规划编制办法要求，3 公顷以上的城市建设用地需要编制修建性详细规划，同时城市支路间距一般在 150—200 米，以此确定单位最小规模；城市主干路的间距在 800—1200 米，以此确定单位最大规模。

——小型单位大院：3 公顷以下，不需要开放；

——中型单位大院：3—20 公顷，结合其他条件，考虑是否开放；

——大型单位大院：20—64 公顷，适度采取一些措施开放；

——超大型单位大院：64 公顷以上，必须采取一定措施开放。

（2）功能分区。功能分区是按功能要求将各种物质要素进行分区布置，组成一个互相联系、布局合理的有机整体，为各项活动创造良好的环境和条件。功能分区是现代城市规划实践的核心内容，基本要求是分区合理、流线清晰。这一规划设计手法可以具体运用在不同尺度的物质空间组织中。

（3）道路系统。道路的基本功能是为行人和车辆的移动提供安全、方便、快捷、有序的空间和通达、便捷的系统，此外，道路通过对不同用地的划分，构成了城市空间组织的骨架，影响城市形态，也是给排水、电力电信、燃气供热等城市基础设施管道的地下通道。道路系统的构成包括承载不同交通流的不同宽度和等级的道路以及停车场，在规划设计中，一般采取分级设置的方式。比如，城市道路系统的构成分为四个等级：快速路、主干路、次干路和支路；居住区规划设计中则分为居住区级道路、小区级道路和组团级道路。

（4）边界围合程度。属于城市设计中的基本要素——"边界"中的内容。这一要素是指城市空间中区域与区域之间的界限，可以是街道、河流、岸线、围墙以及建筑群体界面等，它既能分割，也能连接，在城市设计时要注意它的特性、路线和结合力。在这里主要强调通过围合程度所代表的单位大院开放程度、与城市空间的沟通程度以及相应的打开单位大院的难易程度。

（5）安全敏感性。考虑人身财务安全、交通出行安全两个方面，主要从单位大院所处的城市区位做出判断。一般来说，处于城市中心城区的大院，交通出行安全需要特别注意，但同时属于城市基本公共服务覆盖范围之内，治安有城市政府提供保障。不过也分三种情况：一是属于城市治安管理相对较好的地区，环境安全能够得到保障。二是特别繁华地区人员混杂，可能治安较差（比如人大）。三是处于远郊区这类城市化程度较低的地区，虽然交通出行安全问题不是很突出，但像治安这类公共服务通常需要单位自己解决。

4. 单位大院类型及案例分析

课题组将结合北京单位大院的实地调研结果对上述标准的适用性予以验证。

（1）可直接开放型单位大院

满足条件：这类单位大院处于较为理想的状态，倘若政策开始实施，可以从符合此类型特点的大院入手。此类大院需满足以下条件中的绝大部分：

第一，从外部空间的需求角度看，大院位于城市繁华地带，车流量大，其对城市交通的影响也相对较大，社会车辆有进入大院以缓解交通压力的紧迫需求。以北京为例，单位地处五环路以内，即可视为位于繁华地带。

第二，大院内部功能分区明显，尤其是工作区与居住生活区域的分隔显著，不会因城市交通的进入而打乱居民日常生活与工作的节奏。满足这一条件的大院大多拥有较为完整的规划蓝图，并在建设和发展过程中落实到位、管理严格。

第三，大院内部主要道路的通达性与贯穿性较强。直接开放型大院意味着改造最少，对已有设施进行充分利用。具体包括：已有大门连通内部主干道，并贯穿大院内部，且与另一侧城市道路相连通；基本没有断头路、丁字路口等曲折的道路设计，可以让外部车辆在进入大院之后便捷地利用内部道路，达到缓解城市交通压力，成为交通"毛细血管"的政策目标。

第四，大院内部道路宽度适中，两侧车辆停放秩序良好，不挤占交通通道，车辆通行畅通无阻。若要向城市打开单位大院，一个必然的要求就是大院内部道路能够承担部分城市交通的功能，这在物质空间的直接体现就是道路的宽度与可通达性。

第五，大院院墙开放性高，围合程度较低，通常以栏杆和隔离绿化为组成部分。

第六，大院规模较小，没有特殊的安全管理需要。

案例分析

在现实中，以上设想属于非常理想的状态，真正满足的单位大院少之又少。本章以中国人民解放军海军总医院为案例进行分析，在不考虑居民意愿、各方利益等社会条件下，从物质空间角度将其"打开"，作为此类型大院的一个探讨。

海军总医院位于北京市西三环中段东侧，坐落于海淀区阜成路6号，北抵阜成路，东临东钓鱼台路，西侧为阜成路南二街，南侧为钓鱼台七号院和玉渊潭公园。大院处在北京市交通繁华地带，紧邻9号线地铁白堆子站。此外，海军总医院目前尚属于对城市居民开放就医的三级甲等医院，暂不将其列为具有高度保密需求的军事大院。

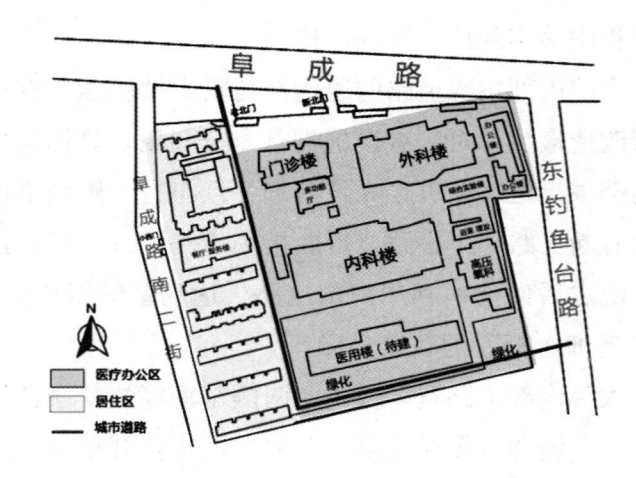

图 21 中国人民解放军海军总医院平面示意

从图 21 可以看到，海军总医院现有的功能分区非常明显，整体划分为西侧的居住区和东侧的医疗办公区。大院有三个出入口，分别为老北门、新北门和小西门。小西门主要是行人出入，新北门面向广大外部求医患者服务，直接通往门诊楼、外科楼和内科楼三大医疗服务主楼，形成医院内部交通循环。现有的内部主干道与老北门相连，直达大院南端，与一条东西向道路连接，且道路宽度能够满足交通通行的需求。因此，以图中加粗黑线为开放后的城市道路，在大院东南角打开一个新的出入口，将大院内部与主路阜成路及东侧东钓鱼台路相连接，在不改变居民区内部道路和不影响医院正常运作的情况下，分流城市交通，提高路网密度。

（2）需适当改造型单位大院

满足条件：此类大院比直接开放型单位大院情况略微复杂，需在物质空间层面进行小幅度调整和改变。

第一，此类大院仍应具有与直接开放型大院相似的外部需求条件。

第二，功能分区有部分混杂。在此类大院中，工作与居住功能的区分呈现出"大分小混"的状态，整体上仍然保留规划建设初期的设想，但在发展建造过程中部分建筑的拆除或建设使得小范围内的功能难以明确定义。此类大院在开放过程中，应从明确的功能分区边界入手，保证大部分功能区的正常划分，功能较为混杂的区块不进行城市道路的通行。

第三，与直接开放型大院相同，此类大院需要良好的内部道路通达性和贯穿性，在不修新路的前提下完成开放工作。

第四，大院内部道路宽度适宜，但两侧停车挤占通行空间。对于这种情况，大院内部仅需要严格规范停车秩序，即可清理和保障通行空间，为城市交通的进入做好准备。

第五，大院院墙围合程度较低。

第六，单位占地规模较大。

案例分析

中国科学院奥运村科技园东院位于北京市正北中轴线，毗邻奥运会主会场，总面积约为1.6平方公里，分为东、西两个地块，聚集了12个不同学科的顶尖研究所。本研究关注的是该园区内的东侧地块，其覆盖范围东至北辰西路，西至林萃东路，北至科荟南路，南至大屯路，由围栏围合地块范围，形成一个独立的研究型单位大院。

大院目前共有如图22所示6个出入口，贯穿大院的两条东西向主要道路连接东、西两个大门，南北向亦有一条主路连通。在大院西侧部分有两条半环状道路作为主路，串联西侧不同研究所之间的交通。

根据院内路网结构以及各学术研究所的沟通联系需要，本研究将其划分为7个功能区：遗传与生育研究区、动物与微生物研究区、遥感技术研究区、基因学研究区、天文学研究区、地理学研究区和对外开放展览区。特别需要提出的是，在本单位大院中，所有

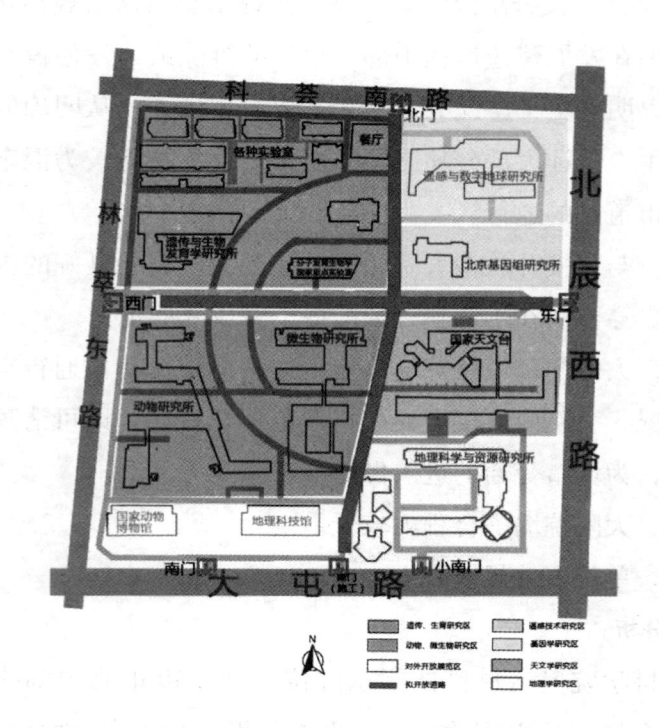

图 22　中科院奥运村科技园区平面示意

的分区都属于工作区域，不存在居住区的功能划分。因此，在不妨碍各研究所正常工作与沟通的前提下，只需将连接四个大门的东西向和南北向两条主要道路向城市交通开放，即可完成"打开单位大院"的任务。此外，该园区地处奥运村地区，是北京市的重点治安保障区域，没有太大的安全问题。

不考虑开放院内其他道路的原因有两个：第一，院内其他道路多为单车道，较为狭窄，且路侧有大量车辆停放，难以承担城市交通的进入。第二，院内道路多为断头路，在各研究所大楼处隔断，通而不达，外部车辆进入后易走错路，不利于通行。因此，仅选择开放两条院内的主要道路。

（3）需较大改造型单位大院

满足条件：此类型大院在开放过程中，不仅要面对居民意见、各方利益博弈等社会问题，还会直接面临物质空间层面的改造实施难题，主要体现在以下几个方面：

第一，此类大院内部功能分区交错混杂。在单位制解体的进程中，单位大院内部，尤其是生活区的土地利用格局，遵循"金角银边草肚皮"①的规律由粗放向集约转变：由于住房需求的不断增加，以及住房及生活设施的建设，单位内部的空间逐渐由开敞有序变得拥挤混杂，甚至转变为大杂院。在此情况下，大院需要进行大量的违章建筑清理、拆除工作，才能降低打开大院之后造成内部生活秩序混乱的可能。

第二，大院的围墙不仅没有虚化，反而形成"建筑墙""破墙开店"等现象，由商铺围合而成的建筑墙使大院的封闭性与街道的商业性同时加强②，开放难度也进一步加大。

第三，院内多数道路狭窄曲折、通而不达，有许多断头路，且原本的道路难以承担城市交通的需求，需要进行较大范围的道路拓宽或路线规划，这也是此类单位大院的改造重点之一。

第四，单位占地规模较大。

案例分析

此类型下，本研究选用中国人民大学校区作为主要探讨案例，同时，也将关注北京市三里河南二巷拓宽的规划项目。

与海军总医院的区位相似，中国人民大学位于北京市西北三环的中关村地区，是中关村科技园、商业圈核心区和万柳商圈三大重要发展区域的交叉地带，区位优越，占地约69公顷。在如此繁华的区域占有较大面积的地块，其路网密度明显低于现实需求。另

---

① 张艳、柴彦威、周千钧：《中国城市单位大院的空间性及其变化：北京京棉二厂的案例》，《国际城市规划》2009年第5期。

② 乔永学：《北京"单位大院"的历史变迁及其对北京城市空间的影响》，《华中建筑》2004年第5期。

外，校园周边有人大附中、第十九中学、当代商城等多个极易拥堵地点，大院外部对其开放的需求较大。

从人民大学的建成现状来看，共有出入口5个，东门、北门和西门为机动车出入口，小北门为行人出入口，小西门限时段开放。校内道路系统完善，呈方格网状，道路宽度适宜，主要道路可满足双向单车道通行需求。大院四周由四条城市道路围合，东侧为城市主干道中关村大街，西侧为苏州街，车流量极大。南北两侧为人大北路和南路，北侧道路连接东西向两条主干道，但十分狭窄，经常形成拥堵；南侧为断头路，车流量较小，基本无车辆通行。因此，这一大院对城市交通的开放应主要满足东西向道路的通行需求。

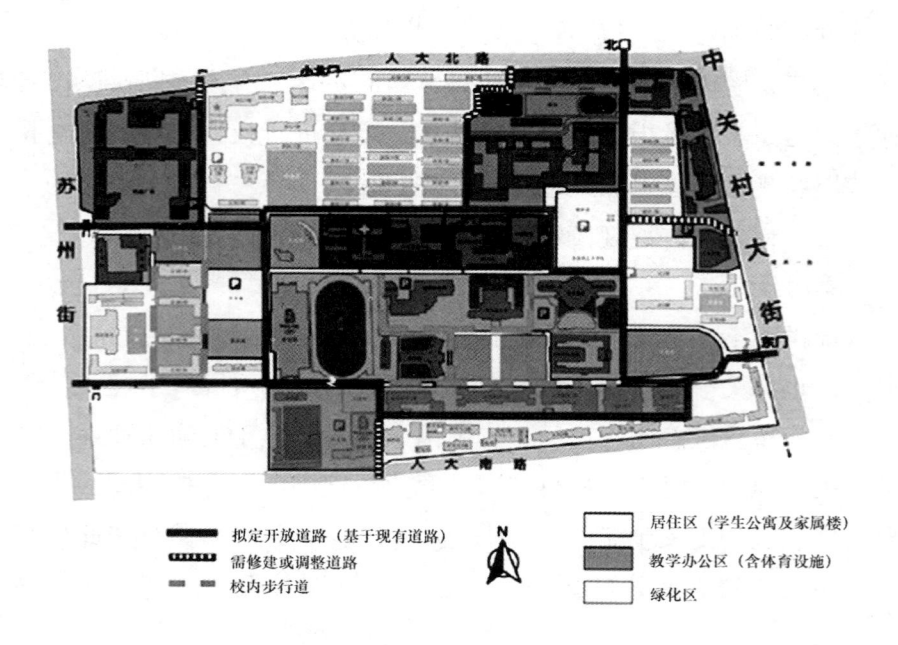

图23 中国人民大学平面示意

从图 23 的内部功能分区结果来看，人大内部的教学办公区与居住区交叉分布，内部道路系统复杂，不能完全将居住与教学区域进行区分，城市交通的进入势必会为校园内部管理带来影响。目前，人大校园内部的部分路段设有隔离路障，形成只允许行人和非机动车通行的步行通道，保障学生在校园内部通行的安全。在引入城市交通的过程中，应保留这部分设计，对校园内部生活的影响最小化。

图中红线为基于现有道路系统而拟定开放给城市的道路，开放时主要考虑保留原有的功能分区，将品园、知行、静园、东风和留学生公寓这五大居住区域与学校中心教学区域分隔开来，最小化影响学校的教学秩序。开放后的人大校园，将以教学楼和办公楼为主的中心区作为完整的区块保留，内部以步行和非机动车为主要交通方式，教学区和居住区区块内部不允许外部社会车辆进入，将实行更为严格的门禁和登记制度。

图中 ▰▰▰▰ 线表示需调整或修建的道路，此种情况多为需要开通新的车辆出入口以及现有道路尚不能满足车辆通行条件，在不需要大规模拆建的前提下将步行道改建为机动车道。

（4）暂时不适宜开放型单位大院

这一类型单位大院的判断标准在规模、院墙、功能分区、内部道路等维度与上一类型有一定的相似性，因此只在此探讨此类型较为独特的几个判断标准：

第一，地处偏僻、远离城市繁华区域的大院，例如大学城内的高校等。此类型的大院为保证自身的安全往往建设完整的院墙、设置严格的门禁。此外，这些大院对主城区的交通影响较小，暂无打开的必要性。

第二，周边城市交通的进入受到客观阻碍。例如，大院一侧靠近城市快速路且无低等级城市道路与大院连通，则在此情况下，大院无须向快速路一侧开放。

(5)"打开"单位大院的评分表设计

为了更直观地解释本研究所建立的指标体系,下面将文中所分析的3个案例分别进行分数评价。评分规则如下:每个单位大院起始分数为0分,根据各大院具体情况和表2中的评分体系判定每个指标的得分情况,之后将每个大院各项指标的得分加总,即为最终得分。其中,"打开单位大院"的难易程度由最终得分高低判断:得分11分以上可视为可直接开放型;7—10分为需适当改造型;3—6分为需较大改造型;3分以下为暂不适宜开放型。通过最终的得分情况将能够判断出不同单位大院对外开放的难易程度及所属类别。

本章是对街区制政策的细化,尝试建立打开单位大院的评价标准作为推动街区制的实施对策。鉴于目前的研究基础和篇幅所限,只采用了5个维度的指标体系,并且仅就物质空间特点进行评估。如果该思路可行,则可以在实际工作中增加新的维度,完善这一指标体系。需要说明的是,大院的打开需要考虑诸多因素,并不仅仅是根据物质空间特征就能解决的问题。此外,单位大院在改革开放以后,特别是单位制改革之后,这些大院内部居民构成已经发生了极大改变,即便是那些没有管理主体的单位大院,在打开单位大院的过程中,从社会公平角度,也需要同时建立完整的配套措施,保障内部居民的利益。因此,逐步打开单位大院的过程应该是渐进而理性的,在满足物质空间条件的基础上,保障协调不同主体、保障居民利益、尊重居民权利,才是城市治理者应该抱有的正确态度。

表2　　　　　　　　　　"打开"单位大院评分表

指标	解释说明	得分	海军总医院	中科院	人民大学
规模	小型，小于3公顷	3			
	中型，3—20公顷	2	√		
	大型，20—64公顷	1			
	超大型，64公顷以上	0		√	√
功能分区	功能分区构成简单且划分清楚（2个分区）	3	√	√	
	功能分区构成较多且大部分划分清楚（3个及以上分区）	2			
	功能分区构成较多但仅有小部分划分清楚（3个及以上分区）	1			√
	功能分区构成较多且全部划分不清楚（3个及以上分区）	0			
道路系统	城市交通有进入需求，道路宽度不需拓宽，基本没有断头路	3	√		
	城市交通有进入需求，道路宽度不需拓宽，有小部分是断头路	2			√
	城市交通有进入需求，道路需少量拓宽，断头路数量居中	1分		√	
	城市交通有进入需求，但大部分道路宽度狭窄，需要拓宽，断头路数量较多	0			
围合程度	大院呈开放状态	3			
	大院围墙以栏杆及花坛组成，呈半开放状态（低）	2	√	√	
	大院围墙保持原有墙体，未作改变（中）	1			√
	大院围墙外侧修建沿街建筑物，墙体实化（高）	0			

续表

指标	解释说明	得分	海军总医院	中科院	人民大学
安全敏感性	处于城市治安管理较好的区域，也不是人流物流高度交叉混合的地方	3	√	√	
	处于城市治理较差的区域，同时存在一定交通安全隐患	2			√
	处于城市治安管理空白区域，但交通安全尚可	1			
	城市治安和外部交通安全都不能保障	0			
总计			13分	9分	6分
所属类别			可直接开放型	需适当改造型	需较大改造型

附录　社区安全感与归属感调查问卷

亲爱的社区居民：

　　为进一步提升本市居民小区建设和公共服务水平，中国人民大学公共管理学院正在进行"空间环境与社区生活质量关系"的课题研究工作，特邀请您参与这次问卷调查。本调查为匿名填写，您提供的信息受《中华人民共和国统计法》保护，仅供研究所用，请您放心填写。请根据您的真实情况，在□处勾选，或者在＿＿＿＿处填写相应的数字。感谢您的参与！

一　基本情况

1. 您的性别？　　　□男　　　□女

2. 您的年龄？　＿＿＿＿岁

3. 您已经在本小区居住多少年了？　＿＿＿＿年

4. 您的户口所在地？

☐本小区　　　　　☐在朝阳区，但不是本小区

☐北京市其他区县　☐外省市　　　　　　☐外籍

5. 您的受教育程度？

☐初中及以下　☐高中或中专　☐大专或本科　☐研究生及以上

6. 您在本小区所住的房子的产权属于以下哪种情况？

☐自有产权　☐单位公房　☐私人出租房　☐其他_____

7. 您和谁一起居住？（可多选）

☐配偶　☐父母　☐子女　☐朋友　☐同事或同学　☐其他租客　☐独住

8. 您的家庭年收入_____

☐4万元以下　☐4万—12万元　☐12万—20万元

☐20万—40万元　☐40万元以上

二　社区安全感调查

1. 您觉得您居住的小区安全吗？

☐非常不安全　☐不太安全　☐一般　☐比较安全　☐非常安全

2. 与三年前相比，您觉得小区的治安状况有什么变化？

☐显著下降　☐有些下降　☐没变化　☐有所提高　☐显著提高

3. 与小区内部相比，您觉得小区周边的治安状况如何？

☐小区周边社会治安明显不如小区内

☐小区周边社会治安比小区内部还是差一些

☐差不多

☐小区周边社会治安比小区内部好一些

□小区周边社会治安明显好于小区内

4. 您觉得隔壁小区比您所居住的小区更安全吗？

□远不如我们小区安全

□比我们小区差点

□差不多

□比我们小区好一些

□比我们小区好很多

5. 如果有可能，您愿意换到隔壁小区住吗？

□很不愿意　　□不太愿意　　□无所谓　　□比较愿意　　□非常愿意

6. 您与认识的邻居经常见面的地方是哪里？请按见面次数从高到低排序：_____

①家里 ②小区公共空间 ③小区门口 ④楼里 ⑤小区外大街上 ⑥其他地方

7. 您认为，下列哪些措施能够提升社区安全感，并按重要性从高到低排序（从最重要到最不重要）：_____

①加装围墙、铁栅栏等保护性设施（费用由居民物业费支出）

②增加小区保安流动巡逻（费用由居民物业费支出）

③增加小区治安志愿者（由居民担任志愿者）

④增加小区的监控摄像头（费用由居民物业费支出）

⑤邻居之间相互关照

⑥小区内部应该多设路灯

⑦小区应该增加公共空间

⑧其他_____

8. 请对下表的各种表述进行打分，最高 5 分，最低 1 分。分值越高表示赞同度越高，即 5 分表示非常赞同，1 分表示非常不赞同。

表述	分值				
我认识小区里面很多居民	1	2	3	4	5
小区里很多人都认识我	1	2	3	4	5
我经常参加社区居委会或小区其他社会组织的活动	1	2	3	4	5
我和我的左邻右舍非常熟悉	1	2	3	4	5
我信任小区里的绝大多数居民	1	2	3	4	5
我非常喜欢我所居住的小区	1	2	3	4	5
小区经常举行一些集体活动	1	2	3	4	5
我非常关心小区内发生的各种事情	1	2	3	4	5
我有义务维护小区的安全和卫生	1	2	3	4	5
我对其他小区居民使用我们小区的公共空间或服务非常反感	1	2	3	4	5
我经常去周边别的小区使用公共空间或公共服务	1	2	3	4	5
每当我从外面进入小区大门时，我就有了回家的感觉	1	2	3	4	5
每当我外出离开小区大门时，我的不安全感就增加了	1	2	3	4	5
我的朋友主要是我的邻居	1	2	3	4	5

三 对打开小区围墙的态度

1. 您是否支持您居住的小区加建围墙或栅栏？

□强烈反对　□比较反对　□无所谓　□比较支持　□强烈支持

2. 您是否支持您居住的小区拆掉围墙或栅栏？

□强烈反对　□比较反对　□无所谓　□比较支持　□强烈支持

3. 请对以下小区围墙（铁栅栏）的功能描述进行打分，最高5分，最低1分。分值越高表示赞同度越高，即5分表示非常赞同，1分表示非常不赞同。

描述	分值				
限制外来人员进入，减少违法犯罪事件	1	2	3	4	5
限制外来车辆占用小区停车位	1	2	3	4	5
限制外来车辆通过小区	1	2	3	4	5
提高居民对小区的主人翁意识	1	2	3	4	5
是社区居民身份和地位的标志	1	2	3	4	5
限制周边其他小区居民使用本小区的公共空间或服务	1	2	3	4	5
阻碍了与周边其他小区区居民的交流和互动	1	2	3	4	5

问卷到此结束，再次感谢您的参与！祝您和您的家人身体健康，生活幸福！

子报告二　走向整体治理：中国城市公共安全治理的制度创新

杨宏山　李文钊　董长贵[*]

随着城市规模的扩大和功能的日益多元化，城市公共安全形势也日益复杂化。近年来，各种城市公共安全事件给个人生命和财产带来了巨大损失，并对城市公共秩序和可持续发展构成威胁。城市公共安全风险的发生具有耗散性，导致安全风险的因素很多，具有不完全可控制性特征，属于复杂社会系统范畴。社会风险最初出现时往往呈偶发性和分散性特征，如果不能被及时识别，社会风险不断积累就会侵蚀公共安全的基础，最终导致"千里之堤，毁于蚁穴"。一般而言，城市管理存在的安全隐患越多，发生危机事件的可能性就越大。

提升城市公共安全水平，需要坚持防微杜渐原则，提高问题识别和应对能力，从细节入手排查可能的潜在风险。城市公共安全管理不仅要居安思危，提前做好预防工作，也要做好突

---

[*] 杨宏山，中国人民大学公共管理学院教授，博士生导师，公共财政与公共政策研究所所长；李文钊，中国人民大学公共管理学院教授，公共财政与公共政策研究所副所长；董长贵，中国人民大学公共管理学院公共财政与公共政策研究所助理教授。

发事件的整体应对工作。作为复杂社会系统的城市公共安全，传统治理模式面临着较多挑战，需要通过治理变革来应对复杂性、不确定性对城市公共安全的挑战。在这些治理变革中，需要通过改变城市政府自上而下、相对独立、协调困难的治理格局，避免"碎片化"治理结构产生的治理困局，实现城市各个部门之间跨部门协调。

为了更好地推动中国城市跨部门的整体治理，本研究通过考察国外城市公共安全管理的发展趋向，观察跨部门协作的制度创新，跟踪国外跨部门协作的理论创新，并结合北京市的实践探索，梳理构建整体治理的几种路径及运作机制，提出改进城市公共安全治理的基本思路。在讨论城市公共安全治理时，主要是以城市社会治安安全为例进行讨论，这些讨论也适用于城市公共安全的其他领域和其他类型。

接下来，安排如下：首先，对城市公共安全进行定义，并分析城市公共安全治理面临的挑战；其次，对境外城市公共安全治理的新实践进行分析，讨论他们在推动治理变革中的主要举措；随后，对城市公共安全治理的理论基础进行讨论，重点介绍了整体性政府理论；再次，以北京为例，对中国城市公共安全治理实践改革进行简要分析，重点对组织、流程等改革进行总结；最后，提出改进中国城市公共安全治理的制度建议。

一 城市公共安全治理面临的挑战

城市公共安全是指城市居民和居住于城市的流动人口的生命、健康和财产安全。与国防、外交等国家安全不同，公共安全包括社会治安、健康安全、质量安全、生态和环境安全、自然灾害预防和应对等内容，属于社群安全的范畴。中国城市公共安全治理基于单一制和中央集权的制度安排之下，地方各级政府负责执行上级国家行政机关的决定和命令、办理上级国家行政机关交办的事项，形成自上而下的运作机制。上级部门可通过政策手段，直接指挥或影响城市政府各部门的运作，形成上下对口、纵向贯通的"蜂窝形"治理结构。这种治理结构有利于提升自上而下的运作能力，可快速落实上级部门的决策部署，但横向运作的壁垒较多，推进跨部门治理面临挑战。城市公共安全治理有必要扭转"碎片化"状态，完善跨部门运作机制，提升协同行动能力。

（一）城市公共安全治理的整体性与"条条"运作存在矛盾

城市是优质公共服务的集聚地，与农村相比较，城市的人口、产业和基础设施高度集聚，公共服务质量也更好。城市要保持吸引力，既要提供优质的公共服务，也要提升相互配套性，各类安全设施和公共服务项目相互衔接、相互配套，形成整体效应。与小城市相比，大城市不仅公共服务质量更好，而且种类也更丰富。考察发达国家的城市治理，可以看到：城市普遍实行高度集中的管理体制，主要权力集中在市政府层级，由市政府统一负责城市空间规划，统筹基本公共服务设施布局，推进基本公共服务资源均衡布局；各部门面向社区设立分支机构，面向市民提供公共服务，接受市民监督，听取市民意见，并采取回应措施。这些城市很好地实现了集权与分权、条条与块块、单一功能和复合功能的有机统一，使得城市能够更好地回应民众的多样性需求，提供多样性公共服务，形成了多样性城市治理格局。

改革开放以来，随着中央实行"放权让利"，推进地方分权改革，我国城市在社会治安、健康安全、质量安全、生态和环境安全等领域有了较大自主权，但上下对口、职责同构的制度安排并没有发生根本性变化①。城市政府的机构设置与上级政府基本相同，各个机构的权责配置也很类似。城市行政部门既要对本地政府和居民负责，也要对上级部门负责。这种"蜂窝形"治理结构有利于提升自上而下的运作能力，例如，当发生特大灾害或突发事故时，上级可依托这一组织体系，协调各地方、各部门的资源，开展运动式治理，但横向运作的壁垒较多，推进跨部门公共安全治理难免会遇到挑战。尽管城市政府作为整个城市治理的总体协调机构，但是由于城市各个部门都有较强的自主性、价值和利益追求，这使得城市政府通过行政层级来协调不同政府部门仍然不能满足城市公共安全治理的需求。

（二）城市公共安全的联动需求与部门主义之间存在冲突

城市公共安全涵盖社会治安、安全生产、环境安全等一系列领域，这使得"公共安全成为一个复杂的巨系统"②。诸如治安、环境、健康、质量等领域的安全问题，既要进行专业化分工，又要构建跨部门联动机制，协调多个部门，调动各方主体及其掌握的资源，实现公共安全管理各环节无缝衔接，各项服务协调配套。此外，城市的不同公共安全之间具有嵌套性，环境公共安全可能导致健康公共安全，社会治安公共安全也可能导致设施公共安全等，一个领域的公共安全需要其他部门的配合，以及避免新的城市公共安全事件的产生。随着城市规模扩大，公共安全管理面临的形势十分复杂，需要各部门加强协作，相互补位。

如果行政部门的自我保护和部门利益意识过强，则会对跨部门行动构成阻力。在现实中，可以看到，一些部门过于强调业务的特

---

① 朱光磊、张志红：《"职责同构"批判》，《北京大学学报》（哲学社会科学版）2005年第1期。

② 张燕：《公共安全治理与政府责任》，《行政管理改革》2015年第1期。

殊性，对其他部门提出的协作需求采取敷衍态度。由于部门间职能存在交叉，一些部门遇到好处就会争着要管，遇到坏事则推诿扯皮，或者避重就轻。面对食品安全、建筑安全、环境污染等城市突发问题，在媒体报道下，城市政府也会设置临时指挥机构，开展专项治理、运动式治理，要求相关部门联合行动，但这只是非常情况下的应对手段。常态管理仍面临部门主义、协调不力的问题。提升公共安全治理的联动性，需要合理划分各部门的职责边界，完善常态性的跨部门协作机制。

（三）城市公共安全风险的预警需求与政府信息碎片化之间存在矛盾

当前，我国城市重大公共安全事件的发生频率较高，一些突发性安全事件造成的损失巨大。例如，公共卫生领域的重大事件（如2014年上海福喜食品劣质肉事件、2003年SARS危机事件），城市规划领域的群体性抗议事件（如2016年连云港核废料处理项目抗议事件、2016年仙桃市垃圾焚烧发电群体性抗议事件、2012年什邡市环保事件、2007年厦门市PX事件等）、城市运行中的特大安全事故（如2011年沈阳万鑫酒店火灾事件、2010年上海市高层住宅楼火灾事件、2009年北京中央电视台新楼火灾事件）、突发性安全生产事件（如2015年天津滨海新区"8·12"爆炸事件、2014年苏州昆山化工厂爆炸事件等）、突发性灾害天气导致的洪涝事件（如2012年北京"7·21"特大暴雨事件）等，都造成了严重的生命财产损失。

英国危机管理专家迈克尔·里杰斯特认为，"预防是解决危机的最好方法"。凡事预则立，不预则废。城市公共安全危机涉及城市政治、经济、社会、文化和生态等多个方面，不仅着眼于紧急救援以及事后的安置恢复，也要加强预警管理，构建综合性预警预控系统，将问题化解于萌发阶段。城市公共安全管理的信息预警，就是通过一定的信息集成机制，对构成公共安全隐患的潜在风险进行监测、诊断和预先控制，其目的在于保障城市运行安全，预防重大公共安全事件。

目前，我国城市公共安全的风险监测和预警主要依靠行政部门，缺少跨部门的综合性预警机制。有关部门根据职能分工，分别建立管理信息系统，部门信息的共享性差，跨部门的信息集成分析受到制约。公共安全领域的面上信息，有的要几个月才汇总一次。为强化对公共安全事件的事前防范，有必要构建跨部门的信息集成系统，提高信息分析和预警能力，及时发现潜在的风险，根据问题严重程度提前做好预防准备。只有提前预警并制定应对预案，防患于未然，才能从根本上提升公共安全水平。

二　境外城市公共安全治理的新趋势

城市公共安全治理立基于一定的国家制度和社会环境之中，并随着社会环境变化而提出新理念，进而推进制度发展。这里以美国和新加坡为例，考察20世纪90年代以来的城市公共安全治理改革实践。两国的制度环境和面临的问题不同，城市公共安全治理创新提出的新概念有所不同。观察两国城市公共安全治理的制度演进，可以看到一种趋同趋势，即推进公共机构间协作，完善城市公共安全的整体治理机制。

（一）美国城市公共安全治理：构建跨部门治理机制

为了提高政府回应性和公共安全服务效率，美国很多城市都建立了实时性的公共安全跨部门管理系统。其中，纽约市建立了CompStat和CPR系统，巴尔第摩市建立了CitiStat系统，亚特兰大市建立了 ALTStat 系统，普罗维登斯市实施了 ProvStat 系统，圣路易斯市开发了 CitiView 系统，旧金山市建立了 SFStat 系统，锡拉丘思市建立了 SyraStat 系统，棕榈湾市创立了 PalmStat 系统。这里选择巴尔第摩市的 CitiStat 系统、纽约市的 CPR 系统和 CompStat 系统进行个案分析。

1. 巴尔第摩市 CitiStat 系统

（1）CitiStat 的基本含义

2000 年以来，美国马里兰州巴尔第摩市通过实施一项名为"CitiStat"的绩效管理系统，为提升城市公共安全水平开发了有效工具。2004 年，该系统被哈佛大学肯尼迪政府学院授予政府管理创新奖。此后，包括首都华盛顿特区在内的近百个美国城市，都在模仿 CitiStat 系统。[1]

CitiStat 是一种数据驱动的城市公共安全服务追踪监管、绩效评价和决策分析系统，目的在于即时发现公共安全问题，促使有关部门快速采取回应行动，全面提升灾害和危机处理、突发事件预警服务的效率和效益（质量）。1999 年 12 月，马丁·J. 奥麦利当选巴尔第摩市市长。当时，巴尔第摩市面临一系列管理难题：政府雇员缺勤严重、行政机构反应迟缓、政府预算赤字严重、犯罪率居高不下。奥麦利市长决心扭转这一局面。2000 年 6 月，巴尔第摩市开始实施 CitiStat 公共安全跨部门管理系统。

从字面上看，CitiStat 由城市（City）与统计（Statistics）两个单词组合而成，它通过非紧急救助热线电话收集城市公共安全的问题信息并形成统计数据。这些数据涉及城市服务的各个领域，如安全、消防、健康、住房、交通、社区发展、水资源、固体废弃物、公园管理等。在每两周召开一次的会议上，市长、市长办公室高级

---

[1] Robet D. Behn, "The Varieties of CitiStat", *Public Administration Review*, May/June 2006, p. 332.

官员、各行政部门负责人一起参会。市长和市长办公室通过统计数据识别哪些领域的公共安全服务处于低效状态，并寻求改进对策。

图1　巴尔第摩市 CitiStat 会场

（2）CitiStat 的构成要素

巴尔第摩市公共安全管理系统的构成要素，主要包括会场、人员、数据、会议、追踪五个方面。

会场。即装有电子大屏幕的专用会议场所。在会场中，市长及市长办公室高官具有专门的固定座位。会场设专门讲台，CitiStat 办公室人员站在讲台报告上周城市公共安全服务总体情况和各部门的绩效状况，有关部门负责人也被要求站在讲台接受质询并承诺改进措施。会场还设有放映机，可将相关数据、图表和地图投影到大屏幕上。

人员。即擅长数据分析的工作人员。他们能够从大量公共安全数据中去粗取精，找到重要变量并分析其变化情况，据此可以判断相关部门的治理绩效改进与否。2005 年，巴尔第摩市聘有 8 名专职的数据分析人员，其中包括 1 名项目主任。巴尔第摩市还对数据分析人员进行培训，以提高数据收集和分析质量。在公共安全方面，也会有相关的专家和技术人员参与其中。

图 2　CitiStat 项目主任做绩效报告

数据。实施城市公共安全治理需要收集和统计相关数据。巴尔第摩市主要依赖于 311 非紧急救助热线电话获取信息。同时，也要求相关部门定期提交财政和运营数据。当市民拨打热线电话投诉或提出服务申请时，呼叫中心将问题输入计算机系统。汇总录入的电话信息，可为测量各行政机构的工作绩效提供基本依据。对于每一类服务请求，行政部门都有解决问题的时限要求，一般以"天"计算。通过 311 非紧急救助热线电话，可以统计在规定时间内有效提供各类公共服务的百分比。

会议。定期组织正式会议是城市公共安全治理的核心构成要素。巴尔第摩市每隔两周召开一次 CitiStat 会议，市长、市长办公室高级官员和各行政部门负责人均参加会议。会场设有电子大屏幕，CitiStat 办公室可现场演示公共安全相关统计数据。市长和政府高官一起讨论分析统计数据，行政部门负责人需要当场回答相关问题并接受质询。

追踪。追踪是提升城市公共安全治理效果的重要保障措施。在对统计数据进行分析的基础上，会议当场形成决策，并要求相关行政机构负责人做出承诺。同时，它还通过进一步的数据统计追踪和对比机制，保证这些决策能够显著改进公共安全状况。在下一次 CitiStat 会议上，将就最新统计数据与上周、上月、上年的数据进行比较，以检查相关部门是否采取了有效的治理行动，以及城市公共安全的改善情况。

（3）CitiStat 的运行成效

CitiStat 系统通过持续的信息收集和数据分析，使市长及其他高官可以监督和评估各部门履行职责的情况，促使各部门及负责人努力改进公共安全服务绩效，识别并优先解决市民关注的公共安全问题。该系统的运行成效主要表现在以下几个方面：

第一，明显改进了城市公共安全服务供给效率。在实施 CitiStat 系统的第一年，巴尔第摩市政府大大缩短了市民投诉的回应时间。这种服务承诺和追踪问责机制，对相关部门产生了强大压力，促使他们必须全力提高服务绩效，降低公共安全事件带来的破坏，以免在 CitiStat 会议上面临质询。

第二，显著降低了城市犯罪率。CitiStat 管理系统还帮助巴尔第摩市降低了高居不下的犯罪率。2000 年实施 CitiStat 管理系统时，巴尔第摩市的暴力犯罪率在全美 30 个大城市中排名第二。CitiStat 系统实施一年后，该市的犯罪率下降了 14%。从 1999 年到 2003 年，暴力犯罪下降了 40%。[1] 这显示该市的公共安全在不断提升，并且将危机和风险控制在可控范围之内。

---

[1] Teresita Perez, Reece Rushing, "The CitiStat Model: How Data-Driven Government Can Increase Efficiency & Effectiveness", *Center for American Progress*, April 2007, p. 5.

第三，降低了行政成本，节约了财政资金。实施 CitiStat 公共安全管理系统的第一年，巴尔第摩市政府就节约了 1300 多万美元经费。具体包括：减少加班费 600 万美元，减少项目行动费 102.5 万美元，减少事故损失费 123 万美元，减少运行费用 131 万美元，增加财政收入 364.7 万美元。① 从 2000 年到 2007 年，在 7 年时间内，CitiStat 公共安全管理系统共节约了 3.5 亿美元财政资金。巴尔第摩市减少了长期存在的预算赤字，同时也改进了公共安全服务供给，财产税税率降低到了过去 30 年的最低水平。

第四，CitiStat 系统的运行成本很低。尽管取得了显著绩效，但 CitiStat 公共安全管理系统的运行和管理成本却很低。CitiStat 系统使用有限的管理软件和小规模的工作团队，以分析数据并监督各部门执行情况，分析公共安全发生的几率、程度以及有关影响。CitiStat 系统的全职工作人员，最少时只有 3 个人，近年来由于增加了新职责，该系统工作人员有所增加，但也只有 8 个人。巴尔第摩市建设该系统总计花费了 28.5 万美元，每年运行成本约 40 万美元，主要用于支付人员薪水。

（4）CitiStat 的示范效应

由于 CitiStat 公共安全管理系统取得了显著绩效，近年来，美国及国外很多城市领导人纷纷访问巴尔第摩市，观摩 CitiStat 系统运行情况。巴尔第摩市 CitiStat 会议大厅，经常出现每天接待好几批考察团的情况。现在，美国很多大城市都借鉴巴尔第摩市的经验，建立了各自的公共服务监管系统。例如，佐治亚州亚特兰大市建立了 ALTStat 系统，罗得岛州普罗维登斯市实施了 ProvStat 系统，密苏里州圣路易斯市开发了 CitiView 系统，加利福尼亚州旧金山市建立了 SFStat 系统，马塞诸塞州萨默维尔市实施了 SomerStat 系统，

---

① Charles Bens, "CitiStat, Performance Measurement with Attitude", *National Civic Review*, Summer 2005, pp. 78 – 80.

纽约州锡拉丘思市建立了 SyraStat 系统，华盛顿州金县（King County）实施了 KingStat 系统，佛罗里达州棕榈湾创立了 PalmStat 系统。

除城市政府外，一些州政府也开始实施这种统计分析和公共安全管理系统。华盛顿州州长克里斯汀·格利高娅在赴巴尔第摩市参观了 CitiStat 公共安全管理系统后，于2005年6月实施了一项名为 GMAP 的公共安全管理系统。GMAP 系统设有专门机构收集问题信息、汇总绩效数据并进行统计分析，定期召开正式会议，州长、州政府高官与各部门负责人一起评估公共安全服务状况，并据此制定新政策或实施新措施。2006年，马里兰州开始在州政府系统实施公共安全管理，各行政部门负责人都要参加州长主持的公共安全数据分析会议，并在此基础上驱动管理。这些数据通过互联网向社会开放，这种透明度和责任承诺使各部门面临巨大的管理压力。目前，犹他州、科罗拉多州、宾夕法尼亚州、印第安纳州和爱荷华州，也对公共安全管理系统产生了兴趣。

2. 纽约市 CPR 系统

2008年2月，纽约市政府在官方网站上，正式发布了名为 Citywide Performance Reporting（以下简称 CPR）的市政绩效报告系统。CPR 在运行伊始，便受到大众的广泛关注。有媒体以"CPR 将引领公众监督政府绩效进入新时代"为题，对 CPR 的推出进行积极评价。

（1）CPR 系统的基本内容

这一在线工具旨在让市民能够快速便捷地跟踪和监测由500多个指标组成的市政绩效状况，这些绩效数据涵盖了城市管理与服务的各个领域，这些数据被分为8大领域，市民可以便捷地获得40多个政府部门和机构经办的各项业务的绩效评定结果。CPR 系统使纽约市政府的运行绩效更加透明，它促使各部门必须全面接受市民监督，更好地担负起应尽职责。市民还可通过与过去的绩效数据进行纵向比较，更好地判断当前的市政绩效状况。

通过纽约市政府官方网站的右侧醒目标识进入 CPR 后，该系统的 10 个主页面即呈现出来，除查询数据的主要页面外，CPR 还包含介绍使用 CPR 方法、咨询市政服务项目、了解市政管理动态以及与市民互动问答等相关页面。

作为市民监督市政业绩的工具，CPR 充分发挥了其数据见长的优势。这些市政绩效数据来自于 40 多个市政部门，它包括 500 多项具体指标，涵盖了城市运行的各个领域。纽约市 CPR 的市政绩效数据库，在时间跨度上从 2002 年持续至今，历年的数据被制成醒目的柱状图、圆饼图或曲线图，便于市民在线对各项市政业绩进行纵向比较。另外，这些数据根据不同的类型，每月、每季或每年更新一次。

CPR 将市政管理与服务分为八大领域①：城市行政（Citywide Administration）、社区服务（Community Services）、经济发展与商务（Economic Development and Business Affairs）、教育（Education）、基础设施（Infrastructure）、法律事务（Legal Affairs）、公共安全（Public Safety）和社会服务（Social Services）。CPR 对这八大类领域逐一进行阐述，明确各类管理和服务的内容及目标，每一具体事务都与特定机构或组织具有对应关系。

A. 城市行政。城市行政的主旨和目标是：提供政府运行必需的资源与法规。城市行政的具体内容包括：支撑政府运行的办公设备、信息系统、交通工具和政府雇员等资源；利用新技术提升服务供给和透明行政；依据分区规划监督土地使用；保护老城和地标建筑；提升政府雇员的业务能力；制定和提升政府战略；合法获取税

---

① 纽约市政府 CPR 绩效报告网页（http://www.nyc.gov/html/ops/cpr/html/home/home.shtml）。

收等。负责城市行政的职能部门有：城市规划部门、财政部门、档案及咨询服务部门、老城保护委员会、城市行政服务部门、信息技术与通信部门。

B. 社区服务。社区服务的基本使命是：维护和增进社区居民享有的公用资源和公共服务，保障居民生活质量。社区服务的具体内容包括：垃圾处理；公园、娱乐和休闲设施维护；低收入者住房保障；街道清扫和整修；社区零售业、文化设施的运行和制度制定；社区学校运行；社区环保推广等。负责社区服务的职能部门有：公共环卫部门、公园、休闲和娱乐设施提供部门、环保部门、青年与社区发展部门、纽约房屋委员会、文化部门、商业信誉委员会。

C. 经济发展与商务。经济发展与商务的主要目标是：促进商业发展；帮助求职者就业；提供法律保障；保持城市经济的长期活力。经济发展与商务的具体内容包括：减少在纽约开设及运营商业公司的烦琐手续；保护小型企业和妇女开办企业；吸引新投资；处理消费者投诉；确保商业活动合法、安全、高效。负责经济发展与商务的职能部门有：中小企业服务部门、纽约经济发展公司、消费者事务部门、出租车与高级轿车委员会、商业信誉委员会。

D. 教育。教育的核心使命是：提供高质量的中小学教育及高等教育。教育的具体内容包括：对市内公立学校提供支持与管理；更新学校设施；保障安全的学习环境；提升教师待遇；提供成人教育和其他教育培训项目；培训市民的应急能力；提升纽约市立大学的地位等。负责教育的职能部门有：教育部门、纽约市立各大学的管理部门、青年与社区发展部门。

E. 基础设施。基础设施管理的核心主旨是：保障城市基础设施的有序正常运行。基础设施管理的具体内容包括：制定和实施建筑和私人建设的法律规范；保证城市供水系统安全；保障人行道畅通与平整；发展公共交通网络；保证房屋质量与安全等。负责基础设施的职能部门有：设计与建设部门、环保部门、城市行政服务部门、建筑部门、交通部门、房屋保护和发展部门。

F. 法律事务。法律事务的核心主旨是：确保城市政府公正地执行法律，维护市民的合法权利。法律事务的具体内容包括：加强城市人权保障；调查和处理警方失职行为；裁决行政管理纠纷；监督并保持政府部门及工作人员的廉洁性。负责法律事务的职能部门有：城市人权委员会、市民投诉检举委员会、调查部门、法律部门、听证会办公室。

G. 公共安全。公共安全的基本目标是：保护生命和财产安全；应急管理和紧急情况处置。公共安全的具体内容包括：维护学校、地铁等公共场所的安全；减少交通和灾害事故的死亡率；处置紧急事件；保证被拘留者的安全环境；改进青少年罪犯的改造方式等。负责公共安全的职能部门有：警察部门、消防部门、应急管理办公室、缓刑处置部门、青少年司法部门。

H. 社会服务。社会服务的核心目标是：保障公众福利；提升公民自治；保护未成年人。社会服务的具体内容包括：提供充分的医疗保障；满足公众对环境健康的诉求；提供 DNA 鉴定在内的法律服务；为无家可归者提供安全环境；增加对老年人的福利；为未成年人不在校期间提供文化、娱乐和教育服务等。负责社会服务的职能部门有：身体与心理健康保障部门、未成年人服务部门、卫生与医院运营集团、老年人服务部门、流浪人员服务部门、青年与社区发展部门。

通过对公共管理与服务的上述 8 大领域进行清晰划分，纽约市明确界定了各职能部门的责任、使命与具体任务，也使市政绩效评价具有明晰的指标体系。表 1 是 2010 年 5 月纽约市政府的绩效报告。

表1 纽约市政府 CPR 系统发布业绩数据（2010年5月）

绩效评价领域	指标数	绩效改进或持平所占百分比	绩效下降所占百分比	新指标或无数据所占百分比
Citywide Administration（行政管理）	57	54.4%	35.1%	7.0%
Community Services（社区服务）	117	53.0%	35.9%	0.9%
Economic Development and Business Affairs（经济发展与商务）	54	44.4%	40.7%	0.0%
Education（教育）	46	54.3%	32.6%	6.5%
Infrastructure（基础设施）	85	56.5%	35.3%	2.4%
Legal Affairs（法律事务）	30	43.3%	30.0%	3.3%
Public Safety（公共安全）	66	42.4%	37.9%	1.5%
Social Services（社会服务）	121	49.6%	38.8%	1.7%

CPR 明确政府责任、公布详细数据，目的在于方便市民查询和监督市政绩效。有效和便捷的查询是 CPR 系统设计的重要考量。进入 CPR 查询主页后，市民可以选择拟查询的部门，了解其施政业绩。CPR 采用彩色的饼状图加以标识，如果某部门的表现一直在改善或稳定则用绿色；若其业绩下降，但在10%以内，就用黄色表示；若其业绩下降超过10%，则用醒目的红色表示。灰色区域用来表示数据不详，或缺少历史数据，无法得出绩效进步或退步的结论。CPR 还针对每一部门设置具体的绩效指标，并与该项指标的历史数据进行对比，方便市民了解各部门绩效的变化状况。

CPR 系统十分注重与市民的双向互动与交流。它设有专门的访问者调查页面，了解市民使用 CPR 系统的便捷性、实用性和有效性。系统还设置了与市民联系的页面，使用者可以通过网络和邮箱向 CPR 提出问题。纽约市政府还为市民提供法律法规、绩效报告的 PDF 下载版本。

（2）CPR 系统的运行原则

纽约市 CPR 市政绩效报告基于数据库系统，通过绩效对比驱动各部门切实履行自身职责，已经成为公众参与和政府自我预警的良好工具。CPR 系统之所以能够取得良好效果，主要归功于该系统运行遵循的三项基本原则：行政问责、透明政府、绩效管理。

A. 行政问责。CPR 将 40 多个政府部门和机构的职责分为 8 大领域和 500 多项具体指标，并将具体指标与具体部门相对应。它通过彩色的饼状图和柱形图，将每一项指标的绩效状况公之于众。CPR 促使人们特别关注绩效下降的部门或机构，绩效数据变化及其带来的压力与鞭策，促使各部门必须切实履行责任。

B. 透明政府。纽约市实施 CPR 项目，主动向市民报告自身运行绩效状况，为市民参政提供了有效途径。系统的绩效指标、简洁的绩效数据、连续的追踪比较，打造了"一站式"透明政府。通过 CPR，市民可以根据自身需要，获得丰富的政府信息和政策介绍。

C. 绩效管理。纽约市政府通过公开政绩，主动接受市民监督，听取市民诉求。市政府还提供多年的绩效数据，提供政策和服务满意度对比。CPR 通过绩效评估、绩效衡量和绩效追踪，推动各部门持续不断地改进绩效状况。

3. 纽约市 CompStat 系统

20 世纪 80 年代至 90 年代初，美国纽约市暴力犯罪问题严重，发案率居高不下，曼哈顿的一些街区被评价为全美最危险街区。但到 90 年代中期，纽约市治安状况显著好转。其中，一项名为"CompStat"的警务绩效管理系统发挥了关键作用，成为纽约市公共安全治理的重要工具。

（1）CompStat 系统的设立背景

1993 年，共和党候选人鲁道夫·朱利安尼当选纽约市第 107 任市长。1994 年，朱利安尼任命威廉·布里顿为警察局长。布里顿意识到，纽约市在预防犯罪方面效率不高，街头巡警要花很长时间才能识别和掌握犯罪线索，在警察破案之前，罪犯可能已经作案多起，甚至改变作案模式，从而给破案带来困难。布里顿认为，纽约警察机关的主要问题在于获取问题信息。犯罪信息分散在不同的卷宗和计算机系统之中，这些信息缺少集成，无法交流和共享。调查人员为了获取有效信息，不得不进行大量查询。

为解决上述问题，纽约市建立了 CompStat 警务绩效管理系统。实施该系统五年后，纽约市犯罪率下降了 57%，凶杀案数量下降了 65%。CompStat 警务绩效管理系统有效降低了犯罪率，重新恢复了市民对城市安全的信心。由于成效显著，美国其他城市纷纷效仿，该系统还获得了地方政府创新奖。

CompStat 系统记录纽约市各街区报告的犯罪信息。在定期举行的全市犯罪形势分析会议上，电子大屏幕显示各类犯罪的统计数据及分布地图。统计数据包括谋杀、强奸、抢劫、入室行窃、重罪攻击、大宗盗窃、枪击事件、事件受害人、枪支、逮捕和传票签发情况等内容。各类统计都分别给出每周、每月和每年的数据，通过比较可以得出各管辖区警务治理是否有效。各辖区警务指挥官（警长）对本辖区内发生的犯罪行为负有责任。在会议现场，绩效不佳的辖区警长要当场回答相关提问，并做出绩效承诺。

（2）CompStat 系统的构成要件

CompStat 系统通过建立专门的管理信息系统，给指挥官提供了警务决策所必需的最新情报信息，并在全市各辖区警务部门分享信息资源。CompStat 利用最新信息进行决策分析并驱动绩效管理，使各辖区警务部门能够及时掌握犯罪数据并预测趋势，从而能够快速配置警务资源，及时预防和控制犯罪行为。CompStat 还通过持续的绩效跟踪和评估，促使各辖区警务指挥官不断改进绩效状况。

CompStat 系统的构成要件包括：

A. 装有电子显示屏的会议场所。CompStat 系统有一个专用的圆桌会议室，会场设有投影仪和电子大屏幕，可以将相关绩效数据和犯罪地图投影到大屏幕上。

B. 警务绩效分析会议。纽约市警察局每周召开两次警务绩效分析会议，由警察局长亲自主持，讨论和分析最新犯罪统计数据。来自 76 个管辖区、9 个服务区和 12 个公路巡逻区的分局负责人，都要参加会议，并在会前报告主要犯罪类型、拘捕犯罪嫌疑人数量等重要数据。

C. 绩效数据分析。CompStat 会议向各辖区指挥官提供以下数据：目前总体犯罪情况如何？哪些犯罪类型有抬头之势？破案率如何？各类犯罪嫌疑人都是什么人？他们居住在哪？市民对警务部门主要有哪些投诉？

D. 犯罪地图。CompStat 系统利用 GIS 技术，开发了"犯罪地图"——通过地图显示哪些地点经常拨打"911"紧急救助电话，哪些地点经常报告犯罪案件。"犯罪地图"显示的内容很详细，它可以显示哪些俱乐部经常发生暴力事件，哪个房子经常会有家庭暴力投诉。这样，警察机关就可以把警力资源部署在最可能发生犯罪的地点。

E. 质询和承诺。CompStat 系统通过召开警务绩效分析会议，持续进行绩效追踪，引入质询和承诺机制，拓展控制犯罪的新思路。警察局长布里顿经常出席会议，亲自过问相关绩效数据，询问如何应对犯罪新趋势，并要求各分局当场做出承诺，这给分局带来很大压力。为减少犯罪发案率，警务机关不再均等分配警务资源，而是根据犯罪线索和趋势，将更多的警务资源分配到敏感和案件多发地区。

（3）CompStat 系统的预防功能

CompStat 系统改变了警务管理的评价标准。过去刑事警务的评价标准是逮捕数量。如果警察拘捕的罪犯数量增加，就被认为是业绩突出。但 CompStat 系统使预防犯罪成为工作重心。通过犯罪预防，纽约市警务部门节省了大量经费开支。与单纯回应犯罪相比，显然预防犯罪更有价值。

纽约市 Compstat 系统取得了令人惊异的成绩，已经成为城市警务治理的成功典范。在卸任纽约市警察局长后，威廉·布里顿又受聘为洛杉矶警察局长。美国第三大城市芝加哥也建立了类似的警务管理系统，同样取得了显著成效。美国很多城市的警务机关也纷纷仿效。

4. 美国城市公共安全管理的经验

过去，城市公共安全管理主要依赖各个专业机构，横向之间缺少联系。总结巴尔第摩市 CitiStat 系统、纽约市 CPR 系统和 CompStat 系统，可以发现它们取得成功的一些共同经验。

(1) 实行监管分离，构建跨部门公共安全管理系统

缺乏有效的监督机制是发生公共安全灾害或事故的重要原因。为提升城市政府各部门的回应性、责任性和公共服务能力，巴尔第摩市、纽约市都建立了独立于行政部门之外的公共安全管理系统，推进跨部门协同治理城市公共安全问题。纽约市警务绩效管理系统每周召开两次会议，市警察局长与各分局指挥官一起分析问题，寻求解决对策。巴尔第摩市每两周召开一次 CitiStat 会议，发布最新绩效报告，市长亲自出席，并由第一副市长主持会议。各部门负责人都要到会，现场回答问题并接受质询。高层领导重视城市公共安全管理，相应地，各部门及其负责人必须改善治理状况。由于高层重视，绩效数据开始受到重视，基层公务员也被调动起来，他们知道领导关注指标和排名，必须坚持"结果为本"，尽可能减少发案和立案数量。

（2）收集公共安全的问题信息，持续开展部门绩效评价

信息收集是实施城市公共安全治理的前提。随着现代信息技术的发展，可以及时汇总各类分散的信息和数据，它大大提高了集成信息的能力。应用计算机管理系统，可以根据不同的标准对数据库进行分类统计。过去，数据收集和分析经常要花费很长时间，投入很多人力和经费。但今天，信息和数据越来越容易被收集、处理、应用、传递和发布，这使得实施城市公共安全治理既切实可行又花费不多。

提升城市公共安全质量和水平，不仅要对分散的问题信息进行即时收集和统计，还要有专门的数据分析人员，以确保潜在的问题被发现和提出，并引起高层领导关注。巴尔第摩市 CitiStat 系统依赖专门的数据分析人员，他们从大量数据中筛选有效信息，并通过图表等简洁方式反映问题，便于市长和高级官员迅速捕获有效信息。巴尔第摩市还对数据分析人员进行培训，以满足对数据收集和分析的新需求，更顺利地实施城市公共安全治理。

过去，城市公共安全管理大多只是阶段性地对统计数据进行评价。这种断断续续的数据分析和评价，难以及时捕获或发现问题，直到出现严重安全灾害或公共事件才会采取补救措施。与阶段性评价不同，CitiStat、CompStat 和 CPR 绩效管理系统强调持续的数据收集和统计，"毫不留情"的数据分析和评价，不懈的信息反馈和追踪。[1] 它使问题在变得难以管理之前，就可能被发现，找到预警方案并采取有效应对措施。这种持续的数据统计和绩效评价，使城市管理不再是突击式管理，而是不断确立新目标，不断迎接新挑战，不断超越现实，不断开拓新局面的持续治理过程。这种数据驱动管理过程，甚至可以打破城市领导者的任期限制，为追求更好的城市

---

[1] Teresita Perez, Reece Rushing, "The CitiStat Model: How Data-Driven Government Can Increase Efficiency & Effectiveness", *Center for American Progress*, April 2007, p. 10.

公共安全治理提供持久的动力来源。

(3) 将部门绩效数据引入城市公共安全决策系统

如果绩效数据与公共安全决策之间没有链接关系，那么收集信息和数据就没有意义。CitiStat 和 CompStat 绩效管理系统通过两种途径将数据与政府决策有效地链接起来：第一，它创造了一种会议程序，让高层官员和各行政部门负责人能够经常商讨和分析统计数据，并运用统计数据进行公共安全管理决策或政策制定。第二，在 CitiStat 和 CompStat 会议上，统计数据被简化成图表、曲线图和地图等形式，能够直观地反映绩效状况、发展趋势以及地理分布等，以便于市长和其他高级官员捕捉有效信息，使公共安全问题和灾害或事故处理绩效变得容易评估。这种定期的数据分析和绩效评估，使决策者能够及时发现公共安全中存在的管理问题，并迅速采取决策行动。

推进城市公共安全绩效管理，需要设置通过努力可以完成的清晰的绩效目标。这些目标通过数据和指标的形式表达出来，可以明确界定并进行评估。巴尔第摩市实施 CitiStat 系统的最初目标，就是要控制雇员缺勤，减少加班现象，提高市民投诉的回应时间。以道路坑洼投诉为例，在 CitiStat 管理系统的数据驱动下，公共工程建设局做出承诺，在接到市民投诉后，负责 48 小时内将坑洼填平。为此，具体作业部门必须尽职尽责，努力兑现承诺。两个星期以后召开的 CitiStat 会议，基于新的统计数据，会对绩效目标的实现情况作出新的评估。如果相关部门实现了规定的公共安全绩效目标，在 CitiStat 会议上就会受到好评。

(4) 公开和分享各部门的绩效数据

在城市公共安全领域引入绩效管理，需要公开绩效数据，使市长、副市长、各部门负责人、市民都能分享绩效数据和信息。只有公开绩效数据，才能及时捕捉和发现问题，提供清晰的绩效指标，依靠数据驱动促使行政部门提高管理水平和服务绩效。巴尔第摩市 CitiStat 系统通过建设充满活力的信息收集基础设施,对数据收集和统计进行标准化管理,有效整合了从不同途径获取的信息资源。丰富的即时性统计数据使市长能在第一时间发现问题,快速调整政策和绩效指标。在 CitiStat 会议之后,巴尔第摩市通过互联网公开发布统计数据,方便市民获取相关信息,增加政府运行的透明度和责任性。城市公共安全治理的公众知情、关注和参与,进而为改进政府绩效提供了外在激励。对于那些绩效很差的服务部门,随着公众关注度的提升,有关部门就会面临更大的压力和责任。

(二) 新加坡公共安全治理新趋势

有着"花园城市"美誉的新加坡是位于马来西亚半岛南端的一个东南亚岛国,国土面积 720 平方公里。新加坡共有人口 540 万,包含华族、印度族、马来族、欧亚族等多个种族,是一个多元文化并包的国家。近年来,在全球恐怖主义、极端主义、仇恨犯罪抬头的全球大背景下,新加坡的刑事犯罪率却持续下降,安全指数位于全世界前列。2013 年,新加坡刑事犯罪率为 549 件/10 万人,达到近 30 年最低 (图 3)。据社科院倪鹏飞等人出版的全球城市竞争力报告 (2007—2008) 表明,新加坡 2005 年犯罪率为每万人 75 件,而北京这一数字是 198,上海是 253,欧美大都市的数字更高。李光耀曾这样设想新加坡的公共安全"如果你来新加坡,你的生命、肢体、财物都会相当安全"[①]。新加坡良好的公共安全和社会治安环境离不开多方面的因素。李光耀公共政策学院的教授 Kishore Mahbubani 曾在新加坡《海峡时报》(*Straits Times*) 撰文指出,新加坡的低犯罪率背后的原因包括警民互信、警民合作、严苛法律、经济增长和大众

---

① 韩福光等:《李光耀治国之钥》,天下远见出版股份有限公司 1999 年版。

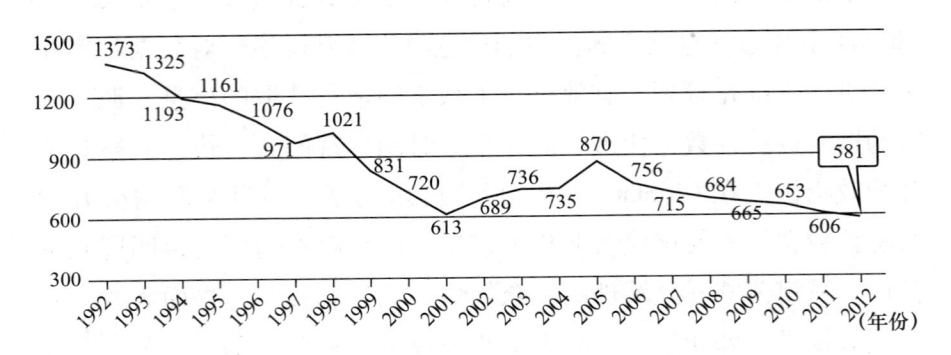

图3 新加坡1992—2012年犯罪率（件/10万人）

资料来源：新加坡警察部队（Singapore Police Force）。

教育的发展等①。新加坡的社区警务制度也一直被中国的公安学校所研究和学习。本节将从整体性政府的视角来总结和分析新加坡良好安全秩序背后的四个侧面：警力下沉、电子政务、网络安全和应急处置。其中警力下沉是社区警务制度的核心内容，邻里警局力图向社区提供"一站式"全方位服务。电子政务是"一站式"理念的最好体现，构建了一个高度交互性、个性化、时效性的虚拟政府。网络安全是信息社会下新型犯罪的重点，新的全国网络安全总蓝图集中在政府对交通、能源、医疗、金融、资讯通信等关键领域防御能力的增强。最后，应急处置则反映了新加坡各部门的通力合作，化解突发事件和国内外危机的能力，尤其是如何处理与占总人口数近1/5的外籍劳工的关系。

1. 警力下沉，打破旧有警务分工

1983年，新加坡在借鉴日本"交番"（Koban）警务制的基础上，建立了邻里警岗制度（Neighbourhood Police Post），致力于以社区为单位加强警民沟通，改善警民关系。这一制度通过将警力下沉

---

① http：//www.mahbubani.net/articles%20by%20dean/why%20singapore%20has%20low%20crime%20rate.pdf。

到基层，赋予了邻里警岗众多职能，较好地推进了属地化管理。邻里警岗的日常工作主要包括：（1）增加日常徒步巡逻和自行车巡逻次数，增加"见警率"；（2）提供柜台服务，包括房屋租赁登记、交通事故报案、失物招领、住址变更登记、死亡登记等；（3）处理突发事件；（4）入户走访，传达预防犯罪知识，倾听群众需求；（5）预防犯罪；（6）社区基层组织联络，如与居委会共同处理社区治安问题等；（7）配合罪案调查工作与人群控制等。因此，邻里警岗除提供常规服务外，类似我国的社区警务室，是社区居民的信息中心和犯罪预防中心。1994年底，新加坡邻里警岗达到91个，邻里警岗制度有效地增强了警民互信，在预防和打击犯罪方面发挥了警民合作优势。

1997年，新加坡警方在邻里警岗制度基础上进行重组，建立了邻里警局（Neighbourhood Police Center）。邻里警局接近于我国大城市的公安派出所，警员既是执法者又是服务员，通过制订社区安全计划、履行服务誓约、派发宣传资料、入户走访等形式，积极参与社区管理，为民众提供方便、快捷、高效的"一站式"服务。据统计，至2012年新加坡共成立35个邻里警局。邻里警局通过组织一线警员小组并对他们进一步授权，打破了过去警务内部的职能分工（compartmentalisation），例如快速响应、现场保护、证据采集和犯罪调查等[1]。新的邻里警局制度在功能、组织、服务方面都有了显著提升，注重服务质量和问题的有效解决，直面新时期犯罪形式的复杂性，是迈向整体性政府的可靠保证。

随着现代信息技术的发展，近年来新加坡还建立了电子警务中心（Electronic Police Centre，EPC），构建起专门的信息网络平台。居民可通过该平台享受信息查询、证件申领、网上报案、遗失报

---

[1] http：//www.unafei.or.jp/english/pdf/RS_No56/No56_14VE_Singh1.pdf。

告、指纹录入申请、警务资料复印申请、交通罚款缴纳等各种服务,进一步整合警察部门内部职责,避免过多警力时间花费在这些日常事务上。2016年,新加坡警察部门计划将自助式电子警务平台装备邻里警岗,实现自助式服务,将警力从日常事务释放,更好地投入社区安全保障工作。

2. 电子政务,构建多部门的"一站式"政府网站

新加坡电子政务从20世纪80年代开始建立起来,通过公务员计算机化计划(1981—1985年)、国家信息技术计划(1986—1991年)、新加坡智慧岛IT2000计划(1992—1999年)三项国家信息化技术计划为新加坡电子政务的大规模实施奠定了基础。1999年以前,新加坡并没有一个统一的政府网站,而是由各个部门单独建立自己的部门网站。随着电子政务技术的发展,新加坡政府"电子白皮书"中提出推行电子政务,新加坡政府也建立起了以服务受众为核心,跨越多部门的"一站式"政府网站,实现了电子政务的升级,成为全球范围内最早推行"政府信息化"的国家。①

新加坡政府网站中的"电子公民服务中心"(www.ecitizen.gov.sg)板块借鉴了电子政务理念和欧美政府网站设计风格,更加凸显出了"一站式"服务概念。该板块涉及"文化、娱乐与运动""防务与安全""教育、学习与工作""健康与环境""住房"和"交通与出游"等,涵盖人们生活的各个方面。用户不仅可以按需选择,获得相应服务,还可以直接搜索想要了解的信息。"电子公民服务中心"上各个服务模块的背后,对应着不同部门,由不同部门各自提供。例如,社区发展部提供"结婚"服务,卫生部提供"老人护理"服务。除此之外,"电子公民服务中心"为年满15岁

---

① http://news.xinhuanet.com/newmedia/2011-05/17/c_121423862.htm。

的公民提供个人"电子公民账户",提供个性化服务。"电子公民服务中心"将所有可电子化的政务服务全部实行电子式服务,将政府各个部门的服务进行整合,总体设计并非按部门分离,而是实行流程式服务,将"从摇篮到坟墓"的人生过程中所需要的服务通过一个网站提供"一揽子"服务。

新加坡"电子公民服务中心"属于电子政务集成应用,形成了"一站式办公""一网式服务""一表式数据"的电子办公模式,改变了传统政府办公方式,降低了传统政府办公成本,利用信息技术大大提高了公共服务提供的便利程度,提高了电子政务与社会资源的联系紧密度。同时,这种模式推动了各部门之间的协作交流,规范、简化了办事流程,通过电子政务建立起一个高度互动、反应迅速、全方位服务的政府。[①]

3. 网络安全,成立跨部门的全国通信安全委员会

近年来,网络信息技术极大发展的同时也带来了全球网络安全问题,网络黑客攻击、个人信息泄露事件越来越严重。2006—2013年,新加坡网络诈骗案件持续上升。2013年,新加坡电子商务诈骗案共发生509起;网络爱情骗局81起,较2012年上升62%,涉案金额约合2791万元人民币,约为2012年的3倍。诈骗犯向网络空间转移趋势明显[②]。

2000年,新加坡成立跨部门的全国通信安全委员会,由通信及新闻部、国防部、内政部,以及通信及新闻部下属的法定机构资讯通信发展管理局(资信局)等组成,专门制定国家层面的IT安全战略。在全国通信安全委员会的指导下,新加坡当局已经颁布了三份加强网络安全的发展蓝图。

---

① http://wenku.baidu.com/link?url=YuBgrVE0pETtcp5EC41Hla7d5BUcEvKpyHtXsUqRAzAzqSYFHY6rzsV4NFSg0w80r74CAJJ3gX5ShnRQwOdB0Ax8vZmcglPy8-O4jxOkKr_。

② http://news.xinhuanet.com/world/2014-02/14/c_119345384.htm。

2013年，为改变之前内政部和国防部分别设立新加坡资讯通信科技安全局和网络防卫行动中心以防御和对抗网络袭击的分散局面，加强各个部门之间协调，共同应对网络黑客攻击，新加坡制定了第三份发展蓝图，即全国网络安全总蓝图。政府计划拨款2300万新元，从完善关键信息通信基础设施，加大保证个人和企业使用正确的安全措施宣传力度，培养信息通信专业人才三个方面，全面提高新加坡网络袭击抵御能力。

2015年4月1日，新加坡又成立了网络安全局，整合新加坡资讯通信科技安全局以及资讯通信发展管理局的部分职责，明确网安局战略和政策发展、网络安全运营以及市场发展和推广等定位，重新规划了网安局和资讯通信发展管理局的职能定位。资讯通信发展管理局则涉及政府部门和电信业网络安全两大领域①。网安局则主要负责发展可提早探测以及抵御网络威胁的能力，并负责监督能源、陆路交通、海事、民航、水源、保安、医药和银行及金融这八个关键领域的网络安全。

4. 应急处置，开展非正常事态下的跨部门合作

应急处置是政府在非正常事态下开展跨部门合作的集中体现。应急突发事件由于其影响的扩散效应，已经超出了单部门的响应范围。从功能上讲，应急处置至少涉及事件本身跨部门的直接反应、社会舆论和民情控制、境外舆论回应、事件事后调查等，每块内容都涉及不同的政府部门。如果突发事件涉及外来人口，移民局必须也得介入。新加坡共有100万名外籍劳工，占新加坡总人口的18.5%，大部分来自印度、孟加拉国、巴基斯坦和中国，主要分布在建筑业、低端制造业和服务业等。2013年12月8日晚发生了自1969年以来新加坡"40年一遇"的第二起骚乱——"小印度骚

---

① http://www.zaobao.com/realtime/singapore/story20160322-595732。

乱"。① 此次事件的应急处置体现了新加坡政府跨部门合作的能力和水平。

"小印度"是新加坡南部闹市区的印度族群聚居区。当晚一名33岁的印度籍劳工与一辆私人大巴相撞，当场不治身亡。车祸发生后，医护人员、民防部队工作人员迅速到达现场，新加坡警方按照交通事故进行调查处理，但却升级成群众性冲突事件，附近约400名南亚裔外籍劳工攻击在场执法人员。新加坡政府迅速依照法律程序，平复此次骚乱，2小时后局面得以控制后，新加坡警方迅速抓捕涉嫌参与骚乱的人员。此次事件最终41人受伤，16辆警车和9辆民防部队车辆损毁。

9日凌晨1时30分，新加坡副总理兼内政部部长张志贤、内政部第二部长易华仁、警察总监黄裕喜和副警察总监拉惹古玛主持召开记者会，将此次冲突性事件定性为"持武器的严重骚乱"。随后，新加坡总理李显龙下令内政部成立调查委员会，对事件进行彻底调查，同时通过政府社交媒体安抚外籍劳工。事件发生后，新加坡驻印度最高专员立即就印度电视台的错误报道致函交涉，要求重新播放正确版本；新加坡驻美国大使向美国政府致函，要求纠正美国媒体的错误报道，重新阐述新方真相。事故发生后，新加坡警方除将参与骚乱的外籍劳工遣送回国，新加坡律师公会还为涉嫌参与骚乱者维护合法权益提供无偿辩护和法律援助。此外，新加坡副总理尚达曼领导跨部门委员会就外籍劳工福利及归属感、外籍劳工与新加坡人的社会矛盾等课题进行研究，以不断提高社会公平正义。由此可见，在这次的应急处置中，新加坡政府确实动用了多个部门的力量。

---

① 钟开斌：《当新加坡遭遇群体性事件》，《廉政瞭望》2014年第7期。

可想而知，新加坡政府如果仅仅只有警察部门处理"小印度骚乱"事件，这种诉诸武力的对抗最终会使效果大打折扣，甚至遭到国际社会的逆转。相反，在李显龙总理的带领下，内政部、警察局、外交部、移民局、医务、法律和社交媒体各部门的通力协作使得此次应急处置成为公共安全问题上的又一成功案例。

三 整体治理：跨部门协调的理论基础

城市公共安全治理改革的一个核心思想是实现不同政府部门之间合作，整体性政府（Whole-of-Government）是实现这种合作的主要理论和机制。由于政府结构是复合的而非单一的，不同类型和不同层次政府或部门在面对一些结构不良的公共问题（Ill-Structured problems）时，任何单一政府或部门都不能够很好地应对和解决问题，它需要不同政府或部门共同行动（Working Together）来解决难题。正如汤姆·克里斯滕森[1]等认为"大的问题与任务很少遵循组织边界，但是他们常常跨越行政层级、部门和单位，这些对于政治和行政领导者而言造成了很多挑战"。

对于政府或部门间合作的重视，可以追溯到政府间关系研究的文献中。肯可德[2]在对美国联邦主义发展阶段的总结中，将联邦主义发展阶段总结为二元联邦制（Dual Federalism）、合作联邦制（Cooperative Federalism）和强制联邦制（Coercive Federalism），在这三种联邦制度中，合作联邦制是就对不同层级政府合作的强调，

---

[1] Christensen T., Lægreid P., "Post-NPM reforms: whole of government approaches as a new trend", *Research in Public Policy Analysis & Management*, 2011, 11–24.

[2] Kincaid, J., "From cooperative to coercive federalism", *Annals of the American Academy of Political & Social Science*, 1990, 509 (1), 139–152.

不过，这种模式很快就被联邦主导模式取代。德尔·S. 怀特①刚从另一个更为宏大的视角对美国联邦制的发展阶段进行了总结，他指出美国联邦制可以划分为三个阶段：联邦主义阶段（Federalism）、政府间关系阶段（Intergovernmental Relations）、政府间管理阶段（Intergovernmental Management）。很显然，越是后面的阶段，越是强调不同层级和不同类型政府间合作，政府间关系也取代联邦主义成为描述美国不同层级政府间关系的概念。

不过，对于跨部门、联合与共同行动的强调则是新公共管理运动（New Public Management，NPM）和政府改革实践面临挑战的双重产物。一方面，新公共管理的理论主张结构化分权，给予传统机构更多的自主性，建立更多的具有制度和法律独立的管制机构，按照单一功能或服务建立组织，主张通过市场竞争来提升效率，这使得政府自身的纵向和横向分化产生了过多的公共组织，不同公共组织之间协调、合作、冲突处理等成为重大问题，政治官员和行政领导人面临对公共组织间实现控制和协调的难题，合作能力也成为政治和行政领导人面临的挑战之一。另一方面，按照新公共管理进行的政府改革实践并不能够很好回应复杂性和不确定性问题给政府带来的挑战，这些挑战即包括国内一些难题，如城市中环境、能源、交通难题、流域水治理难题、大气治理难题等，后者如"9·11"事件中引发的国家安全和全球反恐问题、全球气候变暖问题、SARS 等全球性公共卫生问题、全球性金融危机问题等。

针对这些问题，政府实践和理论研究都给予了关注，实践者正在尝试一些改革措施，研究者则提出一些观念和主张。欧洲学

---

① Wright D. S., "Federalism, intergovernmental relations, and intergovernmental management: historical reflections and conceptual comparisons", *Public Administration Review*, 1990, 50 (2), 168–178.

者和美国学者对于同样的问题，分别使用了不同概念进行描述问题和提出方案，美国学者称之为合作性公共管理（Collaborative Public Management），或机构性集体行动（Institutional Collective Action Framework）的设想①，欧洲学者称之为整体性政府（Whole-of-Government），或联合政府（Joint up Government）的设想②。我们认为，可以将整体性政府和合作性公共管理统称为整体治理，强调通过治理理念来改造政府部门之间关系，实现跨部门的合作。

奥里利③对合作性公共管理下了一个定义，他认为"合作性公共管理是一个概念，它主要描述促进和控制用多组织制度安排解决问题的过程，这些问题通常不能够或者不容易被一个组织解决"。理查德·C. 菲沃克④则主要从集体行动困境角度讨论了政府部门之间面临跨部门合作时，有哪些合作机制可以选择？而汤姆·克里斯滕森在探讨整体性政府理论时，将其作为后公共管理（Post-NPM）的理论来讨论，是对新公共管理理论的超越，其核心特征包括：从结构层面（Structure Feature）来促进政府间或政府部门间合作，这种结构层面既包括纵向等级式合作，也包括横向协调式合作；注重跨部门之间谈判特征（Negotiate Feature），由于不同部门之间存在不同目标，要共同行动就必须相互协调；强调领导力（Leadership Perspective）在促进合作中重要性，跨部门合作与领导力、公共企业家精神存在紧密联系；认为跨部门合作需要注重价值观点（Cul-

---

① Agranoff R., Mcguire M., *Collaborative Public Management*, Georgetown University Press, 2003.
② Christensen T., Lægreid P., "The whole-of-government approach to public sector reform", *Public Administration Review*, 2007, 67 (6), 1059–1066.
③ O'Leary R., Bingham L. B., *The Collaborative Public Manager: New Ideas for the Twenty-first Century*, Washington: Georgetown University Press, 2009.
④ Feiock R., "The Institutional Collective Action Framework", *Policy Studies Journal*, 2003, 41 (3): 397–425。

tural Perspective),伦理法则和价值基础在合作中发挥重要作用;主张跨部门合作有时是一种迷思(Myth Perspective),整体性政府从某种程度上看是一种装饰门面措施(Window-Dressing),更多是出于合法性考虑而不是效率考虑。

很显然,与美国学者相比,欧洲学者的整体性政府的概念更加强调政府之间或政府部门之间合作,而美国学者的合作性公共管理则既包括政府部门或政府之间合作,也包含政府与第三部门等其他组织之间合作,它所包含范围更广泛。考虑到我们将政府与社会之间合作问题纳入合作治理的范畴中讨论,因此,在探讨合作性公共管理时主要关注政府之间或部门之间合作。不过,这两个学派之间存在共同特点,都认为需要通过政府部门之间合作来解决公共问题。对此,美国学者巴达赫[①]有精辟的阐述,他指出:"本人把合作界定为两个或两个以上的机构从事的任何共同活动,通过一起工作而非独立行事来增加公共价值。"根据这一定义,跨部门合作有两个关键点:一是一起工作和联合行动,二是增加公共价值。当然,这一新的情景也给公共管理构成了重大挑战。

对于跨部门或跨政府间合作,我们可以根据政府的层次和类型两个维度,将整体性政府所讨论的部门间合作或政府间合作划分为四种类型,即部门间合作、纵向部门间合作、政府间合作和纵向政府间合作等(见表2)。当然在实际合作形态中,可能存在混合形式(Hybrid forms),即同时包含横向、纵向、功能性和地域性的政府合作。

---

① [美]尤金·巴达赫:《跨部门合作:管理"巧匠"的理论与实践》,北京大学出版社2011年版。

表2　　　　　　　　　　跨部门和跨政府合作的类型

政府的类型		政府的层次	
		横向	纵向
政府的类型	功能性	部门间合作	纵向部门间合作
	地域性	政府间合作	纵向政府间合作

中国政府目前也非常重视政府之间或部门之间合作，整体性政府也逐渐成为中国政府改革的一种重要逻辑。在中央层面，国务院通过建立议事协调机构、部际联席会议和部门协议来促进部委之间协调与合作[①]。在地方层面，目前泛珠江三角区域合作则是地方政府或部门之间合作的典型，来自"9+2"的合作区目前共签订了191项政府间协议，形成了"地理路径""抱团路径""借势路径"等不同合作形式[②]。在纵向层面合作方面，中关村国家自主创新示范区是部委、北京市等中央部门与省级政府之间合作的新方式。在部门间或政府间合作的混合形式方面，京津冀合作是其中典型，它既包括中央政府和中央部委，也包括地方政府和委办局，形成了复杂的政府间、部门间合作网络。

四　中国城市公共安全治理的改革创新

面对城市跨部门公共安全治理存在的矛盾和困境，近年来，一些先锋城市积极探索跨部门运作的新机制，有些政策试验和创新取得了很好的效果。以北京市近年来的改革实践为例，展现构建城市

[①] 朱春奎、毛万磊：《议事协调机构、部际联席会议和部门协议：中国政府部门横向协调机制研究》，《行政论坛》2015年第6期。

[②] 马捷、锁利铭、陈斌：《从合作区到区域合作网络：结构、路径与演进——来自"9+2"合作区191项府际协议的网络分析》，《中国软科学》2014年第12期。

公共安全整体治理机制的行动及成效。

（一）应用信息技术，推进跨部门运作

斯蒂芬·戈德史密斯指出，"信息技术可以有助于推倒组织之间的壁垒，赋予政府及其合作伙伴各种工具，以跨越组织界限进行有效的合作"。[①] 现代信息技术尤其是互联网的应用，为集成部门信息资源、挖掘和利用数据、增进信息共享，提供了重要途径和手段。近年来，北京市公共安全治理利用信息技术推进跨部门运作，取得的进展较为显著。

1. 整合政府热线，增进政府与公众互动

为方便公众参与，北京市一些区从实际需要出发，向信息化主管部门申请了电信服务短号码，设置统一的非紧急救助政府热线。其中，朝阳区于2004年设立了"96105"政府热线，之后不断拓展受理范围，逐步将工商登记注册、投资服务、房管办证、民政服务等咨询业务都纳入进来。2007年，该热线挂牌成立"非紧急救助服务中心"，凡是与政府业务沾边的事情，该呼叫中心都要受理。[②] 目前，该中心聘有160名工作人员，24小时接听居民电话。"96015"热线负责受理公众咨询、投诉等来电。即应用现代信息技术，形成跨部门沟通机制，在公共部门之间增进交流、对话和磋商，增进理解和信任，推进跨部门运作。北京市西城区整合了社区服务、医保、社保、工商、食药、卫计等多个部门的热线，于2013年8月开通"12341"非紧急救助热线，实行政企合作、外包运营。该热线聘有130名工作人员，致力于提升公众需求的响应能力。通过集成政府热线反映的问题信息，不仅可识别各部门工作绩效，还

---

① ［美］斯蒂芬·戈德史密斯、威廉·D. 埃格斯：《网络化治理：公共部门的新形态》，北京大学出版社2008年版，第103页。

② 杨宏山、皮定均：《合作治理与社会服务管理创新》，中国经济出版社2012年版，第116页。

可对城市公共安全的整体运行情况做出判断。

以北京市朝阳区"96105"非紧急救助热线为例。为发挥公众参与的作用，朝阳区对各部门设置的热线电话进行整合，设立统一的"96105"政府热线呼叫中心，实行每天 24 小时值班，统一受理公众投诉、举报和咨询的各种问题。目前，每天拨入电话量保持在 700—900 个。定期对热线电话反映的问题进行统计分析，可以及时了解百姓需求。2010 年政府热线反映的前十类问题分别为：新增违章建筑、噪声扰民、停水问题、道路交通、拆迁问题、季节性问题、暴露垃圾、黑车拉客、施工扰民、道路破损。

朝阳区"96105"政府热线反映的投诉、举报信息，它犹如一个神经网络系统，把各个神经末梢的信息分别传递给神经中枢，由监督指挥中心进行信息集成并进行数据分析。现代信息技术提升了数据存储和传递的可靠性和有效性，提升了海量数据的计算能力、储存能力和信息分享能力。对这些信息资源进行整合和集成，并通过电子政务网络，可在区政府、街乡和各委办局之间实现信息共享、互联互通。通过汇总居民投诉反映的问题信息，可以分析居民需求及其变化、改进政府决策和公共服务供给。

2. 应用互联网技术，提升公共安全信息共享能力

近年来，很多城市都在利用互联网技术，构建政府部门与市民沟通的信息平台，提供在线咨询和接受投诉服务，为市民在线办事提供方便。由于职能差别，公共安全涉及的部门都掌握一定信息资源，相互之间的信息共享有待改进。运用互联网技术，建设智慧城市系统，可增进政府内部各层级、各部门之间的信息共享，增进政府与外部环境之间的信息交流。

2014 年，国家发改委、公安部等 8 部委联合印发《关于促进智慧城市健康发展的指导意见》，提出整合各类视频图像信息资源，推进公共安全视频联网应用，建立全面设防、一体运作的社会治安防控体系。要求各政务部门根据职能分工，将本部门建设管理的信息资源授权有需要的部门无偿使用。依托智慧城市系统，集成多部门的信息资源，利用大数据分析技术，可更好地把握城市公共安全的总体状况和发展趋势。对于部门来讲，也能更好地回应社会需求。对于市民来讲，通过智慧城市系统，能及时获取相关信息，了解城市运行状况，以便对自身的工作和生活做出相应调整。

北京市政务门户网站也是政府信息共享的重要窗口。作为北京市国家机关在互联网上统一建立的网站群，首都之窗已拥有近百个站点，100 余万网页数据，10 余万的图片资源，是市政府信息公开、新闻发布、政策阐释、倾听民意、信息来源的主要载体与途径。为推动"互联网 + 政务"大发展，实现"让数据多跑路，让群众少跑腿"的服务格局，首都之窗于 2016 年升级了云搜索门户系统，进一步优化了聚焦功能。相比旧版搜索，升级后的页面更简洁、清晰，信息视觉直观、定位精确。

3. 应用大数据技术，提升公共安全预警能力

城市公共安全的应急预警预需要政府多部门参与和共同讨论，需要具有详细的数据和证据作为支撑。近年来兴起的大数据分析技术，为提升城市公共安全预警能力提供有力抓手。通过集成多领域的公共安全信息，可更好地判断具体领域的公共安全风险，提高政府的危机预警能力和应对能力。公共安全预警可动员相关方面及时采取应急措施，可减少生命财产损失、维护公共安全。

北京市应急办于 2015 年开始对外公布雾霾预警等级，这是大数据时代城市公共安全治理的典型案例。近年来，北京市加大大气污染防治力度，通过采取压减燃煤、控车减油、治污减排、清洁降尘等措施，持续改善了首都空气环境质量。但是，目前污染物排放总量仍然超过环境容量，在极端不利气象条件下容易引发空气重污染。为健全完善空气重污染应急机制，提高环境管理精细化水平，北京市借鉴2014年亚太经济合作组织会议空气质量保障经验，在对《北京市空气重污染应急预案（试行）》进行修订完善的基础上，形成《北京市空气重污染应急预案》。根据环境保护部《环境空气质量指数（AQI）技术规定（试行）》（HJ633—2012）分级方法，空气质量指数在200以上为空气重污染。

按照《中华人民共和国突发事件应对法》有关规定，北京市依据空气质量预测结果，综合考虑空气污染程度和持续时间，将空气重污染预警分为4个级别，由轻到重依次为蓝色预警（预警四级）、黄色预警（预警三级）、橙色预警（预警二级）和红色预警（预警一级），最高一级预测空气重污染将持续3天以上（72小时以上），红色预警由市应急委主任批准，由市应急办提前24小时组织发布。具体划分可见图4。

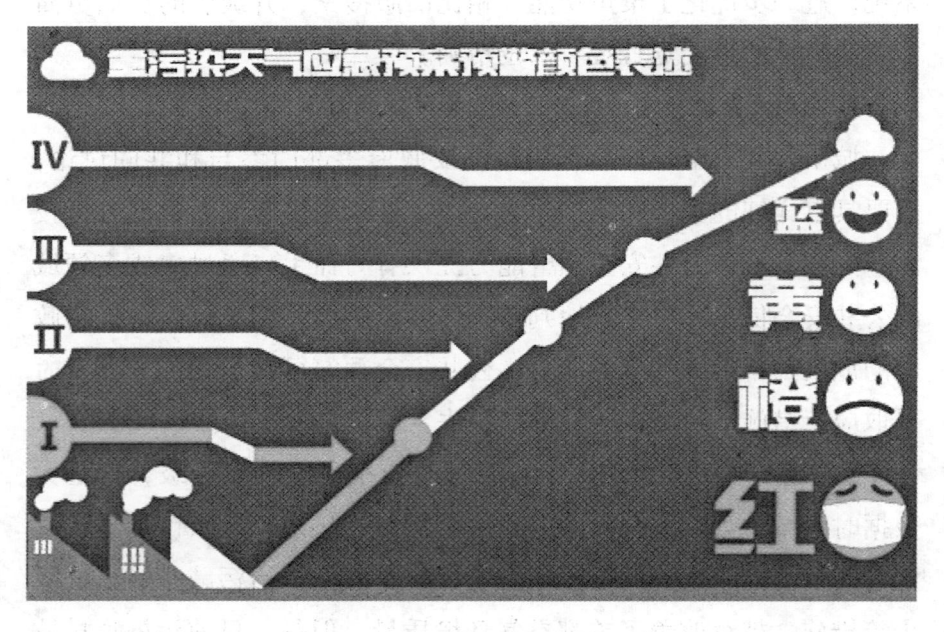

图4 空气污染预警等级颜色图

北京市空气重污染应急指挥部在市应急委员会的统一领导下开展工作，总指挥由市政府常务副市长担任，副总指挥由市政府分管环保工作的副市长和副秘书长担任，成员单位由市有关部门、各区县政府和北京经济技术开发区管委会组成，指挥部办公室设在市环保局，办公室主任由市环保局局长担任。各区县政府和北京经济技术开发区管委会按照属地管理原则，承担空气重污染应急主体责任，逐级分解细化任务，并组织实施。

（二）再造行政流程，促进部门协作

1. 建设行政服务中心，提供"一站式"服务

2015年11月23日，北京市政务服务中心正式运行，所有行政审批实现"一站式"集中，涉及40个委办局，740项审批事项，594名审批人员，198个固定窗口。

（1）地理位置和功能布局

北京市政务服务中心位于北京市六里桥西南角，六里桥长途客运枢纽东。服务中心大楼是一座巨大的人字形建筑，总建筑面积21.1万平方米。1—4层是行政审批政务大厅，每层分为A、B、C三个审批岛。按照"分区设置、相对独立、统一管理、资源共享"的原则，将进驻审批事项划分为固定资产投资、市场准入、社会民生、公共安全四个板块进行分类布局。1层用于社会民生功能区，主要进驻民政局、新闻出版局、卫计委、文化局、住建委、旅游委等部门。2层用于市场准入功能区，主要进驻食药局、水务局、交通委、规划委、国土局、农业局等部门。3层的B、C岛用于市场准入功能区，进驻工商局、质监局、商委；A岛用于公共安全审批功能区，主要进驻市公安局、环保局、安监局、统计局、司法局等部门。4层的B、C岛为固定资产投资功能区，14个投资审批部门从中环投资审批大厅迁入，A岛为配套公共服务区，提供水电气热市政报装服务。

(2) 信息配套设施

在建设实体政务大厅的同时，同步建设了网上政务服务大厅，实现网上咨询、预约、申报、预审、在线办理、进度查询、违规预警和反馈发件等功能，使得企业群众来大厅一次就能完成所需的审批工作。

实行服务中心审批部门间信息互联共享，减少企业群众重复提交各种审批材料的情况，实现不出大厅完成申办事项。

(3) 运行机制

服务大厅实行"一窗式受理""一站式审批""限时审批制""四级协调督办制"等工作机制，向管理要效率。

进行审批事项全生命周期流程再造，推进"独立审批改链条式审批"、推进串联改并联审批等化学反应，取消或合并若干审批环节，缩短审批路径，提高审批效率。

利用审批部门窗口相邻的特点，加强审批部门间的会商、会审，裁剪不必要的审批部门间相互征求意见和发函回函等环节，减少项目审批的在途时间。

(4) 技术支撑

北京市政务服务中心之所以被称为中国智慧城市的"新地标"之一，原因在于，其已属于典型的"五个一"工程，即"一窗式"受理、"一站式"服务、"一条龙"审批、"一门式"收费和"一表式"呈现。也就是说，市民和企业只需完成两项标准动作：递交资料，立即或若干天后，在同一窗口领证，740种审批事项皆是如此，这些都依赖于强大的技术手段。

①北京政务云平台。

北京市政务服务中心其实是建设在一朵公有云之上，即北京政务云平台。该云平台采用PPP模式建设，由太极云、金山云共同组成。两朵云在业务上相互竞争，政府各委办局可自由选择购买服务，但技术上两朵云又互为备份，增强了系统稳定性。

北京政务云平台底层采用华为分布式云数据中心解决方案，上层构建了北京市跨部门数据共享与业务协同平台、数据共享与业务交换平台、政务协同办公平台，承载着北京市行政审批、政务协同等7类政务服务业务，全面提升了北京市政务服务能力。

②突破"部门墙"。

中国的智慧城市、政务云，最大的建设阻力来自"部门墙"，是各部门对数据敝帚自珍的态度。不能说没有所谓的业务"部门墙"，但从IT的角度看，其核心是利用技术手段最大可能减少"部门墙"的阻力。政府部门从来不拒绝云计算，也不抵触公有云，而前提是，如何将既有的业务系统平顺地迁移到公有云上，又如何保证数据安全。由此可见，设计适配各委办局现有系统的解决方案，才是突破"部门墙"的关键。通过北京市政务服务数据共享与业务交换平台的建设，已实现了全市基础平台数据共享与业务对接。对接内容包括：统一身份认证平台、政务信息资源空间服务平台、法人一证通平台、北京通、公务员门户、首都之窗、人口/法人库、北京市政务信息资源共享交换平台等。

③兼顾已经入云和暂不能入云的各类业务。

在此方面，此次建设通过采用华为分布式云数据中心、SDN等一系列前沿信息通信技术，实现了北京政务云平台与各委办局专网、政务外网、政务内网、互联网的互联互通，为下一阶段全面数据共享进行了充足准备。

④安全问题。

基于华为端对端的安全架构体系，北京政务云平台分别从物理安全、网络安全、主机安全、虚拟化安全、应用安全、数据安全等6个方面进行了安全技术体系规划，整体依照等级保护三级标准进行规划设计。同时，其也兼顾了不同"用户"的行业应用特点。根据各政务行业特点提供了不同网络、不同等级的分区资源池方案，分别采用不同的安全防护措施；根据不同业务类型需求采用了双活、主备、数据远程备份等不同容灾备份解决方案。此外，在满足基本安全要求的前提下，其还可提供个性化、扩展性安全服务，例如风险评估、安全加固、等级保护优化和安全培训等。

（5）作用

①减少办事时间，提高审批效率。过去，几十个审批单位各有各的服务大厅，分散在北京城区各处，遇上拥堵，跑一趟就得半天。真正实现了"数据多跑路，市民少跑腿"。

②有利于优化部门权责设置。长期以来，很多部门以批代管、重批轻管、爱审批，却不愿管、不会管的问题，被社会广为诟病。但很多人将原因归结于权力任性或者工作人员个人的敬业程度，而背后更为复杂的问题在于部门权责的设置。

③利于对权力的事中事后监管。很多部门长时间习惯了按领域设置权力，一个处室，既管监管，又负责审批，为了方便部门利益，难免习惯事前抬高门槛，给事中事后监管提供方便。

2. 推进属地化管理，提升统筹协调能力

在现行行政体制下，地方政府管理一直面临着垂直管理和属地管理的两难选择。属地管理可以调动地方的积极性，增加协调能力。垂直管理可以增加中央政府的监管能力，避免地方保护主义。尹振东[1]指出："我国大部分政府职能部门，长期以来实行'条块结合，以块为主，分级管理'的行政管理体制，一般称为'属地管理'体制。所谓'条条'，是指中央部委以及中央部委领导的垂直管理系统；所谓'块块'，是指各级地方政府以及地方政府领导下

---

[1] 尹振东：《垂直管理与属地管理：行政管理体制的选择》，《经济研究》2011年第4期。

的职能部门。在属地管理体制下，地方职能部门受地方政府和上级部门'双重领导'，其中主管部门负责工作业务的'事权'，而地方政府管'人、财、物'。在这种体制下，地方政府利用手中掌握的'人、财、物'权影响地方职能部门，以致在中央和地方目标不一致时，地方职能部门在地方政府的影响下，被迫执行地方政府的指令。垂直管理体制，是指中央部委或省直接管理地方职能部门，既管'事权'，又管'人、财、物'权，地方政府不再管理地方职能部门。垂直管理体制增强了地方职能部门的独立性，地方职能部门只对上级主管部门负责，不再受命于地方政府，这就是普遍认为垂直管理体制能摆脱地方政府干预的原因。但是垂直管理并不能完全摆脱地方干扰，地方政府会主动采取措施去影响垂直管理部门。"尹振东的研究表明，当监管任务较容易考核且坏项目带来的损害较大时，垂直管理体制更优；当监管任务较难考核，或坏项目带来的损害不太大时，属地管理体制更优。

垂直管理体制是给地方政府的协调增加了难题，不利于垂直管理部门与属地管理部门之间协调和配合。很显然，对于城市治理和城市发展而言，采取属地管理体制会更优一些，它有利于调动地方积极性，并且快速应对复杂的城市系统产生的问题。对于城市公共安全而言，垂直管理不利于公共安全的预防、协调和处置，属地管理有利于公共安全的治理。目前，除了城市公共安全之外，还有与安全有关的安全生产、事故处置都遵循属地管理原则，有利于当地政府更好地利用分散信息，实现权力与责任的有机统一。

3. 推进市政绩效评估，构建跨部门评价机制

北京市政府绩效管理起源于岗位责任制，在经历了目标管理督察考核、多元评价综合考评后，从2008年起，北京市政府成立了绩效管理课题组，在借鉴吸纳政府评估的4E模式、平衡记分卡、360度考评等理论基础上，形成了以"三效一创、八大指标"为核心的绩效管理指标体系。

2009年,北京市出台《北京市市级国家行政机关绩效管理暂行办法》,该办法规定:"在市政府党组统一领导下,建立市政府绩效管理联席会议制度,市政府秘书长任召集人。联席会议由市政府办公厅、市监察局、市人力社保局、市政府法制办、市编办等部门组成,其主要职责是:(一)确定绩效管理指标体系和年度绩效计划;(二)组织开展年度绩效管理工作;(三)审定绩效管理专项考评细则;(四)研究和协调解决绩效管理工作中的重大问题。"

经过多年实践,北京市形成了"三效一创"绩效管理体系。市级国家行政机关绩效管理工作重点围绕履职效率、管理效能、服务效果和创新创优(以下简称"三效一创")等4个方面8项指标进行管理和考评。其中,履职效率是对市级国家行政机关职责任务进行管理和考评,重点涉及履行本部门主要职责和承担市政府重点工作任务完成情况;管理效能是对市级国家行政机关依法行政、行政审批、行政效能监察及公务员队伍建设情况进行管理和考评,重点涉及依法行政和能力建设情况;服务效果是对市级国家行政机关工作效果和服务对象满意度进行管理和考评,重点涉及服务中央、公众评价、领导评价、协调配合等情况;创新创优是对市级国家行政机关开展工作创新和创优情况进行管理和考评,重点涉及重大工作创新成果、重要表彰奖励等情况。

(三)整合行政组织,推进协同治理

政府的组织形式是推进整体治理的体制保证。整体治理所要克服的正是之前的部门林立和部门分割的组织问题。在效率和利益为主导的情形下,政府各部门之间很容易出现有利大家争着管,无利谁也不想管的尴尬局面。再者,部门碎片化也可能导致部门间重复建设、资源浪费的问题。另外,利益部门之间的壁垒也使得解决公共问题的沟通成本显著增加。如何从行政组织架构的角度解决这些问题，提高政府的整体效力，推进整体治理，是本节的主要内容。为此，我们选取了北京市作为我们的研究案例，并逐步聚焦于其公共安全领域。

1. 构建大部门体制，减少职能交叠

1978 年改革开放以来，北京市经历了多次的政府机构改革。在 2009 年前数次机构改革之后，北京政府工作部门由 1983 年的 79 个整合为 45 个；议事协调机构和临时机构也由 2003 年的 97 个减少为 48 个。2009 年，为对接国家大部制改革，北京市进行了高达 19 个部门的机构调整。其中为打造总部型经济，特别组建金融工作局，为市政府直属机构。将发改委部分职责整合划入新组建的经济和信息化委员会，将药监局并入卫生局管理，将人事局与劳动保障局合并组建人力资源和社会保障局，将建设委员会更名为住房和城乡建设委员会。同时将环保局和社工办升格为市政府组成部门，将农业局由市政府直属机构调整为部门管理机构，由农村工作委员会管理。

为进一步理顺隶属关系，2009 年的改革还将运输管理局、路政局整合为交通委员会的内设机构。撤销地方海事局，其职责并入交通委员会。将市政管理委员会更名为市政市容管理委员会等。此外，议事协调机构和临时机构也得到了较大精简和规范。市政府共减少议事协调机构和临时机构 27 个，精简比例达 32.5%。经历此次改革之后，北京市政府下设委办局工作部门 43 个，比之前少了 5 个。

在历次机构改革过程中，大部门制与整体型政府的一个极佳体现在于城市管理综合行政执法的集中。城市管理涉及人们生活的方方面面，而北京又是中国的首都，常住人口在 2011 年年末就已突破 2000 万。作为特大型城市，人口结构的多元化和需求的多样性都要求提高城市的综合管理与服务水平。在行政执法权合并之前，北京市按照法律、法规要求设立的市一级行政执法队伍有 127 支，在市场管理中，工商、食品安全、技术监督、规划、园林、环保市容、物价、市政等多个部门都各自有执法权。① 当时有个形象的说法是，"七八个大盖帽管不住一顶破草帽"，由此反映了部门之间执法混乱的问题。同时，由于利益的驱使，"乱罚款"的问题也十分突出。

我国 1996 年颁布了《行政处罚法》，确立了相对集中行政处罚权制度，也开启了我国城管执法队伍形成和发展的新纪元。1997 年 4 月，经国务院批准，北京市宣武区在全国范围内率先启动城市管理领域的相对集中行政处罚权的试点工作，当年 5 月成立的宣武区城市管理监察大队成为我国第一支城管执法队伍。2000 年 9 月，北京 10 个远郊区县开始组建城管监察大队。2002 年设立北京市城市管理综合行政执法局。市综合执法局当时为市政管委会的下设机构，2009 年变更为市政市容管理委员会的下设机构。2016 年 7 月 20 日，北京市委十一届十次全会成立北京市城市管理委员会作为成为城市管理主管部门，整合现在的市政市容委全部职责，发改委相关的煤、电、油、气日常职责，还有园林绿化局、水务局的部分职责，职责中还包括综合管廊建设。

1997 年在宣武区搞试点时，其职权范围仅 5 方面 94 项处罚权。当时，国务院在《关于在北京市宣武区开展城市管理综合执法试点工作的复函》中确定城管的职权范围是：市容环境卫生、城市规划的违法违章建设、市容管理中不符合城市容貌标准的建筑物、工商无照商贩、城市绿化、道路交通侵占道路、环境保护；法律、法规、规章和市区两级政府赋予的其他职能。这就是所谓的城管 7 +

---

① 刘昕、刘颖、董克用：《破解"城管困境"的战略性人力资源管理视角》，《公共管理学报》2010 年第 2 期。

X 职能范围。北京政发〔2002〕24 号文件将其处罚权扩展到 8 个方面,2004 年政发〔2004〕3 号文件又将处罚权扩展到 13 个方面 308 项职权。2007 年制定《北京市实施城市管理相对集中行政处罚权办法》,通过政府规章的形式将城市管理综合执法权确定下来。

目前,北京市城市管理综合行政执法机关集中行使行政处罚权的范围包括市容环境卫生、城市规划管理(无证违法建设处罚)、工商行政管理(无照经营处罚)、市政管理、公用事业管理、城市节水管理、停车管理、园林绿化管理、环境保护管理、施工现场管理(含拆迁工地管理)、城市河湖管理、黑车、黑导游等 13 个方面。这 13 个方面涉及人们日常生活的衣食住行、环境质量、市容市貌等。

中国行政管理学会课题组(2012)认为,北京市成立城管执法部门十多年来,在体制上初步解决了多头执法问题,提高了执法效率。① 同时,管理权、审批权与监督权、处罚权的适当分离,强化了不同权力之间的相互监督和制约,改变了一些政府部门既管审批又管监督的体制机制,为深化行政管理体制改革积累了经验。

2. 组织领导小组,推进高位协调

公共安全除了包括跟日常生活相关的事项以外,还包括自然灾害、事故灾难、公共卫生事件、社会安全事件等。北京是一个突发公共事件频发的城市,且突发事件具有人为致灾因素突出、危害程度严重、处置难度大等特征。为了构建"集中领导、统一指挥、结构完整、功能全面、反应灵敏、运转高效"的突发公共事件应急体系,2004 年,北京市出台《北京市突发公共事件总体应急预案》,设立北京市突发公共事件应急委员会,统一领导全市突发公共事件应对工作。市突发公共事件应急委员会主任由北京市市长担任,副

---

① 中国行政管理学会课题组:《推进综合执法体制改革:成效、问题与对策》,《中国行政管理》2012 年第 5 期。

主任按处置自然灾害、事故灾难、公共卫生和社会安全四类突发公共事件的分工，由分管市领导担任，市委、市政府秘书长、分管副秘书长、市各突发公共事件专项指挥部、相关委办局、北京卫戍区、武警北京总队负责人为成员。市政府秘书长作为总协调人，市委、市政府主管副秘书长配合，市委、市政府办公厅主管副主任协助，协调突发公共事件应对工作。

2010年北京市修订了《北京市突发事件总体应急预案》，进一步加强领导协调小组的作用。其中应急委员会主任继续由北京市市长担任，但是副主任的级别进一步提高，由市委分管副书记和常务副市长担任，市委宣传部部长也被列入应急委员会委员，加强应急处置的对外宣传工作。2016年修订版更是规定副主任由市委负责政法工作的常委和常务副市长担任。

市应急委作为协调机构，其主要职责为：

（1）研究制定全市应对突发事件重大决策和指导意见；

（2）审定市突发事件总体应急预案；

（3）组织指挥处置特别重大、重大突发事件；

（4）在应对突发事件工作中协调与中央和国家各部委、驻京部队及其他有关部门和单位的关系；

（5）领导区县突发事件应急委员会开展特别重大、重大突发事件的相关应对工作；

（6）分析总结全市年度应对突发事件工作。

北京市突发事件应急委员会办公室（以下简称市应急办）是市应急委常设办事机构，设在市政府办公厅，同时挂市政府总值班室和市应急指挥中心牌子，协助市政府领导同志组织处理需由市政府直接处理的突发事件，承担市应急委的具体工作，负责市政府总值班工作。

北京市突发事件应急委员会的组织机构设置如图5所示。图中信息表明，以行政一把手为首的应急委员会机构设置不仅仅是市级层面，区县层面的机构设置也是如此。应急委员会具体的协调的对象可见于图 5 中各专项应急指挥部。由于突发事件的衍生性，其影响常常超出单个行政部门的处置范围；因此，在不合并部门的情况下，建立委员会性质的协调机构，由主管领导牵头在现阶段是十分必要的。尤其是在发生重大或者特别重大突发公共事件时，需要市委、市政府统一组织协调，调度首都各方面力量和资源进行应急处置。

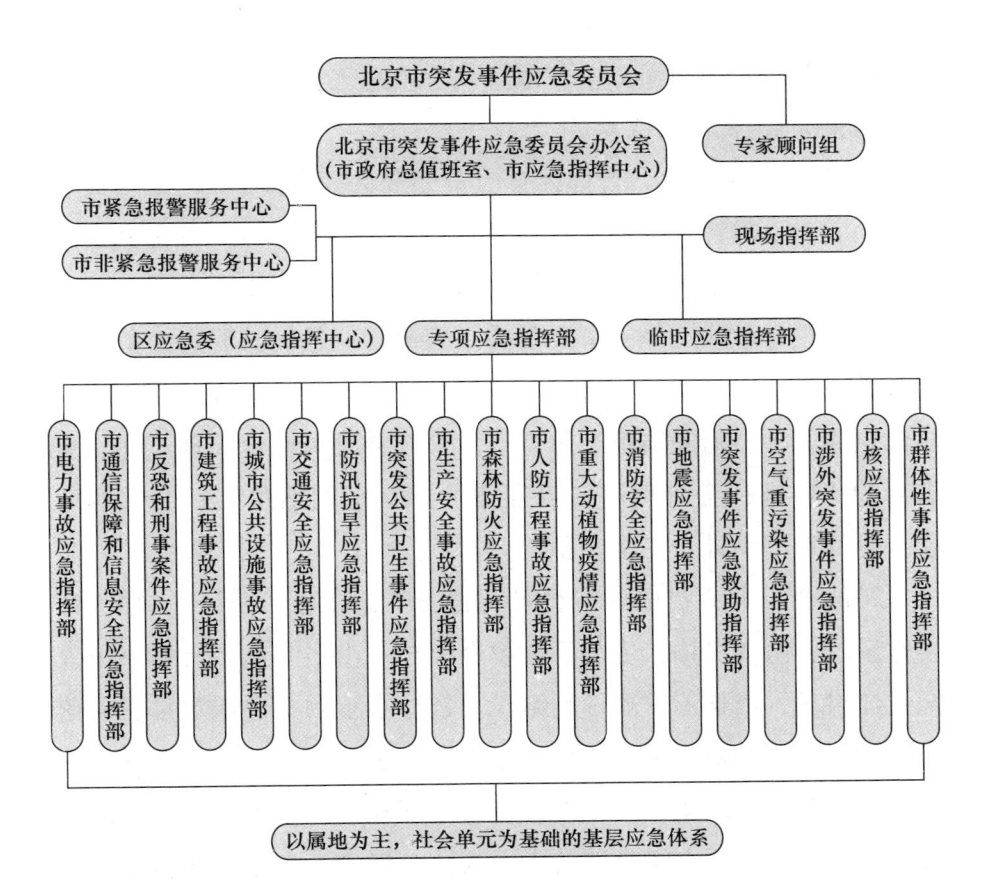

图 5　北京市应急机构框架

资料来源：北京应急网（www.bjyj.gov.cn/）。

在应急管理之外，北京市2000年还特别成立了安全生产委员会（安委会），目的就是预防和减少北京市各类伤亡事故的发生。安委会主任由当时的北京市常务副市长担任，副主任由另一副市长担任。北京市安全生产委员会办公室设在市经委，办公室主任由市经委副主任兼任。安委会的具体职责为统筹、协调、组织、指导本市各地区、各部门、各单位的安全生产管理工作。当时其成员单位包括：市委宣传部、市计委、市经委、市商委、市教委、市公安局、市监察局、市国资办、市劳动和社会保障局、市建委、市政管委、市交通局、市农委、市外经贸委、市卫生局、市工商局、市质量技术监督局、市旅游局、市体育局、市总工会、市公安交通管理局和市消防局一共22个机构。

2012年，北京市"首都社会治安综合治理委员会"，正式更名为"首都社会管理综合治理委员会"。1991年成立的"首都社会治安综合治理委员会"主任由市委主管政法工作的副书记兼任，副主任2名由主管政法工作的市委常委、副市长兼任。其职责为负责基层基础建设、督导考核、流动人口和特殊人群服务管理、预防减少违法犯罪、社会治安防范、重点整治等社会管理综合治理工作。更名后的"首都社会管理综合治理委员会"意图增加其社会管理职能，更好地维护社会安全和稳定。

2014年，北京市成立市委网络安全和信息化领导小组，作为市委常设议事协调机构，受市委常委会领导。由当时北京市委书记郭金龙任组长，市长王安顺任副组长。领导小组的主要职责是贯彻落实中央的重大战略、决策、规划、部署和工作要求，组织领导本市的网络安全和信息化建设工作，制定发展规划、政策，推进法治建设，统筹协调、研究解决涉及本市政治、经济、文化、社会等各个领域的网络安全和信息化重大问题。

此外，北京市还设有北京市国家安全工作领导小组、公众聚集场所消防安全专项治理工作领导小组、食品药品安全整治工作领导小组、人民政府烟花爆竹安全管理工作领导小组、房屋建筑抗震节能综合改造工作领导小组、大气污染综合治理领导小组、轨道交通运营安全领导小组、假日旅游工作领导小组、境外安全防范领导小组、市粮食局安全生产工作领导小组等多个领导小组。领导小组的模式已经在北京应用广泛；这种现象一方面说明公共安全在首都北京的复杂性和重要性，另一方面则反映出传统的以部门主导的安全管理模式在当今信息化社会中也许已经失效。

五 推进整体治理的政策建议

在单一制和中央集权的制度安排下，中国地方治理形成了上下对口、左右对齐的"蜂窝形"治理结构，它有利于快速落实上级决策部署，但部门间横向运作的壁垒较多，城市公共事务的整体治理面临困境和挑战。面对现实问题，一些城市政府运用多种手段，推进跨部门运作，取得了一定效果。结合国内外城市的创新性探索，我们对推进城市公共安全整体治理提出以下建议。

（一）整合热线电话，方便市民与政府互动

政府热线为市民参与提供了有效途径，为政府与社会公众互动搭建了平台。当前，城市各部门都设有热线电话，包括紧急救助热线和非紧急救助热线。但由于缺少整合，热线数量太多，公众不容易记住号码。借鉴国外和国内一些城市的经验，有必要整合政府热线，一下子整合紧急热线存在困难，可先从非紧急救助热线整合开始。特大城市人口规模庞大，非紧急热线有必要以区级为主，推出统一的非紧急救助热线。整合热线后，各方面的问题都会反映到一

个平台。各部门的管理信息系统与该平台对接，这样既可方便市民反映问题，及时获取公共服务信息，也可督促各部门回应市民关切，提高行政效率，改进城市公共安全服务。

（二）结合实际推进智慧城市系统建设

城市公共安全管理需要利用现代信息技术，提高风险预测和预警能力。公共安全预警包括对潜在风险和公众投诉进行监测、识别和诊断，并据此做出预警判断。对于公共安全预警来说，信息是基础，不能汇总各方面的问题信息，就不可能有科学、有效的预警。为此，有必要运用现代信息技术，建设智慧城市系统，收集城市运行的动态信息。通过对信息进行分析，可以识别城市运行中可能发生的事故与灾害的主要诱致因素。对已被识别的诱因进行综合分析，有助于判断什么因素是主要的危险源。根据信息预警提供的数据分析，管理者可对实际存在的社会风险进行早期预防与控制，并能在公共安全事件发生时实施紧急救援与危机管理。

（三）构建城市公共安全的大数据系统

数据是信息的基础，信息是决策的基础。城市公共安全治理面临的一个难题就是分散信息与整体协调，要解决基于分散信息的决策和基于整体信息的协调，就需要建构一个收集城市公共安全的大数据系统。这一大数据系统也是智慧城市和科学决策的基础，它可以为城市公共安全的整体治理提供信息支撑。大数据的另外一个功能是有利于分散处理，避免局部事项演变为全局事项，小事件演化为大的城市公共安全事件。

（四）构建跨部门的组织整合机制

在部门林立、分工过细的情况之下，依靠部门间沟通进行横向协调往往费时费力。国外城市推进跨部门运作的一个有效制度安排是成立委员会，将涉及的相关部门都纳入进来，通过协商集聚共识，基于共识开展集体行动，形成跨部门协作机制。目前，中国城市为解决一些跨领域的问题，也设立有很多协调小组、办事机构和议事机构。为了改进公共安全管理，有必要针对公共安全风险较高的若干重要领域，在市级、区级、街道、社区分别成立委员会，将涉及的主要部门和机构纳入进来，形成多层次的制度化协商平台，以协商共识推进协同运作。

（五）推进顶层设计，赋予城市政府更大的自主权

完善城市治理体系，除了自下而上的改革探索，也需要改进顶层制度安排，构建中央选择性集权体制，完善不同层级政府之间的权责配置，赋予城市政府对辖区内事务更大的自主权，从而可根据实际问题和需求，启动流程再造、机构重组，增进部门间协同运作。为此，一方面，需要区分中央事权和地方事权，构建中央选择性集权体制。另一方面，地方治理也要厘清区域治理、城市治理和农村治理的不同性质，根据公共物品受益范围的差异性，由恰当的政府层级来承担供给责任，或在不同层级的政府之间合理分摊职责和费用。

后　　记

在《安全城市　平安生活：中国特（超）大城市公共安全风险治理报告》即将付梓之际，感谢创意跨学科研究项目，并给予跨学科研究团队巨大支持的中国人民大学公共管理学院领导。

开展公共事务管理的跨学科的"跨界"研究并非易事。来自于不同学科和知识背景的同事，聚在一起，既要设法理解彼此和响应对方，又为学习到全新知识、从不同视角思考问题感到兴奋和欣喜。在一年多的时间里，研究团队讨论共同关注的问题，分享彼此的观点，本着客观审视现实问题，不懈探寻事实，持续进行理论反思的精神，努力认识和解读我国特（超）大城市发展进程中面对的安全风险挑战及其演化规律，致力于提高城市人民平安生活的质量。

本书写作分工如下：总报告"平安城市、安全生活"中的导言和消防安全风险治理部分由孙柏瑛教授主笔、道路交通安全风险治理部分由马亮副教授主笔、社会治安风险治理部分由张楠迪扬副教授主笔、公共卫生与食品药品安全风险治理和结论部分由刘鹏教授主笔、城市电梯安全风险治理部分由刘太刚教授和龚志文博士主笔。子报告一"围墙与安全"由郑国教授和李东泉教授主笔；子报告二"走向整体治理"由杨宏山教授、李文钊教授、董长贵助理教授主笔。